ख़ुदा हाफ़िज़ कहने का मोड़

ख़ुदा हाफ़िज़ कहने का मोड़

राही मासूम रज़ा

सम्पादन एवं संकलन
कुँवरपाल सिंह

वाणी प्रकाशन
प्रकाशन के उत्कृष्टतम 63 वर्ष

सजिल्द प्रथम संस्करण : 2006
सजिल्द दूसरा संस्करण : 2014
सजिल्द तीसरा संस्करण : 2026

vaniprakashan.com

वाणी प्रकाशन

4695, 21-ए, दरियागंज, नयी दिल्ली-110 002

फ़ोन : + 91 11 23273167, 23275710

शाखाएँ

अशोक राजपथ, पटना-800 004, बिहार

कॉफ़ी हाउस कैम्पस, महात्मा गांधी मार्ग, प्रयागराज-211 001, उत्तर प्रदेश

महात्मा गांधी अन्तरराष्ट्रीय हिन्दी विश्वविद्यालय, वर्धा-442 001, महाराष्ट्र

sales@vaniprakashan.in

vaniprakashan@gmail.com

Khuda Hafiz Kahne Ka Modh

by Rahi Masoom Raza

Edited by Kunwarpal Singh

ISBN : 978-93-5072-675-4
Essays

मूल्य : ₹ 395

जी.एस. ऑफ़सेट, दिल्ली-110 095 में मुद्रित

वाणी प्रकाशन का लोगो मक़बूल फ़िदा हुसैन की कूची से

भूमिका

(यह नज़्म, भूमिका के तौर पर)

आज सियासत के सहरा[1] में
सच्चाई की शबनम का कतरा भी नहीं है
जिससे कोई अपनी प्यास का जी बहलाए
मुस्तक्बिल[2] के चंचल सपनों को नहलाए
इन हालात में जी लेना आसान नहीं है
कूच-ए मौसमे-वादे-सबा[3] में
खुशबुओं के आने का इमकान नहीं है
कटरा फ़स्ले जुनूँ का फाटक बंद है कब से
फूल मुहल्ले में शबनम मेहमान नहीं है
इन हालात में जी लेना आसान नहीं है।

लेकिन नेता
सरकारी या बे-सरकारी
सारे नेता
रिश्वत जिनकी ख़ास गिज़ा है
बेहद खुश हैं।
हाँ,
लोगों का हाल बुरा है
लोग जबानें चुभलाते हैं
जातें[4]
मज़हब
और सुनहरे मुस्तक्बिल के बासी वादे
अपने पेट की आग पर सेंक के
हमसाए के ख़ून में बोर के खा लेते हैं।
लेकिन मुझको

बासी वादे खाने का कुछ शौक़ नहीं है
मेरे होठों के सहरा में
धूप कड़ी है
मेरी प्यास निढाल पड़ी है
मेरे जुनूँ की मश्क़ीज़ा[5] में
मेरी थकन की धूल भरी है
मेरे लिए अब आगे चलना सहल नहीं है
मैं अब थक कर बैठ रहा हूँ
मेरी इन बाँहों का घेर बहुत छोटा है
मेरा वतन, जो मेरे बड़े दिल से भी बड़ा है.
यारो
वह तो
मेरी इन बाँहों के घेर में नहीं समाता
मेरे हाथ में ख़्वाबों का जो एक असा[6] था
मेरी थकन की दीमक उसको चाट चुकी है
और वो जुल्मत[7] मेरी जानिब देख रही है
जिसमें डूबनेवाले सूरज की किसमत में
कोई अगली सुबह नहीं है
अगला मोड़ ख़ुदा हाफ़िज़ कहने का मोड़ है यारो
ठंडी हवाओं के ये झोंके
गर्म हवाओं के ये झक्कड़
ये बरगद के मुशफ़िक़[8] साए
ये जामुन की इत्र लगानेवाली सड़कें
आमों के ये बाग
अमलतासों के जंगल
ढाक के बन में आग से फूल खिलानेवाले
जालिम मौसम
सब्ज़ सिंघाड़ों की चादर ओढ़े ये तलैयाँ
बाँस के झुंड में छिप कर बैठी जून की गर्मी
तालाबों में खट्टी-मीठी धूप की पगड़ी धोता सावन
अगनाई में बाल सुखाती बेले, चमेली की खुशबू
लाल परी और काले देव की कोई कहानी ओढ़ के बैठी
ठंडी रातें
आग जला कर हाथ सेंकती घर की बातें

सारे मौसम
सारे मंज़र
मेरी पेशानी[9] का लहू पी जानेवाले सारे पत्थर…

अगला मोड़ इन सबसे खुदा हाफ़िज़
कहने का मोड़ है यारो
इसीलिए यह सोच रहा हूँ
आज तुम्हें इक बात बता दूँ
पहले यह सोचा करता था
जाते-जाते
अपनी ये आँखें मैं किसी को दे जाऊँगा
लेकिन अब यह सोच रहा हूँ
इन आँखों से मैंने जो मंज़र देखे हैं
जलते घर
ज़ख़्मी दीवारें
दिल का मलबा
नंगे दरवाज़ों का सहरा
बंद दुकानें
सहमी सड़कें
सन्नाटे के भूत
सुरों की सड़ती लाशें…
ये सारे सफ़्फ़ाक[10] मनाज़िर[11]
और किसी को क्यों दिखलाऊँ ?
इसीलिए तो
अपनी वसीयत बदल रहा हूँ
मेरी आँख किसी को न देना !

हाँ,
मेरे सीने में जो दिल है
वह अलबत्ता
कोई बच्चा माँगे तो बेशक दे देना
क्योंकि वो शायद मेरे दिल की राख कुरेदे
और मेरे ख़्वाबों की किसी चिनगारी से अपने हाथ
जला ले !

अगली नस्ल[12] से शर्मिंदा हूँ
अपना संगे-मज़ार[13] ही उसको दे पाऊँगा
मेरे संगे-मज़ार पे
मेरे नाम के नीचे लिखवा देना—
"मेरा वतन
जो कुछ दिन पहले
मेरे दिल से बहुत बड़ा था
मेरे सामने
घटते-घटते
बस दो गज ये ज़मीन का टुकड़ा
मेरी क़ब्र की हद ही अब उसकी सरहद है
इसको मेरी क़ब्र न जानो
क्योंकि यहाँ मैं
अपने वतन का झंडा बन कर गड़ा हुआ हूँ
और क़सम खाता हूँ
कि अब मैं
अपने वतन को
उससे ज़्यादा छोटा तो होने नहीं दूँगा।"

अगला मोड़ खुदा हाफ़िज़ कहने का मोड़ है यारो
अपने सिरों को अपनी हथेली पर रखने के दिन तो
ऐसे ही होते हैं !
अपने सिरों को तुम भी हथेली पर रख ही लो
और अपनी कब्रों के लिए
या अपनी समाधि की ख़ातिर अब
दो-दो गज के टुकड़े चुन कर
अपने वतन की सीमा को घटने से रोको।

इस नज़्म का राही मासूम रज़ा ने इस संग्रह में भूमिका के तौर पर जाने के लिए स्वयं अनुरोध किया था। इस नज़्म का प्रकाशन 'धर्मयुग' 25 जनवरी, '87 में हुआ था।

—सम्पादक

---

1. मरुस्थल 2. भविष्य 3. सवेरे की हवा की गली, दिल्ली-लखनऊ में मुहल्लों के नाम—कूच-ए-चेलान, कूच-ए-मीर अनीस 4. जातियाँ 5. छोटी मशक 6. घड़ी 7. अँधेरा 8. कृपालु 9. माथा 10. रक्त पाती 11. दृश्य 12. पीढ़ी 13. क़ब्र का पत्थर।

राही मासूम रज़ा का रचना संसार

(27 अगस्त 1927-15 मार्च 1992)

राही मासूम रज़ा का 'आधा गाँव' हिंदी के महत्त्वपूर्ण उपन्यासों में से एक है। महाकाव्य की तरह यह उपन्यास आधुनिक भारतीय समाज के विभिन्न विषयों को समेटे हुए है। परतंत्र और स्वतंत्र भारत के बाद होनेवाले महत्त्वपूर्ण सामाजिक तथा राजनीतिक परिस्थितियों की कलात्मक अभिव्यक्ति है। यह उपन्यास अभिजात्य मुस्लिम समाज का अंतरंग चित्रण करता है, वहीं आज़ादी के बाद तेजी से हो रहे भारतीय समाज के परिवर्तनों को भी रेखांकित करता है। यह उपन्यास भारतीय उपमहाद्वीप के दो देशों के विभाजन की एक दुखद त्रासदी है। स्वतंत्रता के बाद भारतीय समाज तथा राजनीति में तेजी से परिवर्तन लक्षित होते हैं और सत्ता में दलित कहे जानेवाले वर्ग की भागीदारी सुनिश्चित होती है। दो महत्त्वपूर्ण घटनाओं ने देश और समाज का चेहरा बदलने में महत्त्वपूर्ण योगदान दिया है। एक है जमींदारी व्यवस्था का उन्मूलन, नये भूमि संबंध, पंचवर्षीय योजनाओं का लागू होना, दूसरा एक व्यक्ति और एक वोट का अधिकार। हर व्यक्ति को पंचायत से लेकर लोकसभा तक मतदान करने का अधिकार है। राही ने अपने साहित्य में इन परिवर्तनों के प्रभाव को चित्रित किया है। राही भारत की परंपरागत साझा संस्कृति और विरासत के प्रबल समर्थक थे। वे धर्म की राजनीति करनेवालों के सदैव विरोधी रहे। वे पाकिस्तान की परिकल्पना का अपने लेखन में सदैव विरोध करते रहे। उन्होंने 1964 में 'आधा गाँव' में यह स्पष्ट कर दिया कि धर्म किसी राष्ट्र की स्थापना का आधार नहीं हो सकता। यह अस्वाभाविक प्रक्रिया है। धर्म और राजनीति का रिश्ता तेल और पानी जैसा है। धर्म विभिन्न राष्ट्रीयताओं को जोड़कर बहुत दिनों तक नहीं रख सकता। राही ने बलपूर्वक कहा कि पूर्वी बंगाल अलग भाषा और संस्कृति के कारण पाकिस्तान के साथ नहीं रह सकता। कैसी विडंबना है कि जिन मुहाज़िरों (शरणार्थियों) ने एक इस्लामी राष्ट्र बनाने में सबसे महत्त्वपूर्ण भूमिका अदा की वही आज यह माँग कर रहे हैं कि पंजाबी, पश्तून, बिल्लोच और सिंधी राष्ट्रीयताओं के साथ उर्दू भाषी भी पाकिस्तान की राष्ट्रीयता स्वीकार करें। राष्ट्रीयता का आधार भाषा और संस्कृति होती है धर्म नहीं। यदि भारत में धर्म को राजनीति से जोड़कर सत्ता प्राप्त करने

की कोशिश हुई तो इसके भयानक परिणाम होंगे। राही ने अपने उपन्यासों और लेखन में सत्ता के लिए धर्म और जाति की राजनीति करनेवालों की खुली आलोचना की है। राही हर तरह की संकीर्णता और कट्टरता के विरोधी रहे हैं। चाहे वह धर्म की हो, जाति की हो, भाषा अथवा प्रांतीयता की हो। वह जीवन भर एक सही हिंदुस्तानियत की खोज करते रहे।

राही के सरोकार बहुत बड़े थे। इतना बेवाक और बहादुर और सच्ची बात कहनेवाला लेखक हिंदी-उर्दू में शायद ही हो। जो कहना है सफाई से कहा। सांप्रदायिकता को राही एक कोढ़ मानते थे। उनके लिए हिंदू, मुस्लिम और सिक्ख सांप्रदायिकता में कोई भेद नहीं था। कम्युनिस्टों ने केरल में जब मुस्लिम लीग से चुनावी गठबंधन किया तब कम्युनिस्ट पार्टी का सदस्य होने के बाद भी राही ने इसका खुलकर विरोध किया। उनका कहना था कि मुस्लिम लीग एक सांप्रदायिक पार्टी है, उसे सम्मान प्रदान करना बहुत घातक होगा। कांग्रेस ने भी गैर-सैद्धांतिक समझौते किए और अपनी सत्ता कायम रखने के लिए सांप्रदायिक दलों को बढ़ावा दिया। कांग्रेस ने जातिवाद को भी एक नया रूप दिया। राही ने अनेक स्थानों पर खेद व्यक्त किया है कि राष्ट्रीय आंदोलन की धरोहर को कांग्रेस तथा उसके सहयोगी दलों ने नष्ट कर दिया है। धर्मनिरपेक्ष कहे जानेवाले दल भी जातिवाद को बढ़ावा दे रहे हैं। विभिन्न दलों के लोग जाति के आधार पर संगठित हो रहे हैं। ये प्रवृत्तियाँ राष्ट्रीय एकता और जनहित के विरोध में हैं। राही हमेशा हिंदुस्तानी क़ौम की बात करते रहे। जीवन भर उन्होंने इसी हिंदुस्तानियत को ध्यान में रखकर कार्य किया। सांप्रदायिकता और जातिवाद की राजनीति करनेवाले हर व्यक्ति और दल की उन्होंने खुली आलोचना की। चाहे वह राजीव गांधी हों, अटल बिहारी अथवा आडवाणी हों, शिवसेना के बाल ठाकरे हों, मुस्लिम लीग के बनातवाला हों, सय्यद शहाबुद्दीन हों, शाही इमाम हों अथवा कांग्रेस के मंत्री जिआ-उर्रहमान अंसारी हों या अकाली दल के नेता। उन्होंने अपने लेखों और पत्रों के माध्यम से इन नेताओं के असली मकसद को सबके सामने स्पष्ट किया। राही की स्पष्ट राय थी कि धर्म, भाषा और संकीर्ण प्रांतीयता की आड़ में ये राजनेता सत्ता प्राप्त करना चाहते हैं। न उन्हें धर्म से दिलचस्पी है न भाषा से, न प्रांत के विकास से। अलीगढ़ में रहते हुए उन्होंने मुस्लिम सांप्रदायिकता के विरोध में लिखा। उनका मानना था कि मुस्लिम सांप्रदायिकता स्वयं मुसलमानों के लिए हानिकारक है। बंबई में रह कर उन्होंने शिवसेना और भारतीय जनता पार्टी के संकीर्ण रवैये तथा सांप्रदायिकता की बराबर आलोचना की।

राही ने अपने उपन्यासों, 'आधा गाँव', 'टोपी शुक्ला', 'ओस की बूँद', 'हिम्मत जौनपुरी', 'दिल एक सादा काग़ज़', 'कटरा की आरजू' तथा 'असंतोष के दिन' में तमाम जटिल समस्याओं का चित्रण किया है। उन्होंने आनेवाले नये समाज की प्रवृत्तियों को पहचाना और उन्हें अपने लेखन का विषय बनाया। राही का विश्वास

था कि आज का दलित और श्रमिक वर्ग आगे आनेवाले समाज का नियंत्रक होगा। पुरानी सभ्यता और संस्कृति के नाम पर बहुत दिनों तक राजनीति नहीं की जा सकती। देश विभाजन की प्रतिध्वनि बराबर उनके उपन्यासों में सुनाई देती है। राही उर्दू, हिंदी को सबसे निकट की दो भाषाएँ मानते थे, लेकिन भाषा की राजनीति के कारण ये दोनों भाषाएँ दूर हो रही हैं। राही जीवन भर इसके लिए प्रयत्नशील रहे कि दोनों भाषाओं की दूरी कम हो। इसके लिए उनका सुझाव था कि उर्दू देवनागरी लिपि में लिखी जाय क्योंकि लिपियाँ भाषा और साहित्य नहीं होतीं। उन्होंने उदाहरण देते हुए कहा कि पंजाबी, गुरुमुखी और फ़ारसी लिपि में लिखी जाती है। इसी तरह सिंधी भी दो लिपियों में लिखी जाती है। मराठी, नेपाली, संस्कृत और हिंदी देवनागरी लिपि में लिखी जाती हैं, तब भी ये भाषाएँ अलग हैं। एकता के लिए यह परिवर्तन आवश्यक है। राही की बात किसी ने नहीं सुनी।

सांप्रदायिकता आज देश के लिए भयानक चुनौती बनकर सामने है। सांप्रदायिकता राष्ट्रीय एकता और अखंडता के लिए विषबेल की तरह है। इसका ज़हर धीरे-धीरे हमारे बुद्धिजीवियों में प्रवेश कर रहा है। रोमानी अतीत प्रेम के नाम पर हम पुनरुत्थानवाद की ओर पलायन कर रहे हैं। भारत में सब कुछ था। विदेशी आक्रांताओं के कारण सब नष्ट हो गया। यह भारतीय समाज और इतिहास को उसके पूरे अंतर्विरोधों के साथ देखने-परखने की हमारी दृष्टि की कमी है। इसके शिकार यांत्रिक समझवाले अनेक तथाकथित वामपंथी विचारक और लेखक भी हैं। बाज़ार का दबाव संगठन विरोधी है। वह सामूहिकता से व्यक्तिवाद की ओर ले जाता है। सामूहिक सोच के स्थान पर व्यक्तिगत सोच और दंभ जन्म लेता है। यह प्रवृत्ति लेखक और बुद्धिजीवी को व्यापक यथार्थ से काट कर उसे खंडों में विभाजित कर देती है। धार्मिक पुनरुत्थानवाद और कठमुल्लावाद संवाद हमारे आधुनिकतावादी एवं अति क्रांतिकारी लेखकों और बुद्धिजीवियों के लेखन में देखने को मिल रहा है। तर्क और विवेक का स्थान अब कुतर्क और आक्रामक भावुकता ने ले लिया है। इन प्रवृत्तियों से समय रहते संघर्ष नहीं किया तो भारतीय समाज की गरिमा को तथा अनेकता में एकता की स्वस्थ परंपरा को नहीं बचाया जा सकता।

राही मासूम रज़ा जैसे लेखक इस संघर्ष में हमारी सबसे अधिक मदद कर सकते हैं। ये खेद और आश्चर्य की बात है कि हिंदी की किसी पत्रिका ने राही पर कोई विशेषांक नहीं छापा। उनकी पुण्यतिथि और जन्मतिथि पर अलीगढ़ के अतिरिक्त कहीं कोई गोष्ठी नहीं होती, समारोह करने की बात तो अलग है। ये निर्विवाद है कि राही हमारे समय के बड़े लेखक हैं। उन्होंने चालीस साल अपने लेखन के माध्यम से सांप्रदायिकता के संक्रामक रोग के विरुद्ध निरंतर संघर्ष किया। वे आर.एस.एस., मुस्लिम लीग, जमात-ए-इस्लामी, शिवसेना और अकाली दल को एक ही थैली के चट्टे-बट्टे समझते थे। उन्होंने उस राजनीतिक अवसरवादिता पर निरंतर

प्रहार किए जो अपने छोटे से राजनीतिक स्वार्थ के लिए इन दलों से चुनावी गठबंधन करते हैं। राही ने अपने एक पत्र में लिखा था कि बंबई में शिवसेना और मुस्लिम लीग का समझौता हो गया है। उनका विश्वास था कि सांप्रदायिक और जातिवादी शक्तियाँ धर्मनिरपेक्ष और जनतांत्रिक शक्तियों के विरुद्ध अपने छोटे-मोटे मतभेद भुलाकर एक हो जाएँगी। इनकी दुश्मनी दिखावा मात्र है। इनका मूल उद्देश्य यथास्थितिवाद और पुराणपंथी समाज और विचारों को जीवित रखना है ताकि देश पर वह निर्द्वंद्व शासन कर सकें। राही ने यह बात 1973 में लिखी थी लेकिन 25 साल बाद अकाली दल और भारतीय जनता पार्टी मिलकर चुनाव लड़ते हैं, तथा सत्ता में भागीदारी करते हैं। उसी तरह दलितों की तथाकथित मसीहा मायावती और कांशीराम उस 'मनुवादी सांप्रदायिक पार्टी' की गोद में बैठ गए जिसे वे दस साल तक कोसते और गरियाते रहे। जातिवाद भी एक पिछड़ता हुआ सामाजिक दर्शन है। यह भी किसी नये क्षितिज का उद्‌घाटन नहीं करता। उसी पुराणपंथ के रास्ते पर यह भी ले जाता है जहाँ धार्मिक पुनरुत्थान और संकीर्णता। सांप्रदायिकता के संबंध में जितनी सटीक और सही राय राही की थी आज उसे रेखांकित किया जाना आवश्यक है।

अलीगढ़ से बंबई पहुँचने के बाद (1966-1967) राही को कठिन संघर्ष करना पड़ा। यह संघर्ष मानसिक, आर्थिक और सामाजिक तीनों ही तरह का था। राही उर्दू विभाग में अस्थायी प्राध्यापक थे। वे अध्यापक ही रहना चाहते थे लेकिन उन्हें मज़बूर किया गया अलीगढ़ छोड़ने के लिए। इस संवेदनशील लेखक को क्या नहीं झेलना पड़ा। कौन से लांछन नहीं सहे और निंदा अभियान की तो कोई सीमा ही नहीं थी। ये लंबी कहानी है और इस पर फिर कभी विस्तार से लिखूँगा। राही का अलीगढ़ छोड़ने का दर्द कभी कम नहीं हुआ। उस घाव को राही हमेशा सहलाते रहे जो अलीगढ़ के 1966 और 67 के समय ने दिया था। इन पत्रों में उसकी झलक भी है और प्रतिध्वनि भी। ये पत्र व्यक्तिगत भी हैं, अंतरंग भी हैं और व्यापक भी। एक मित्र और अपने साथी के नाम अपने दिल की व्यथा कथा भी है। फिल्मी चकाचौंध, ख्याति, सम्मान और धन-दौलत ने राही को कभी अलीगढ़ से जुदा नहीं किया। इन पत्रों में लेखक की क्या भूमिका है, समाज उसे क्या देता है, ये सवाल भी है कि क्यों नहीं हिंदी में लेखन से कोई व्यक्ति जीवित रह सकता। क्योंकि लेखकों को उनकी पुस्तकों और रचनाओं का उचित पारिश्रमिक नहीं मिलता। आखिर प्रकाशक रोना रोते हैं कि पुस्तकें नहीं बिकतीं, लेकिन उनका वैभव निरंतर बढ़ता है। लेखक की रॉयल्टी देने में प्रकाशक सौ बहाने बनाते हैं। राही का विचार था कि यदि कोई रचनाकार प्रकाशक हो जाय तो कोढ़ में खाज है। लेखक को उसकी रचना का पारिश्रमिक मिलना चाहिए, राही इस सवाल के लिए बराबर जूझते रहे। इन पत्रों में उन्हें सबसे अधिक शिकायत काशी नागरी प्रचारिणी सभा के मंत्री सुधाकर

पांडेय तथा इतिहास खंड के संपादक, डॉ. हरवंश लाल शर्मा से थी। राही ने इतिहास में पचास पृष्ठ लिखे और रॉयल्टी मिली 159/- रुपए। यह तो काग़ज़, डाक और टाइप का खर्चा ही हुआ, लेखक के लिए कुछ नहीं। इसी तरह 'आधा गाँव' के प्रथम प्रकाशक राजेंद्र यादव से भी उन्हें शिकायत रही। 'आधा गाँव' की दो हज़ार की रॉयल्टी बार-बार तकाजा करने पर भी नहीं दी। लेखकों और प्रकाशकों के संबंध में राही ने जो सवाल उठाए वह आज भी सार्थक और महत्त्वपूर्ण हैं। इन पर गंभीर विचार-विमर्श की आवश्यकता है।

प्रो. नामवर सिंह जब जोधपुर विश्वविद्यालय में हिंदी विभाग के अध्यक्ष थे, तब उन्होंने 1971 में 'आधा गाँव' को एम.ए. के पाठ्यक्रम में लगाया था। प्रो. नामवर सिंह के विरुद्ध वहाँ निरंतर षड्यंत्र होते रहे क्योंकि उन्होंने हिंदी के पाठ्यक्रम को आधुनिक एवं धर्मनिरपेक्ष बनाया था, उसे प्रतिक्रियावादी, पंडिताऊ जड़ता से मुक्त किया था। हिंदी को एक आधुनिक और धर्म-निरपेक्ष छवि प्रदान की और इसी नीति के तहत राही के 'आधा गाँव' को पाठ्यक्रम में स्थान दिया। 'आधा गाँव' पर हिंदी के दो धुरंधरों ने जिनमें से एक लखनऊ में विराजमान हैं, दूसरे निरंतर यायावरी करते रहते हैं, उन्होंने 'आधा गाँव' पर अश्लीलता का आरोप लगाया। उसे गालियों का भंडार कहा। संदर्भ से काट कर गालियों को निकाल कर उन्हें छपवाया और पूरे हिंदी जगत् में वितरित किया और यह भी आरोप लगाया कि 'आधा गाँव' और और उसके लेखक सांप्रदायिक विद्वेष फैलाते हैं। इन पिछड़ी संस्कृति के प्रतिनिधियों ने सूरज पर थूकने का प्रयास किया था। समय और इतिहास ने आज दूध-का-दूध और पानी-का-पानी कर दिया है। राही इस घटना से बहुत व्यथित हुए। उन्होंने इसके विरुद्ध पत्र-पत्रिकाओं में लिखा। जोधपुर के कुलपति से भी पत्र व्यवहार किया। लेकिन इन पुराणपंथियों के सामने विश्वविद्यालय झुक गया और 'आधा गाँव' पाठ्यक्रम से बाहर कर दिया गया। इस घटना के कुछ दिनों बाद डॉ. नामवर सिंह भी दिल्ली चले आए। राही को इस बात का दुःख था, हिंदी के बुद्धिजीवियों और लेखकों ने इस गलत बात का जमकर विरोध नहीं किया। उन्होंने इसे लेखक की अस्मिता से न जोड़कर डॉ. नामवर सिंह का व्यक्तिगत और विभागीय झगड़ा मान लिया।

कई पत्रों में राही को अलीगढ़ बार-बार याद आता है। वे जीवन भर दोस्त और दुश्मन किसी को नहीं भूले। उन्हें विश्वविद्यालय के कर्ता-धर्ताओं से जीवन पर्यंत शिकायत रही कि इन्होंने उनके साथ अन्याय किया। बिना किसी कारण के उन्हें विश्वविद्यालय की पाँच साल पुरानी नौकरी से हटा दिया। राही को अपने वामपंथी दोस्तों से भी शिकायत थी जिन्होंने न्याय के संघर्ष में उनकी कोई मदद नहीं की बल्कि उल्टे विश्वविद्यालय प्रशासन की मदद की। "उनसे मुझे बड़ी आशा थी कि वे इस अन्याय के विरुद्ध मेरा साथ देंगे लेकिन उन्होंने मेरा प्रतिवेदन लिखने से भी

मना कर दिया।'' राही न तो कठिनाइयों के सामने झुके और न उन्होंने संघर्ष से कभी मुँह मोड़ा। उन्होंने फिल्म नगरी में रहकर भी अपने सम्मान और अस्मिता की रक्षा की। वेद व्यास के महाभारत की उन्होंने पुनर्रचना करके देश के हर घर-परिवार तक पहुँचा दिया। यह काम राही के अतिरिक्त कोई और दूसरा इस रूप में नहीं कर पाया था।

राही के ये आलेख, खुली बात और व्यंग्य रचनाएँ 1962 से 1992 के बीच विभिन्न पत्र-पत्रिकाओं में प्रकाशित होती रही हैं। मेरे आग्रह पर उन्होंने कुछ पांडुलिपियाँ मेरे पास भेज दी थीं—इस आग्रह के साथ ही कि इन्हें देख लूँ और संपादित कर लूँ, लेकिन यह बहुत कम था। वे 'रविवार' (कलकत्ता), 'गंगा' और 'नवभारत टाइम्स' (दिल्ली) में नियमित रूप से लिखते थे। इन तीनों में उनकी बहुत-सी रचनाएँ बिखरी हुई पड़ी थीं। कुछ छोटी पत्रिकाओं में भी उन्होंने लेख लिखे जिनमें से कुछ लेख और टिप्पणियाँ खोज करने पर मुझे मिली हैं। इस काम में राही के प्रशंसकों और पाठकों ने मेरी बहुत मदद की, मैं उनका आभारी हूँ। उनकी अनेक रचनाएँ उर्दू और मराठी में भी प्रकाशित हुई हैं, जिनकी खोज जारी है। पांडुलिपि तैयार करने में भी कई दिक्कतें आईं। बहुत से लेख उनकी हस्तलिपि में थे, जिन्हें पढ़ने में कुछ कठिनाई हुई। उनके प्रकाशन में कुछ अतिरिक्त विलंब हुआ। इसके पीछे यह सोच था कि सभी रचनाएँ एक साथ आ जाएँ, परंतु यह संभव नहीं हुआ।

राही और उनके समय को समझने के लिए उनके ये लेख और खुली बात सहायक होंगे, ऐसी आशा है। 'आधा गाँव' और 'महाभारत' की तरह पाठकों को राही के लेखन का यह दूसरा संसार भी पसंद आएगा।

एम.आई.जी. 28, रामघाट रोड,
अलीगढ़-202001

—कुँवर पाल सिंह

विषय-सूची

प्यारे लिखूँ कि प्रिय

प्यारे शरद लिखूँ या प्रिय शरद,—भई मैं तो इस चक्कर में पड़ता नहीं हूँ क्योंकि मैं यह बात जानता हूँ—और तुम भी यह बात जानते ही हो—कि प्यारे और प्रिय का अर्थ एक ही है। अरे भाई, असल चीज़ तो भावना ही है। शब्दों की शक्ल भिन्न-भिन्न हो सकती है, उनकी आवाज़ भी अलग-अलग हो सकती है, लेकिन दुनिया की हर भाषा में एक शब्द ऐसा है जिसका अर्थ निकालो तो प्यार निकलता है। बुनियादी शब्द यही है, बाकी सब घपला है। मैं इस एक शब्द के अलावा बाकी तमाम शब्दों को भूलने का प्रयत्न कर रहा हूँ। मेरी शब्दावली में केवल यही एक शब्द है, बाकी तमाम पन्ने सादे हैं। और उन्हीं में इसी एक शब्द को भरता चला जा रहा हूँ।

तुम हिंदी के लेखक हो, मैं उर्दू का शायर हूँ, परंतु न तुम हिंदी साहित्य सम्मेलन हो और न मैं अंजुमन-ए-तरक्की-ए-उर्दू हूँ। क्यों न यूँ कहा जाय कि तुम हिंदी के लेखक-अदीब हो और मैं उर्दू का कवि ! क्या भाषाओं की दीवार इतनी ऊँची है कि हम यह भी न देख सकें कि हम दोनों एक ही देश और एक ही दुनिया के रहनेवाले हैं। हमारी कामनाएँ और हमारे ख़्वाब एक हैं। क्या फ़र्क़ है मुझमें और तुममें ! क्या तुम इसके अलावा कुछ और चाहते हो कि हमारा सारा देश लिख-पढ़ ले ताकि हमारी किताबें लाखों-लाख छपें, और हमारी डाक हमारे पाठकों के खतों से बोझिल हो जाय ! क्या तुम नहीं चाहते कि हमारा यह देश तरक्की करे, स्कूलों में बच्चे हँसें, खेतों में फसलें गुनगुनाएँ, मीलों की चिमनियाँ आसमान को आँख मारें, चाँदनी रात में जब हवा जूही की टहनियों को गुदगुदाए या जब चाँद अमलतास के फूलों से झाँके तो हमें अच्छे-अच्छे शेर याद आएँ…। मैं यही चाहता हूँ। हर साहित्यकार यही चाहता है। फिर हिंदी का अदीब या उर्दू का शायर या बँगला का नॉवलिस्ट क्यों ! शायर, शायर है चाहे वह किसी ज़बान में शायरी कर रहा हो। हर ज़बान का शायर यही चाहता है कि चारों ओर फैली हुई गंदगी, ग़रीबी, ज़हालत और नफ़रत ख़त्म हो जाए। मैं तो कॉरपोरेशन या म्यूनिसिपेलिटि की कूड़ा गाड़ी बनने को तैयार हूँ, ये सारी गंदगी मुझ पर लाद दो और मुझे हिंद-सागर में डुबो

दो ! सच पूछो तो बार-बार विष्णु ने इसलिए अवतार लिया और ख़ुदा ने बार-बार पैगंबर भी इसलिए भेजे, फिर भी यह काम अधूरा रहा क्योंकि यह काम ख़ुदाओं के बस का नहीं है। यह काम तो हमें और तुम्हें करना होगा।

यह बात मैं तुम्हें इसलिए लिख रहा हूँ कि शायद तुम इस नारे में मेरा साथ दो कि भाषाओं की दीवार बहुत नीची होती है। साहित्य भाषा का नाम नहीं है, मैं यह कहकर भाषा का मूल्य कम कर देना नहीं चाहता लेकिन क्या तुम यह महसूस नहीं करते कि भाषा तुम्हारी कल्पना की उड़ान का साथ नहीं दे पा रही है। मैं तो यह महसूस करता हूँ। भाषा अनजानी चीज़ों के बयान में थक जाती है और साया देखते ही हाँफकर बैठ जाती है इसलिए तो आदमी को साहित्य की ज़रूरत हुई। साहित्य सिंबल के पर लगाकर जानी और अनजानी दुनियाओं को पाने और उस सफ़र के तजुर्बे को अपनी दुनिया तक पहुँचाने का काम करता है। दुष्यंत के नाम शकुंतला का ख़त कोई डाकिया नहीं ले जा सकता था। शकुंतला का डाकिया कोई कालिदास ही हो सकता था ! क्या तुम इसे पसंद करोगे कि कालिदास एक भाषा के बंदीगृह में पड़ा रहे, चाहे वह भाषा कितनी बड़ी क्यों न हो ? क्या यह दुनिया की दूसरी शकुंतलाओं के साथ नाइंसाफ़ी नहीं होगी ? प्यारे ! हम वो डाकिए हैं जो अनलिखे ख़त ले जाते हैं। भाषा प्यास को नाप नहीं सकती। कविता प्यास को नापती है। इसलिए कविता की दुनिया में शब्द आलोचना का पत्थर नहीं है बल्कि गीली मिट्टी है जिससे कवि की कल्पना–प्याला, सुराही और मकान बनाती रहती है। आदमी ख़्वाब देखता है। कविता उन ख़्वाबों को बयान करती है और साइंस उन ख़्वाबों को पूरा करती है, इसलिए मैं कविता के भविष्य के बारे में नहीं सोचता। कविता का भविष्य, मनुष्य का भविष्य है और मनुष्य का भविष्य उज्ज्वल है। आदमी सदा ख़्वाब देखेगा और कवि सदा उन ख़्वाबों को गुनगुनाएगा।

इसलिए ज़रूरी है कि कवि को समझा जाय। कवि अलौकिक नहीं होता, एक मामूली आदमी होता है--दुनिया के तमाम मामूली आदमियों की तरह वह भी मुहब्बत करता है और उस मुहब्बत को बचाने के लिए नफ़रत करता है। वह भी एक छोटे से घर का ख़्वाब देखता है। परेशानी उस समय होती है जब हम कवि से ऐसी बातें सुनकर चौंक उठते हैं और कहते हैं कि 'कवि को यह बात शोभा नहीं देती !' क्यों नहीं देती साहब ! आलोचना के ठंडे क़ानून की तलवार चलाना आसान है, लेकिन जब तक आप उस दर्द को न समझें जिससे कली को फूल बनने और शब्द को शेर बनने में गुजरना पड़ता है, तब तक आपको आलोचना करने का हक़ नहीं है। मैं यह नहीं कहता कि आलोचक के लिए कलाकार होना ज़रूरी है। लेकिन मैं यह ज़रूर कहता हूँ कि आलोचक को क्रीएशन के दर्द से परिचित होना चाहिए। दाई से पेट क्यों नहीं छिपाया जाता–सिर्फ़ इसलिए कि दाई उस दर्द को जानती है।

देखो, बात-में-बात निकल आई, पता नहीं हिंदी में सब ख़ैरियत है या नहीं

लेकिन उर्दू में किसी तरफ़ ख़ैरियत नहीं है। हमारे आलोचकों और बुजुर्ग शायरों का ख़याल ये है कि नयी कविता और नये कवियों में जान नहीं है। 'जोश' यह इल्जाम 'फ़ैज़' और 'सरदार' पर लगाते हैं; 'फ़ैज़' और 'सरदार' यह इल्ज़ाम हम पर लगाते हैं। भई, मुझे तो यह नयी कविता खासी जानदार मालूम देती है। नज़ीर अकबराबादी और ग़ालिब को तुम लोग भी जानते हो, इन दोनों बेचारों की इनके अपने जमाने में वो छीछालेदर हुई है कि कुछ न पूछो। नज़ीर के लिए कहा गया कि वह बाज़ारी शायर हैं और ग़ालिब के लिए कहा गया कि उनके शेर बेमानी होते हैं। बाद में पता चला कि ये दोनों अपने जमाने के कई बड़े शायरों से बड़े शायर थे। यार ! आलोचकों की बात हमेशा ठीक नहीं होती। कभी-कभी बड़ी ईमानदारी से बेईमानी करते हैं। बात यह है कि हर युग में अदब को जाँचने की एक कसौटी होती है इसलिए उन दिनों नज़ीर और ग़ालिब वाक़ई बुरे शायर थे; परंतु जब जमाना बदलता है तो एक नया साहित्य पैदा होता है और उसे जाँचने के लिए एक नयी कसौटी की ज़रूरत पड़ती है। नये साहित्य को पुरानी कसौटी पर कसना ठीक नहीं है। मंटो, इस्मत और कृश्नचंदर को कसा गया, नतीजे में शोर हुआ, मुक़दमे चले और किताबें ज़ब्त हुईं। लेकिन मज़े की बात है कि यही लोग पुराने होकर नये साहित्य को पुरानी कसौटी पर कस रहे हैं। क्या यह बात इनको किसी ने नहीं बताई कि 15 अगस्त, 1947 को हिंदुस्तान आज़ाद हो गया और आज़ाद हिंदुस्तान के साहित्य को गुलाम हिंदुस्तान की कसौटी पर कसना उसकी तौहीन है। इसलिए मेरे ख़याल में इसकी सख़्त ज़रूरत है कि आज के साहित्यिक मूल्यों की खोज की जाय, क्योंकि जब तक उनका पता नहीं चलता तब तक नये साहित्य की आलोचना असंभव है।

संभव है कि कोई यह पूछे कि, फिर मेघदूत आज हमें क्यों दीवाना कर देता है या हैक्टर के चरित्र में आज भी हमें बड़ाई क्यों नज़र आती है या हम आज भी फिरदौसी के रुस्तम से क्यों प्रभावित होते हैं। अपनी जगह तो यह सवाल ठीक है लेकिन मेरा ख़याल है कि अगर आज कोई शकुंतला, इलियड या मैकबेथ लि े तो उन्हें कोई दो टके का भी नहीं पूछे। आज की शकुंतला तार देगी, कमल के पत्ते पर ख़त लिखने नहीं बैठेगी। फिर भी शकुंतला हमें मोह लेती है। बात यह है कि जिस तरह आज के साहित्य को कल की कसौटी पर परखना ठीक नहीं है उसी तरह कल के साहित्य को आज की कसौटी पर कसना भी ठीक नहीं है। इलियड लिखने के लिए प्राचीन यूनान और मानव-सभ्यता के लड़कपन की ज़रूरत है। साहित्य को समझने के लिए हमें साहित्यकार की दुनिया में जाना पड़ता है। होमर का इलियड, सेफ़ोक्लीज का उडीपस, कालिदास की शकुंतला और वाल्मीकि की रामायण पढ़ते समय हम थोड़ी देर के लिए अपनी इस दुनिया से बहुत दूर, प्राचीन यूनान और प्राचीन भारत में चले जाते हैं, और तब हमारी समझ में वह हैक्टर आता है जो एक हारी हुई लड़ाई लड़ने के लिए मैदान में उतरता है और तब हमारी समझ में

वह उडीपस आता है जो अपने बाप को मारकर अपनी माँ से शादी कर लेता है। और तब हमारी समझ में वह शकुंतला आती है जो कमल के पत्ते पर अपने प्रियतम को पत्र लिखती है। वृंदावन में जमुना के किनारे आँख बंद करके बैठे बिना न गाय के गले की घंटी बजती है और न राधा की पायल खनकती है और न नटखट माखन चोर की ही आवाज़ सुनी जा सकती है—'मैया मैं नहिं माखन खायो।'

साहित्यकार हमें अपने साथ अपनी दुनिया में ले जाता है। इतिहास और साहित्य में यही फ़र्क़ है। हेरीडोटस के साथ हम उसकी दुनिया में नहीं जाते, परंतु मिल्टन का शैतान हमसे बड़े-बड़े सफ़र करवाता है। प्राचीन साहित्य का मूल्य यही है कि हमें यह बतलाता है कि हम कैसे-कैसे रास्तों से चलकर आज की दुनिया तक आए हैं।

हमारा इतिहास, हमारे व्यक्तित्व का एक भाग है, इसीलिए हम भूतकाल के साहित्य को समझ सकते हैं, लेकिन हम भूतकाल का हिस्सा नहीं हैं, इसलिए वह हमें नहीं समझ सकता।

यकीन न आता हो तो किसी चैतन्य को टैगोर की कविता सुनाओ, किसी वाल्मीकि को तुलसी की रामायण पढ़ाओ ! किसी कालिदास से महादेवी, पंत और निराला की शायरी के बारे में पूछो और आज के किसी मुशायरे में ग़ालिब या मीर को बिठा दो खुद मालूम हो जाएगा कि मैं ठीक कह रहा हूँ या ठीक नहीं कह रहा हूँ।

तुम बोर तो नहीं हो रहे न ? उस रोज़ कलकत्ते में ही 'फरपोज' के घने पश्चिमी वातावरण में बैठकर हमने बहुत मशरिकी किस्म की बातें की थीं, इसलिए जी चाहा कि तुम्हें इस राज में शरीक़ कर लूँ कि नयी कविता बड़ी जानदार है, हालाँकि पुरानी कवितावालों को वह हमेशा बेजान मालूम होती है ! उस शाम 'दिनकर' जी ने जो कविता सुनाई थी वह मेरे ख़याल में नयी कविता पर सटायर था, और इसीलिए मैंने इसकी ज़रूरत महसूस की कि यह कह दूँ कि बड़े-बूढ़ों की बातों से दिल बुरा करने की ज़रूरत नहीं है, ये लोग ईमानदारी से यह महसूस करते हैं कि हमारी शायरी बेजान है। उनकी 'परशुराम' वाली कविता बड़ी जोरदार है, उसमें 'जोश' मलीहाबादी जैसा जोर है, परंतु मेरा ख़याल है कि नयी कविता के स्वर इतने ऊँचे नहीं हो सकते, राष्ट्रीय स्वाधीनता आंदोलन के जमाने में कवि की आवाज़ इसीलिए ऊँची हो गई थी कि चारों ओर गोलियों का शोर था। कान पड़ी आवाज़ सुनाई नहीं दे रही थी, इसीलिए कवि जोर-जोर से बात करने पर मजबूर थे ! आज इसकी आवश्यकता नहीं है। हाँ ! मुझे मालूम है कि चीन ने हम पर हमला किया था और शायद वह फिर हमले की तैयारी कर रहा है। हाँ ! मुझे यह भी मालूम है कि पाकिस्तान चीन से साजिश कर रहा है कि अभी-अभी मास्को में रूस, अमेरिका और ब्रिटेन ने न्यूक्लीयर शस्त्रों के परीक्षण बंद करने का समझौता किया है। बात ये है कि हम

केवल एक मुल्क में नहीं रहते। हम एक दुनिया में भी रहते हैं और स्पूतनिकों के इस युग में साहित्य राष्ट्रीय होने के साथ-साथ अंतर्राष्ट्रीय भी होता है। इसीलिए मैं कहता हूँ कि कवि को आज चिल्लाने की ज़रूरत नहीं है। क्योंकि आज चिल्लाने के मानी ये हैं कि शायद हमें अपनी क़ौम पर भरोसा नहीं है। शायद हमको इसका यक़ीन नहीं है कि तमाम लोग यह जानते हैं कि चीन से हमारी लड़ाई हो रही है। अरे भाई, अंग्रेजों के जमाने में गाँव-गाँव पंचायत के रेडियो नहीं थे; आज आकाशवाणी ने यह बात सारे हिंदुस्तान में फैला दी है कि हमारी उत्तरी पूर्व और उत्तरी पश्चिमी सरहदों पर एक युद्ध का वातावरण है। फिर चिल्लाने की क्या ज़रूरत है ! हिंदुस्तान कवि की ऊँची आवाज़ को अपनी हद तक समझता है। उर्दू में तो यह हुआ कि ऊँचे स्वर में शेर लिखनेवालों ने शेर लिखना छोड़ दिया है। आज कोई सरदार जाफ़री; कोई मज़रूह, कोई क़ैफ़, कोई वामिक और कोई ताँबा ऐसी शायरी नहीं कर रहा है जिसका जिक्र किया जाय। अख़्तरूल ईमान शेर लिख रहे हैं, उनकी आवाज़ कल भी मद्धिम थी इसलिए नहीं सुनी गई, यही हाल 'फ़िराक़' का है। चुनांचे यह कोई आश्चर्य की बात नहीं है कि उर्दू के जिन तीन कवियों को साहित्य-एकेडमी का इनाम मिला वे तीनों ही कोमल स्वर में शेर लिखते हैं। फिर कल के बड़े शायर ये नहीं थे; कल का दिन 'जोश' मलीहाबादी का था लेकिन 'फ़िराक़' आज के बड़े शायर हैं। क्योंकि उनकी मद्धिम आवाज़ आज के संगीत से मेल खाती है। कुछ लोगों का कहना है कि उर्दूवाले 'फ़िराक़' को आज इसलिए बढ़ा रहे हैं कि वह हिंदू हैं। यार लोग संगीत और स्वर के मामले में भी मज़हब को घसीट लाते हैं। इन्हें इतना भी नहीं मालूम कि आवाज़, स्वर और संगीत का कोई मज़हब नहीं है। लेकिन अपने इस मुल्क का हाल ही कुछ अजीब है, यहाँ केवल हिंदू मिष्टान्न भंडार और मुस्लिम होटल ही नहीं होते, बल्कि विश्वविद्यालय तक हिंदू और मुसलमान होते हैं। और इस झगड़े में मिट्टी खराब होती है साहित्य की और साहित्यकार की। अब डर है कि कहीं कोई महापुरुष ये न कह दे कि मिट्टी खराब होना मुसलमान मुहावरा है क्योंकि हिंदुओं की तो चिता जलती है ! कभी मौक़ा मिले तो इस विषय पर सोचना कि हिंदुस्तानी मुसलमानों के बाप-दादा हिंदुस्तानी हिंदू थे। पाकिस्तान बन जाने से बाप-दादा तो नहीं बदल सकते ना ! या बदल सकते हैं ! भाई, कहते हैं कि यह कलियुग है इसलिए क्या पता कि बाप-दादा बदल ही गए हों ? बड़े गुलाम अली खाँ और कुर्रतुल-एन-हैदर का पाकिस्तान से हिंदुस्तान चला आना पाकिस्तान बन जाने से ज़्यादा महत्त्वपूर्ण है। इन दोनों ने जिन्ना साहब के इस्लामी मुल्क़ को छोड़ कर गांधीजी के हिंदू-मुल्क़ को अपना लिया है—यारो, क्या अब भी यू.एन.ओ. में कश्मीर के विषय में बहस होगी ?

एक बार एक साहब ने मुझसे कहा कि अगर कश्मीर हिंदुस्तान का है तो आपका यह नेहरू रायशुमारी क्यों नहीं करवाता ? मैंने कहा, क्यों करवाए साहब ?

वे बोले, इसलिए कि कश्मीरियों की मालूम हो जाय। मैंने पूछा, अगर पेरिस के तमाम लोग यह राय दे दें कि एफिल टॉवर लाहौर में है तो क्या वह लाहौर में हो जायगा ? क्या दिल्लीवालों का वोट जामा मस्जिद को और आगरेवालों का वोट ताजमहल को और लखनऊवालों का वोट छतर मंजिल को लाहौरी साबित कर सकता है ? लाहौरी ईंट तो सुनी थी लेकिन लाहौरी लाल किला ? नहीं साहब, इन मामलात पर रायशुमारी नहीं होती ! बोले, तुम हिंदू हो। मैंने कहा, सब सिंधवाले हिंदू हैं। न मालूम क्यों हिंदू एक मज़हब का नाम पड़ गया है। मेरे ख़याल में यह नाम ग़लत है। हिंदू एक कल्चर का नाम है और उस कल्चर की गोद में परवान चढ़ते और जीने-मरनेवाली एक क़ौम का नाम है। इस नाम का किसी मज़हब से कोई वास्ता नहीं है। मैं सनातन धर्म, वैष्णव धर्म, इस्लाम, सिख मत, बुद्ध मत और जैन मत का क़ायल हूँ लेकिन कल्चर के लिहाज़ से ये सब हिंदू हैं। मैं यह कहना चाहता हूँ कि जिस माने में हम 'हिंदुस्तानी' को इस्तेमाल करते हैं, उस माने में हमें हिंदू को इस्तेमाल करना चाहिए। चुपके से एक बात सुनो, पाकिस्तान दरअसल जिन्ना साहब ने नहीं बनवाया था, पाकिस्तान को उन लोगों ने और अरबों को उनकी क़ौमों के नाम से नहीं पहचाना बल्कि उनके मज़हब के नाम से पहचानकर उन सबको मुसलमान कह दिया था !

आज के साहित्यकार का फ़र्ज़ यह है कि वह 'हिंदू' को धर्म की अँधेरी दुनिया से निकालकर 'कल्चर' की खुली फ़िज़ा में लाए। धर्म सभ्यता का एक छोटा-सा अंग होता है। सभ्यता धर्म से बड़ी होती है। हिंदुस्तानी मुसलमानों के सुपरस्टीशन उन्हें उस हिंदुस्तान से जोड़े हुए हैं जिस हिंदुस्तान में इस्लाम नाम का कोई मज़हब नहीं था। इस्लाम छींकने पर काम न करने या बिल्ली के रास्ता काटने पर घर लौट आने का क़ायल नहीं, परंतु हिंदुस्तानी मुसलमान इन सबका क़ायल है। और इन सबका क़ायल होने पर भी वह मुसलमान है। नतीजा यह निकालता हूँ कि न सिर्फ़ ये मुसलमान हिंदुस्तानी हैं बल्कि इनका इस्लाम तक हिंदुस्तानी है।

हाँ, कोई ये सवाल ज़रूर कर सकता है कि इतनी भाषाओं और इतनी राष्ट्रीयताओं के एक देश का 'कल्चर' एक इकाई कैसे हो सकता है। मैं बताता हूँ, सारे हिंदुस्तान में अनाज खाया जाता है। आँगन चौकोर नहीं होता, दरवाज़े पूरब-पश्चिम होते हैं और बेसिला हुआ लिबास हमारा लिबास है यानी साड़ी-धोती से क़फ़न तक—यानी बुनियादी तौर पर खाना, लिबास और मकान सारे हिंदुस्तान में एक हैं। अब रहा प्रश्न भाषाओं का। सिंधी और उर्दू के अलावा कोई भाषा दाएँ से बाएँ नहीं लिखी जाती। सिंधी और उर्दू की लिपि फ़ारसी है। यूँ समझो कि जहाँ ईरान से ऋग्वेद के कुछ मंत्र आए वहीं एक लिपि भी आ गई। मैं यह बहस नहीं छेड़ रहा हूँ कि उर्दू को लिपि छोड़नी चाहिए या नहीं, मैं यह कह रहा हूँ कि उर्दू की लिपि सिर्फ़ इसलिए मानने के क़ाबिल नहीं है कि वह विदेशी है तो ऋग्वेद को फिर से संपादित करने की ज़रूरत है। लोग ये क्यों नहीं सोचते कि हिंदू देवी-देवताओं

में अनार्य देवी-देवताओं का बहुमत है। 'इंद्र' 'जुपीटर' है, 'कामदेव' 'क्यूपिड' है, 'कुबेर' 'खिज्र' है, राम का रंग काला है, कृष्ण का रंग इतना काला है कि नीलाहट लिये हुए है। भाई, देवता भी यात्रा करते हैं और उनकी कहानियाँ भी। कृष्ण और मूसा की कहानी एक है; मुमकिन है कि यह कहानी यहाँ से वहाँ गई हो और यह भी मुमकिन है कि यह कहानी वहाँ से यहाँ आई हो। हिंदू और यहूदी दोनों अलग-अलग धर्म हैं, किंतु दोनों ही एक कहानी का बिछौना बिछाए सो रहे हैं। कहानियाँ धर्म नहीं होतीं। कहानियों पर ज़्यादा ध्यान नहीं देना चाहिए। समाज की ज़रूरतें देवमाला बनाती हैं। देवता समाज को नहीं बनाते समाज देवता को बनाते हैं। वाल्मीकि का राम उनके जमाने का राम है और तुलसी का राम तुलसी की अपनी कल्पना है। उनके राम का दरबार अकबर का दरबार मालूम देता है। सीता ने जो जेवर फेंके थे और लक्ष्मण ने जिन्हें पहचाना था उनकी छान-बीन करनी चाहिए। यह असंभव नहीं है कि वे सीता के जमाने में ईज़ाद ही न हुए हों, इन बातों से यह न समझना कि मैं हिंदुओं पर चोट कर रहा हूँ। इस्लामी क़िस्सों से उदाहरण देता तो ठीक से समझ न पाते। कभी कहोगे तो इस्लामी देवमाला के विषय में बड़ी दिलचस्प बातें बताऊँगा। अपनी पी-एच.डी. के लिए मैंने काम ही इन सब पर किया।

कभी इन सवालों का जवाब देने की कोशिश भी करनी चाहिए कि रामचरित मानस संस्कृत में क्यों नहीं लिखी गई। कबीर, नानक और जायसी के सामने बनारस के संस्कृत के विद्वानों के चिराग क्यों नहीं जले ? क्यों एक युग वीरगाथा का था, क्यों एक जमाना शृंगार-रस का आया और क्यों एक जमाने में भक्ति आंदोलन चला ? साहित्य हो या धर्म—समाज में ऊँचा कोई नहीं होता। आज जो हमारे साहित्य में बड़ाई नहीं है उसका यह कारण है कि आज साहित्यकार समाज से ऊँचा होने की कोशिश कर रहा है।

मुझे नहीं मालूम कि तुम उर्दू जानते हो या नहीं ! इस पत्र में मैंने बहुत से उर्दू के कठिन शब्दों का प्रयोग किया है। वैसे मैं सरल उर्दू लिखता हूँ, लेकिन मेरी सरल उर्दू भी हिंदीवालों के लिए इतनी सरल नहीं होती होगी। लेकिन मैं आशा करता हूँ कि कठिन शब्दों के प्रयोग पर तुम मुझे क्षमा कर दोगे। शब्दों पर न जाओ। शब्द धोखा देते हैं, दृष्टिकोण को देखो और यह बताओ कि क्या मैं गलत कह रहा हूँ ? एक बात और कहनी है, तुम जवान हो, जवान रहो, जवानी में बूढ़ों की तरह सोचना अच्छी बात नहीं है। वह जवानी ही किस काम की जो मन में आई हुई बात बेझिझक कह न डाले। तुम्हारे जवाब का इंतज़ार करूँगा। मुमकिन हो तो 'ज्ञानोदय' के वे पर्चे भेज दो, जिनमें नामवर सिंह के लेख छपे हैं।

उर्दू साहित्य की भाषा

मैं भविष्य में इतनी दूर तो देख ही सकता हूँ कि यह कह सकूँ कि उर्दू लिपि थोड़े दिनों की मेहमान है। मुझे इस उर्दू लिपि से प्यार है क्योंकि इसी लिपि ने मुझे ख़यालों का इज़हार करना सिखाया है परंतु इस प्यार का मतलब यह नहीं है कि मैं अपने आप से झूठ बोलूँ। उर्दू घराने धीरे-धीरे देवनागरी घराने होते जाते हैं। मेरी छोटी बहन, मेरे भानजे और भानजियों को उर्दू लिपि नहीं आती। मेरी बेटी मरियम बड़ी होगी तो वह भी देवनागरी ही में ख़त लिखेगी। मैं खुश हूँ कि मैं उसका ख़त पढ़ सकूँगा। वह ख़त उर्दू में ही लिखेगी, परंतु वे ख़त देवनागरी में होंगे। तो यह उर्दू लिपि कहाँ रह जाएगी ? क्या आले-अहमद सुरूर की अंजुमने तरक़्क़ीए-उर्दू (हिंद) या डॉक्टर फ़रीदी और मौलाना इसहाक इल्मी के उर्दू मुहाफ़िज़ दस्ते में यह ताकत है कि उनकी दीवारों के समय की धारा रुक जाय ? मेरे ख़्याल में तो यह नामुमकिन है। इसीलिए आज ज़रूरी हो गया है कि देवनागरी में उर्दू लिपि की परंपरा जस की तस उतार ली जाय, ताकि पाँच-छः सौ बरसों की हमारी कल्चरल पूँजी बिल्कुल जाया न हो जाय।

यह बात दिलचस्प है कि उर्दूवाले उन हिंदीवालों से बहुत ख़फ़ा हैं जो फ़ारसी, अरबी के शब्दों को हिंदी से निकाल रहे हैं। मैं भी इसे अच्छा नहीं समझता। क्योंकि यह रवैया भाषा और साहित्य दोनों को नुकसान पहुँचानेवाला है। परंतु आज फ़ारसी से अरबी शब्दों को निकालने की और उनकी जगह पुराने पहलवी शब्दों का प्रयोग करने की जो योजना ईरान में चल रही है उस तरफ़ हमारा ध्यान नहीं जाता। रिवाइवलिज़्म के जमाने में इस प्रकार की चूक हो जाना असंभव नहीं है। मैं यह कहना चाहता हूँ कि चूँकि ईरान में ऐसा हो रहा है इसलिए यह ठीक भी है। दोनों जगहों पर गलती हो रही है और हमें इस रवैये का भरसक मुक़ाबला करना चाहिए। इस समय मैं उर्दू के आले अहमद सुरूरों का मसऊद हुसैन खानों और डॉक्टर फ़रीदियों (वैसे मेरी समझ में यह नहीं आता कि डॉक्टर फ़रीदी और भाषा का आपसी संबंध क्या है ?) और मौलाना इसहाक़ इल्मियों से यह पूछना चाहता हूँ कि 'हिंदी के हिंदुओं' की गर्दन मारने से पहले आप 'इंशा' और 'आरजू' लखनवी जैसे उर्दू के मुसलमानों

की गर्दन क्यों नहीं मारते, जिन्होंने 'रानी केतकी' और 'सुरील बाँसरी' लिखी। परंतु भाषा से शब्दों को निकालना कोई अच्छी बात नहीं है। 'इंशा' ने फ़ारसी-अरबी के शब्द निकाल कर भूल की थी और 'नासिख' ने हिंदुस्तानी शब्द को टाट बाहर करके उससे बड़ी भूल की। लेकिन यह हिंदवी बड़ी सौभाग्यवती भाषा है, 'इंशा' और 'नासिख' दोनों को झेल गई।

दास्तानों के शब्द : बोलचाल की भाषा

'नासिख' कोई मामूली आदमी नहीं थे। परंतु हिंदवी भी कोई मामूली भाषा नहीं है। यह वह भाषा है जो ब्रज, अवधी और डिंगल की भूलभुलैया में सदियों भटकते रहने के बाद भी जो निकली तो ताजा दम और साहित्य का बोझ उठाने के लिए तैयार निकली। मेरी निगाह उस युग के पूरे साहित्य पर नहीं है। परंतु उर्दू लिपिवाले साहित्य पर है और इस प्रश्न ने मुझे अक्सर परेशान किया है कि खुसरू ने ग्यारहवीं सदी में जिस भाषा को पहचाना था, वह सत्रहवीं सदी तक क्या करती रही ? यह बात हुई कि 'दकनी' तो बन गई, परंतु उत्तरी भारत में इसका कोई सुराग नहीं मिलता। मैं ब्रज, अवधी और डिंगल वगैरह की बात नहीं कर रहा हूँ। मैं हिंदी की बात कर रहा हूँ। उत्तरी भारत में ये सदियाँ ब्रज, डिंगल और अवधी की हैं। यह तो हो नहीं सकता कि पाँच-छः सौ साल तक यह भाषा घरेलू कहानियों के फकीर की तरह सोती रही हो, इसका मतलब यह हो सकता है कि यह भाषा ब्रज, अवधी और डिंगल जैसी महान् भाषाओं के राज्य में धीरे-धीरे अपनी जगह बनाती रही और अपने आप को उस दिन के लिए तैयार करती रही, जिस दिन यह ब्रज, अवधी और डिंगल को हरा कर अपने बुजूद का ऐलान करनेवाली थी। और यह अजीब बात है कि जिस दिन इस हिंदवी का सूर्य उदय हुआ उसी दिन ब्रज, अवधी और डिंगल का सूर्य मंद हो गया। अब उनमें कोई बड़ी रचना नहीं होती। इसलिए यह हौसलामंद भाषा 'नासिख' के क़ाबू में क्या आती ! और यह बात बहुत महत्त्वपूर्ण है कि 'नासिख' के ख़िलाफ़ खुद उन्हीं के लखनऊ ने बगावत की। और इस बगावत में सबसे ज़्यादा महत्त्वपूर्ण बगावत 'तिलिस्मे-होशरुबा' की है। यह दास्तान अट्ठारह सौ इकहत्तर में पहली बार प्रकाशित हुई। यानी यह 'नासिख' के फौरन बाद का जमाना है। मैं मीर 'अनीस' जैसे घुली हुई उर्दू का प्रयोग करनेवाले कवि की मिसाल भी दे सकता था परंतु इस सिलसिले में मैं 'तिलिस्म' को 'अनीस' से ज़्यादा अहम समझता हूँ।

कारण यह है कि काव्य भाषा चाहे कितनी भी बोलचाल की भाषा दिखाई देती हो, परंतु वह एक नकली भाषा होती है और इसी में उसका हुस्न है। परंतु कथा भाषा यदि नकली हो जाय तो कहानी मारी जाती है। जिस जमाने की बात हम कर रहे हैं, उस जमाने में तो कथा पढ़ने के लिए नहीं लिखी जाती थी, बल्कि सुनाई जाती थी। इसलिए इस बात में शक की कोई गुंजाइश ही नहीं रह जाती

कि उन दास्तानों में जिन शब्दों का प्रयोग हुआ है, वह बोलचाल की भाषा से लिये गए हैं। और सच पूछिए तो इसीलिए मैं मीर 'अम्मन' की 'बागो-बहार' की बातें नहीं कर रहा हूँ। 'बागो-बहार' लिखी गई थी, सुनाई नहीं गई थी। और यही वजह है कि 'बागो-बहार' की भाषा बोलचाल की भाषा दिखाई देने के बाद भी बोलचाल की भाषा नहीं है। मीर अम्मन की भाषा काव्य भाषा है, परंतु 'तिलिस्मे होशरुबा' सुनाई गई थी और उसका सुनाया जाना इस बात का सुबूत है कि उसमें जिन शब्दों का प्रयोग किया गया है उन्हें, 'नासिख' का लखनऊ न सिर्फ़ यह कि समझता था बल्कि उनके प्रयोग का बुरा नहीं मानता था। और आज मैं आपको उन्हीं शब्दों के बारे में कुछ बताना चाहता हूँ।

दास्तान का बोझ उठानेवाला शहर

पहले यह मैं बता दूँ कि 'तिलिस्म' में भले ही मिस्र और अरब की बातें की गई हों परंतु बातें वास्तव में लखनऊ ही की हैं। अपने दावे के सुबूत में मैं 'तिलिस्म' से मिसालें भी पेश करूँगा लेकिन आगे किसी लेख में। आज मैं 'तिलिस्म' की भाषा की बात निकाल रहा हूँ।

ये दास्तान-गो अपनी कहानी के पात्रों के लिए अपने शहर के नमूने पर शहर बसाया करते थे। उनके रहने के लिए अपने मकानों के नमूने पर मकान बनाया करते थे। अपने वस्त्र के नमूने पर उनके लिए कपड़े तराशा करते थे। और बोलने के लिए ये उन्हें अपनी भाषा भी दिया करते थे। यही तो वजह है कि 'मुल्क़े फ़िरंग की शहज़ादी' कबीर के दोहे पढ़ती नज़र आती है और मलिका असरार जादू (तिलिस्म की पात्र) 'नासिख' और 'आतिश' की शायरी पर अपने विचार प्रकट करती दिखाई देती है।

'तिलिस्मे होशरुबा' लगभग पंद्रह-सोलह हज़ार जहाज़ी पन्नों की एक दास्तान है। लखनऊ के बयान के लिए इससे कम पन्नों से काम भी न चलता। वैसे यह तिलिस्मे होशरुबा वास्तव में पूरी दास्तान नहीं है, बल्कि लगभग एक लाख पन्नों की दास्ताने-अमीर हम्ज़ा का केवल एक हिस्सा है। दुनिया में शायद ही कोई इतनी बड़ी दास्तान हो। और शायद ही कोई ऐसा शहर हो, जो इतनी बड़ी दास्तान का बोझ उठा सके। 'अलिफ़ लैला' का तो बस नाम हो गया है। इस दास्तान के मुक़ाबले में 'अलिफ़ लैला' की कोई हैसियत नहीं है। दुनिया की यह सबसे बड़ी दास्तान एक छोटे से शहर लखनऊ के बारे में लिखी गई—लखनऊ में कोई-न-कोई तो खास बात रही होगी। अपने उपन्यास 'आग का दरिया' में कुर्रतुलऐन हैदर ने इस शहर की बड़ाई का राज बताया है। वे लिखती हैं—"इन जैसे नाम कहीं न होंगे। इनकी जैसी ज़बान, मज़ाक, लिबास। ये लोग गरीब, अमीर, औरत, मर्द, जो ठाकुर एमामबख़्श और लाला हुसैनबख़्श हैं, मिरजा मेंढू और नव्वाब कम्मन कहलाते हैं और एमामन

मेहरी और मिरजा जंगली, और सुखबचन लौंडी और नव्वाब बसंती बेगम, ये सब रोते हैं, हँसते हैं, गाते बजाते हैं⋯जागीरदाराना समाज की हक़ीक़ी अच्छाइयाँ और जितनी बुराइयाँ हो सकती हैं, वे सब इनमें मौजूद हैं। इसलिए ये लोग बड़े जज़्बाती हैं। बताशे और कीड़ी पर नाचनेवाले रक्क़ास, कश्मीरी झाड़, जलतरंगिए, बीनकार, बाजपेई बरहमन, तबलची, शायर, मर्सियागो, कायस्थ, फौजी, बाँके, चंडूबाज, नक्काल बहरुपिए, आलिम फ़ाज़िल, कलावंत, यहाँ रज़्मो-बज़्म साथ-साथ रहती हैं⋯

"यहाँ हिंदू और मुसलमान का फ़र्क़ कोई नहीं जानता⋯मुहर्रम में बलवे नहीं होते⋯हिंदू ताज़ियादारी करते हैं और मुसलमान दीवाली मनाते हैं। कैसा उलटा जमाना है। नव्वाब बहू बेगम हर साल होली मनाने फ़ैज़ाबाद से अपने बेटे के पास लखनऊ आती हैं।"

चलन के बाज़ार के दोहे

ये बातें दिल्ली के बारे में नहीं कही जा सकतीं, दिल्ली में हिंदू-मुसलमान एक-दूसरे के करीब अवश्य आ गए थे। परंतु दिल्ली में यह फ़र्क़ मिटा नहीं था। वहाँ न कोई लाला हुसैनबख़्श बन सका और न कोई नव्वाब बसंती बेगम। मुसलमान लखनऊ में हिंदुस्तानी बने। इसीलिए मैंने यह ज़रूरी समझा कि आपको यह बतलाता हूँ कि वह अवध क्या था, जिसकी राजधानी लखनऊ में दुनिया की वह सबसे बड़ी दास्तान सुनाई गई, जिसके एक हिस्से 'तिलिस्मे-होशरुबा' की बातें मैं आपसे कर रहा हूँ। कभी मौक़ा मिला तो मैं इस दास्तान के नायक अमीर हम्जा (जिन्हें दास्तानगो श्री मोहम्मद का चचा बताते हैं) और उनके परिवार की आत्मा का विश्लेषण करके यह दिखलाऊँगा कि नबी के इन घरानेवालों पर कितना भारतीय प्रभाव है। अभी तो केवल भाषा की बात करना चाहता हूँ। मैं आपको वे कवित्त, दोहे और चौपाइयाँ सुनाना चाहता हूँ, जो 'नासिख' के लखनऊ की इस महान् दास्तान में हैं, और मैं आपको कुछ ऐसे शब्दों से भी मिलाना चाहता हूँ जो इस दास्तान की गलियों में बसे हुए हैं। न यह कवित्त, दोहे और चौपाइयाँ ज़्यादा हैं और न यह शब्द, परंतु अहम बात यह है कि 'नासिख' के लखनऊ की एक दास्तान में इनका प्रयोग हुआ है और इसका मतलब यह है कि लखनऊ के नव्वाब, शहज़ादे और अशराफ़ इन दोहों, कवित्तों, चौपाइयों और शब्दों को न सिर्फ़ यह कि समझते थे, बल्कि इन्हें स्वीकार करते थे। क्योंकि यदि ऐसा न होता तो दास्तानगोयों ने इनका प्रयोग ही न किया होता। ये वे शब्द हैं, जिनका प्रयोग आले अहमद सुरूर या मसऊद हुसैन खाँ या डॉक्टर फ़रीदी या मौलाना इसहाक़ इलमी नहीं जानते। परंतु उर्दू 'तिलिस्मे-होशरुबा' की है या आले अहमद सुरूर की ? मैं तो किसी भी बाज़ार में ये नये चिराग देकर पुराना चिराग लेने पर तैयार हूँ। उर्दू के ढिंढोरची चाहे वे प्रोफ़ेसर हों या डॉक्टर, खुद अपनी ही विरासत से नावाक़िफ़ हैं और इसीलिए उर्दू-हिंदी के नाम पर दंगे

हो रहे हैं, आइए इन प्रोफ़ेसर आले अहमद सुरूरों और डॉक्टर फ़रीदियों से पूछें कि उन्हें इस तरह के कितने शेर याद हैं और क्या वे इनका प्रयोग करने पर तैयार हैं :

अलिफ़ एक बहुरंगी साई : हर घर में वा की परछाई
वजहिन कहे तो क्या कहे, कुछ कहने की नहिं बात।
समुद्र समायौ बूँद में, अचरज बड़ो दिखात।।
आह करूँ तो जग जल जाय और जंगल जल जाय।
यह पापी जियरा ना जले कि जेहमाँ आह समाय।।
अनहोनी की होन को ताकत हैं सब कोय।
अनहोनी होनी नहीं, होनी होए सो होय।।
एक तौ नैना मधु भरे, दूजे अंजन सार।
एक बावरी को देत है मतवारन हथियार।।
पग आगे पथ रहे और पग पाछे पथ जाय।
कागा अइसे पूत कपूत का कभऊँ मास ना खाय।।
जो मैं ऐसा जानता कि पीत करे दुख होय।
नगर ढिंढोरा पीटता, कि पीत न करियो कोय।।
जाको रक्खे साइयाँ, मार न साकें कोय।
बाल न बाँका कर सके, दो जग बैरी होय।।

आखिरी दोनों दोहों में जो गलती है वह इसका सुबूत है कि यह दोहे हाफ़िज़े के गोदाम में नहीं थे बल्कि चलन के बाज़ार में थे और उन लोगों को इसी तरह याद थे। खैर आगे चलिए :

दुख में सब हरि को भजें, सुख में भजे न कोय।
जो सुख में हरि को भजे, दुख काहे को होय।।
धूप पड़त, धरती तपत, ऊपर छिटका धाम।
दौड़ी विलकत जात हौं, तेहू न चितवत स्याम।।
सोहन, मोहन मन हरण, कंचन वरन अडोल।
कड़े, करारे, चिकने, ऊँचे, गोरे, गोरे गोल।।
लकड़ी जल कोइला भई, और कोइला जलकर राख।
मैं पापन ऐसी जली कि कोइला भई न राख।।
वगैरह

मैंने अपने थीसिस (शोध प्रबंध) में ऐसी अट्ठावन मिसालें दी हैं। यह उर्दू नहीं है, यानी इन्हें इस दास्तान से निकालकर देखा जाय तो ये हिंदी काव्य की मिसालें हैं।

मगर 'नासिख' का लखनऊ खिचड़ी भाषा नहीं बोलता था और इसलिए मैं यह कहने का हौसला कर रहा हूँ कि वे तमाम कवित्त और दोहे उर्दू जगत् में सिक्के की तरह चल रहे थे और इसीलिए उन दास्तानगोयों ने लखनऊ के 'अशराफ़' के सामने ये दोहे पढ़ने का हौसला किया। 'तिलिस्म' में तो ऐसे अट्ठावन ही मक़ामात हैं, परंतु इनकी गवाही मान ली जाय तो यह सोचना गलत न होगा कि उर्दू में डिंगल और अवधी के इन्हीं अट्ठावन शेरों का चलन न रहा होगा, बल्कि अट्ठावन सौ शेरों में से इन दास्तानगोयों ने सिर्फ़ अट्ठावन शेरों का प्रयोग किया है।

भाषा की दुनिया में

आइए अब भाषा की दुनिया में चलें। दास्तानगोयों ने अब्भक, अतीत, अचरज (आश्चर्य), अर्थी, अढ़ोरी, स्त्री, स्नान, अगियार, अन्न, अनंद, ओर, अबेर, इक्षा, उढ़ाई, स्थान, उत्तम, असीस, (आशीर्वाद), आगम, अलोप, अंधड़, उपास (उपवास), ओहरिया, गोहरिया, आगम बान (वाण), बावरा, वजावत बदा (क़िस्मत का लिखा), ब्रमराक्सस (ब्रह्मराक्षस), बढ़ो (बड़ा), ब्रहस्पत, भेंट (कुर्बानी), बैरागी, बिरोगी, बैकुंठ, बलि, बोराना (बौराना), बाम्हनी (आँखों की एक बीमारी), वागसी, बित (क़द), विचार (विचार), बधनी, बछेक (वृश्चिक), बरन (वरण), बिरह (विरह), विकट, अद्धड़, बिरोगन, बैरी, बकुटटा, बन्नी (दुल्हन), भत्ती (तीजे का भात), भिच्यक (भिक्षक), भगत (भक्त), बेहवार, बेर अबेर, पा लागन, पाताल, पच करना, प्रान (प्राण), परशान (प्रसाद), पढ़ंत करना, पूरनमाशी (पूर्णमासी), भिच्या (भिक्षा), भरा, भोजन, भोग करना, भेना, पाप, पालू (पालतू), पिछल पाई, परमेश्वर (प्राणेश्वर), पंत (पंथ), पूत (बेटा), पिआना (पिलाना), तागा (धागा), तुला, तोपना (गाड़ना), ठाडाई, जुटना, जुल देना, जूझना, जोरू, जोगे (योग्य), झल (झल्लाहट), झमक्ड़ा, चित लगन, चरित्र, चंद्राना, तप्शी (तपस्वी), जीजा, जाप, जुरूवा, जोखना, चौका देना, चंद्रमा, चंडाल (चंडाल), चौमुख, दाता, दान पुन्न, दरशन, दूहाजू, घगड़ा, धममाल, ध्यान, दया, देवा (देनेवाला), छोकड़िया (छोकरी), चेतना, दारू, दुब्धा, दुलखाना (शक करना), धाना (जाना), धन होना (धनी), देह (बदन) (राशि), रसोई करना, रोग, स्वर्ग, सिरीफल (श्रीफल), संजोग (संयोग), संकट, सवत (सौकन), बीघा (सूखा अनाज), सेवक, कागा, काँवर (चुल्लू), खप्पर (भीख माँगने का ठीकरा), किरप (कृपा), क्रिया (कसम), रक्त, सिद्ध, सिर, मुख, संपूर्ण, संसार, संगत, स्याम (श्याम), सेवा, कारन (कारण), कामरूप (ख़ूबसूरत), कुच, करख (ज्योतिष की राशि), केकड़ा, क्रि कम, कूलजीमा, कुंजल, कुंडी, कन्या (ज्योतिष की राशि), कूत (खेती बाड़ी की इस्तिलाह), खटिया, खेलाड़न (आवारा औरत), गाभिन, गजरा, गोपी, गेगली (नादान), लछमी (लक्ष्मी), कंटक (काँटा-काइयाँ) कुंडली, कन्ख (लड़की), खडत, खेम कुसल (क्षेम कुशल), गात, गुप्तदान, गोसय्या, धान (धूप), लाज, लौंडा (बेटा), लौटा घेरी (लौंडेबाज औरत), मान,

मथन (मैथुन), मंता (मान्यता), मूना (मर जाना), मूर्ख, कुकुट, महीन, मेघ (मेघ-ज्योतिष), निपट, नर्क, नवीन, हत्यारी, हर लेना, होम, मास, मूत्र, मसान (श्मशान), मूंडी, मोरे (मेरे), महाबली, भय्या, नांघना, नराएन (नरायण), नरक कुंड (नर्क कुंड), हर (हरि), और हेकड़ का प्रयोग किया है। पंद्रह-सोलह हज़ार पन्नों की किसी कहानी को देखिए तो ये शब्द बहुत नहीं हैं, परंतु यह देखिए कि ये शब्द नासिख के लखनऊ की एक दास्तान में मिले हैं तो ये बहुत हैं और यदि यह सोचें कि आज की उर्दू इनमें से कितने शब्दों को जानती है और इनमें से कितने शब्दों का प्रयोग करती है तो फिर यह शब्द बहुत से ज़्यादा हैं, लगता ऐसा है कि 'नासिख' से जो काम न हो सका था उसे कर लेने में अंग्रेज़ सफल हुए और हमारी शब्दावली हिंदी और उर्दू में तकसीम हो गई, और यदि आज यह देख सकें तो फिर आप यह भी देख सकेंगे कि पाकिस्तान वास्तव में कब और कहाँ बनना शुरू हो गया था, पाकिस्तान की बुनियाद सच पूछिए तो उन्नीसवीं सदी के आरंभ में पड़ गई थी, कलकत्ते के फोर्ट विलियम कॉलेज में लिक्राइस्ट नाम के एक अंग्रेज़ ने पाकिस्तान की बुनियाद डाली थी, परंतु मैं यशपाल जी से क्या शिकायत करूँ, जबकि खुद उर्दू के लिए नारे लगानेवाले उर्दू के मेजाज़ और उर्दू की परंपरा और उर्दू की हिंदुस्तानी आत्मा को नहीं पहचानते, मैं उर्दू को भाषा नहीं मानता, परंतु उर्दू साहित्य की एक 'भाषा' है जो पढ़ने से तअल्लुक रखती है, शर्त बस यह है कि पढ़नेवाले को अपने देश की परंपरा से प्यार हो, क्योंकि यदि ऐसा न होगा तो वह गुलो-बुलबुल और शीरीं-फ़रहाद में उलझ कर रह जाएगा।

उर्दू साहित्य की भारतीय आत्मा

यह ग्यारहवीं या बारहवीं सदी की बात है कि अमीर खुसरू ने लाहौरी से मिलती-जुलती एक भाषा को दिल्ली में पहचाना और उसे हिंदवी का नाम दिया। उन्नीसवीं सदी के आरंभ तक यही हिंदवी देहलवी, हिंदी, उर्दू-ए-मुअल्ला और उर्दू कही गई। अब लिपि का झगड़ा खड़ा नहीं हुआ था, क्योंकि यह तो वह जमाना था कि जायसी अपनी अवधी फ़ारसी लिपि में लिखते थे और तुलसी अपनी अवधी नागरी लिपि में। लिपि का झगड़ा तो अंग्रेज़ी की देन है। मैं चूँकि लिपि को भाषा का अंग नहीं मानता हूँ, इसलिए कई ऐसी बातें, जो आले अहमद सुरूर और उन्हीं की तरह के दूसरे पेशेवर उर्दूवालों को बुरी लगती हैं, मुझे बिल्कुल बुरी नहीं लगतीं। भाषा का नाम तो हिंदी ही है, चाहे वह किसी लिपि में लिखी जाए। इसलिए मेरा जी चाहता है कि कोई सिरफिरा उठे और सारे 'हिंदी साहित्य' को पढ़कर कोई राय कायम करे। अगर मुसहफ़ी उर्दू के तमाम कवियों को हिंदी का कवि कहते हैं (उनकी किताब का नाम 'तजकरए-हिंदी गोयाँ' है।) और अगर ग़ालिब अपने 'हिंदी क़लाम' को याद करने की कोशिश करते नज़र आएँ, तो हमीं में कौन से सुर्खाब के पर लगे हैं कि हम अपने आपको हिंदी का कवि कहते हुए शरमाएँ ? मैं उर्दू लिपि का प्रयोग करता हूँ, परंतु मैं हिंदी कवि हूँ। और यदि मैं हिंदी का कवि हूँ तो मेरे काव्य की आत्मा सूर, तुलसी, जायसी के काव्य की आत्मा से अलग कैसे हो सकती है ? यह वह जगह है, जहाँ न मेरे साथ उर्दूवाले हैं और न शायद हिंदीवाले। और इसीलिए मैं अपने आपको बहुत अकेला-अकेला पाता हूँ ? परंतु क्या मैं केवल इस डर से अपने दिल की बात न कहूँ कि मैं अकेला हूँ। ऐसे ही मौक़ों पर मज़रूह सुलतानपुरी का एक शेर याद आता है :

मैं अकेला ही चला था जानिबे-मंज़िल मगर।
लोग साथ आते गए और कारवाँ बनता गया।।

और इसीलिए मैं हिम्मत नहीं हारता ! और इसीलिए बीच बज़ार में खड़ा आवाज़ दे रहा हूँ कि :

जो घर फूँके आपना चलै हमारे साथ।

मेरे पुरखों ग़ालिब और मीर के साथ सूर, तुलसी और कबीर के नाम भी आते हैं। लिपि के झगड़े में मैं अपनी विरासत और अपनी आत्मा को कैसे भूल जाऊँ ? न मैं एक लिपि की तलवार से अपने पुरखों का गला काटने को तैयार हूँ और न मैं किसी को यह हक देता हूँ कि वह दूसरी लिपि की तलवार से मीर, ग़ालिब और अनीस की गर्दन काटे। आप खुद ही देख सकते हैं कि दोनों तलवारों के नीचे गले हैं मेरे ही बुजुर्गों के। हमारे देश का आलम तो यह है कि कनिष्ट की शेरवानी को मुसलमानों के सर मार के हम हिंदू और मुसलमान पहनावों की बातें करने लगते हैं ! घाघरे में कलियाँ लग जाती हैं तो हम घाघरों को पहचानने से इंकार कर देते हैं और मुगलों-वुगलों की बातें करने लगते हैं, परंतु कलमी आम खाते वक़्त हम कुछ नहीं सोचते ! ऐसे वातावरण में दिल की बात कहने से जी अवश्य डरता है, परंतु किसी-न-किसी को तो ये बातें कहनी ही पड़ेंगी।

बात यह है कि हम लोग हर चीज़ को मज़हब की ऐनक लगाकर देखते हैं। किसी प्रयोगशाला का उद्घाटन करना होता है, तब भी हम या मिलाद करते हैं या नारियल फोड़ते हैं ! तो भाषा इस ठप्पे से कैसे बचती और साहित्य पर यह रंग चढ़ाने की कोशिश क्यों न की जाती ? चुनांचे उन्नीसवीं सदी के आखिर में या बीसवीं सदी के आरंभ में हिंदी, हिंदू, हिंदुस्तान का नारा लगाया गया। इस नारे में जिन तीन शब्दों का प्रयोग हुआ है, वे तीनों ही फ़ारसी के हैं ! हिंदी कहते हैं, हिंदुस्तानी को, हिंदू काले को। और हिंदुस्तान हिंदुओं के देश को। यानी हिंदू शब्द किसी धर्म से ताल्लुक नहीं रखता। ईरान और अरब के लोग हिंदुस्तानी मुसलमानों को भी हिंदू कहते हैं ! यानी हिंदू नाम है हिंदुस्तानी क़ौम का। मैंने अपने थीसिस में यही बात लिखी थी तो उर्दू के एक मशहूर विद्वान् ने यह बात काट दी थी। परंतु मैं भी यह बात फिर कहना चाहता हूँ कि हिंदुस्तान के तमाम लोग धार्मिक मतभेद के बावजूद हिंदू हैं। हमारे देश का नाम हिंदुस्तान है। हमारे क़ौम का नाम हिंदू और इसलिए हमारी भाषा का नाम हिन्दी। हिंदुस्तान की सीमा हिन्दी की सीमा है। यानि मैं भी हिंदी, हिंदू, हिंदुस्तान का नारा लगाता हूँ, परंतु मैं यह नारा उस तरह नहीं लगाता, जिस तरह वह लगाया जा रहा है। मैं एक मुसलमान हिंदू हूँ। कोई विक्टर ईसाई हिंदू होगा और मातादीन वैष्णव या आर्यसमाजी हिंदू ! इस देश में कई धर्म समा सकते हैं, परंतु एक देश में कई क़ौमें नहीं समा सकतीं ! परंतु यह सीधी-सी बात भी अब तक बहुत से हिंदुओं (हिंदुस्तानियों) की समझ में नहीं आ सकी है। हमें धर्म की यह ऐनक उतारनी पड़ेगी। इस ऐनक का नंबर गलत हो गया है और अपना देश हमें धुँधला-धुँधला दिखाई दे रहा है। हम हर चीज़ को शक की निगाह से देखने लगे हैं। ग़ालिब गुलोबुलबुल का प्रयोग करता है और कोयल की कूक नहीं सुनता,

इसलिए वह ईरान या पाकिस्तान का जासूस है ? हम आत्मा को नहीं देखते। वस्त्र में उलझकर रह जाते हैं। वे तमाम शब्द जो हमारी जबानों पर चढ़े हुए हैं, हमारे हैं। हमारे हैं। एक मिसाल लीजिए। 'डाक' अंग्रेज़ी का शब्द है। 'खाना' फारसी का। परंतु हम 'डाकखाना' बोलते हैं। यह 'डाकखाना' हिंदी का शब्द है। इसे 'डाकघर' या कुछ और कहने की क्या ज़रूरत है ? अरब की लैला काली थी। परंतु उर्दू गज़ल की लैला का रंग अच्छा-खासा साफ़ है। तो इस गोरी लैला को हम अरबी क्यों मानें ? लैला और मजनूँ या शीरीं और फरहाद का कोई महत्त्व नहीं है। महत्त्व है उस कहानी का, जो इन प्रतीकों के जरिए हमें सुनाई जा रही है। परंतु हम तो शब्दों में उलझ कर रह गए हैं। हमने कहानियों पर विचार करने का कष्ट ही नहीं उठाया है। मैं आपको वही कहानियाँ सुनाना चाहता हूँ। मैं आपको और मौलाना नदवी आले अहमद सुरूर और डॉक्टर फ़रीदी को यह दिखलाना चाहता हूँ कि मीर, सौदा, ग़ालिब और अनीस, सूर, तुलसी और कबीर ही के सिलसिले की कड़ियाँ हैं। फ़ारसी के उन शब्दों को कैसे देश निकाला दे दिया जाय, जिनका प्रयोग मीरा, तुलसी और सूर ने किया है ? ये शब्द हमारे साहित्य में छपे हुए हैं। एक ईंट सरकाई गई, तो साहित्य की पूरी इमारत गिर पड़ेगी।

मैं शब्दों की बात नहीं कर रहा हूँ। साहित्य की बात कर रहा हूँ। यह देखने का कष्ट उठाइए कि कबीर ने जब मीर बनकर जन्म लिया तो वे क्या बोले और जब तुलसी ने अनीस के रूप में जन्म लिया तो उस रूप में उन्होंने कैसा 'रामचरित' लिखा।

उर्दू की नयी कविता-1

कई बरस पहले मैंने इस विषय पर लिखा था। तब मैं इन कवियों की ओर से निराश नहीं था। परंतु आज मुझे इन पर भरोसा नहीं रह गया है। उर्दू में अभी नया कवि यानी नयी चेतना एवं नया चिंतन पैदा नहीं हुआ है।

मैं इस बात को स्वीकार करता हूँ कि कई बरस पहले मैं गलती पर था। कविता केवल वास्तविकता के इज़हार का नाम नहीं है। यही मुझसे चूक हो गई थी। मेरा खयाल यह था कि नयी कविता, नयी वास्तविकता का इज़हार कर रही है; इसलिए इसे परखने के लिए नयी कसौटी बनानी पड़ेगी। मैं जो बात भूल गया था, वह यह है कि नयी वास्तविकता हवा में एकदम से उग नहीं आती। हर ताज़ा हक़ीक़त की रगों में बासी हक़ीक़तों का ख़ून दौड़ता है। वक़्त की दीवारें तो गिरती बनती रहती हैं। समय कोई हिंदुस्तान, जर्मनी, कोरिया या वियतनाम नहीं–कि नक्शे पर लकीर खींचकर बाँट दिया जाय। इसी प्रकार वास्तविकता भी विज्ञान का कोई फार्मूला नहीं है जो पिछले फार्मूले को बिल्कुल रद्द कर दे। नयी हक़ीक़तों के साथ पुरानी-से-पुरानी हक़ीक़त भी किसी-न-किसी रूप में चलती रहती है। पहले हमारा विचार था कि हवाएँ, फूल, पौधे, नदियाँ, झरने, बादल, बिजली आदि तमाम चीज़ें उसी तरह जानदार हैं, जिस तरह हम हैं। और जिस प्रकार से हमें कोई बात बुरी या भली लगती है, उसी तरह इन्हें भी बुरी या भली लगती होगी। अब हम ये बातें नहीं मानते हैं। मगर हमारे साहित्य में कलियाँ मुस्कराती हैं, पुरवाई इठलाती है, पेड़ों को नींद आ जाती है, चाँद रूठ जाता है····आदि। ये पुरानी वास्तविकताएँ वेश बदलकर आज भी ज़िंदा हैं। हम इनसे सौंदर्यानुभूति प्राप्त करते हैं।

साहित्य में मूल प्रश्न वास्तविकता का नहीं होता है, बल्कि वास्तविकता की तरफ़ हमारे रवैये या दृष्टिकोण का होता है।

हमारी नयी कविता के पास कोई दृष्टिकोण नहीं है। इसलिए अपने को नया कहनेवाली यह कविता 'कार्ड बोर्ड' के मकान की तरह उजाड़ और बेजान है। ये कवि अपने संकलनों के नाम 'क़ुरान' या 'इंज़ील' रख लेते हैं। मगर किताब का नाम लेकर कोई पैगंबर नहीं हो जाता। सर्वांत के 'डान क्विकज़ोट' की तरह ये लोग

आड़ी-तिरछी कविताओं की तलवारें भाँजते रहते हैं।

हिंदुस्तान के खजाने की तरह कवियों का खजाना भी खाली है। ये अनुभव की पूँजी के बिना साहित्य के बाज़ार में आ गए हैं। परिणामस्वरूप इन्होंने भारतीय भांति साहित्य का मूल्य भी घटा दिया है।

यह बात तो मैं आज भी मानता हूँ कि नयी कविता के प्रश्न नये आदमी के प्रश्न हैं। परंतु इस 'नये' आदमी के पास नयी बुद्धि और नयी चेतना नहीं है और यही इसकी 'ट्रेजडी' है। यही कारण है कि ये अपने 'सिनौरियों' से काम नहीं ले पाते हैं। नया कवि अब यह कहता है :

छुट्टी होने पर घर जाकर सो जाएँगे।
फटे-पुराने बिस्तर से उगनेवाले
रंगी-ख़ाबों में खो जाएँगे।

यह दृश्य नया है। लेकिन कवि सिर्फ़ यह देख पाया है कि छात्र अपने स्वप्नों के खँडहर में ऊँघ रहा है। उसने यह देखा है कि विद्या का कोई उद्देश्य नहीं है। परंतु वह यह नहीं देख पाया है; बेरोजगारी का रेगिस्तान बढ़ रहा है। वह यह भी नहीं देख पाया है कि विद्यार्थियों में आज एक आम बेचैनी है और यह बेचैनी भी फटे-पुराने बिस्तर से उगनेवाले स्वप्नों की तरह वास्तविकता का अंग है। यहाँ एक क्षण अलग कर लिया गया है। समय की धारा से इस क्षण का कोई संबंध नहीं है। इसलिए यह वास्तविकता अधूरी है। अधूरी हक़ीक़तों की परछाइयों के पीछे भागनेवाले ये कवि पूरी हक़ीक़त को अपना अनुभव नहीं बना पाते हैं। इसीलिए इनके बसाए हुए शहर वीरान मालूम पड़ते हैं।

जिस शहर के विद्यार्थियों को बलराज कोमल ने देखा है—आप उस शहर को देखिए। यह शहर एक और नये कवि अहसन अहमद 'अश्क' ने बसाया है :

ख़ल्क़ की नज़रों से बचने के लिए
शहर से दूर निकल आए थे···
यक् ब यक् दूर से एक नूर का धारा फूटा
उसने घबरा के कहा—
आओ छुप जाएँ अँधेरे में कहीं···
हम उजाले में मुहब्बत भी नहीं कर सकते।

यह कविता अधूरी नहीं है। बड़े शहरों के छोटे मकानों में रहनेवाले परिवारों की ट्रेजडी यही है। यहाँ मुहब्बत 'लव मेकिंग' है। इस जोड़े को मुहब्बत करने के लिए शहर से बाहर जाना पड़ा। यहाँ वह जोड़ा मुख्य नहीं है, बल्कि वह शहर अहम है। और यह शहर वह शहर नहीं है, जिसके बारे में मीर ने कहा था :

दिल भी गोया एक दिल्ली शहर है।

यह शहर दिल से बहुत बड़ा है। यह एक औद्योगिक शहर है। इसमें बड़ी भीड़-भाड़ है। तिल रखने की जगह तो मिल जाती है, लेकिन दिल रखने की जगह नहीं मिलती है। लेकिन इस शहर के विषय में इन कवियों का क्या ख़याल है? उनका ख़याल यह है :

यह मेरा शहर एक औरत है।
जिसकी क़िसमत आतशक,
सिल, जुनून बेख़ाबी।

परंतु इस प्रश्न का जवाब कोई नहीं देता कि इस औरत को ये बीमारियाँ दीं किसने ? नयी कविता ऐसी ही अधूरी वास्तविकताओं के चक्कर में फँस गई है।

यौन-कुण्ठा के अतिरिक्त इन आदमियों के पास और कोई अनुभव नहीं है। इस बीमार अनुभव के आधार पर अच्छी शायरी नहीं की जा सकती। कभी-कभी कोई बहुत हिम्मत करता है तो गुजरे हुए जमाने को याद कर लेता है :

वह दिन कब के बीत गए
जब दिल सपनों से बहला था।
घर में कोई आए न आए
एक दिया-सा जलता था।
नहीं अब कोई ख़ाब ऐसा
तेरी सूरत जो दिखलाए।
बिछड़ के तुझसे किस मंज़िल पे
हम तनहा चले आए।

'आज' एक खाली मकान है। 'कल' जो गुजर गया है, वह उत्तर नहीं देता। 'कल' जो आनेवाला है, कंगाल है। वह है यह त्रिकोण, जिस पर इस नये युग की नयी 'इंज़ीलें' स्थापित हैं। खाली मकान की बातें मैंने नहीं गढ़ी हैं :

अर्सा हुआ आई नहीं दिल में कोई ख़ाहिश
कहते हैं बहुत देर से खाली है ये मकाँ।

और मसल मशहूर है कि खाली मकानों में प्रेत रहने लगते हैं। इन खाली मकानों में स्वयं कवि बस गए हैं :

मैं कि ख़ुद अपनी ही आवाज़ के शोलों का असीर
मैं कि ख़ुद अपनी ज़ंज़ीर का ज़िंदानी हूँ।

पर क्या यह 'मैं' कोई प्रतिष्ठित आदमी है ? इस 'मैं' को भी देखते चलिए :

कैसे कह दूँ कि मेरे हाथ, ये तरसे हुए हाथ।
चाहत है कि कोई हाथ में इनको ले ले।

जी हाँ ! यह है वह आदमी जो इस खाली मकान में रहता है। यह ख़ुद भी यह बात मानता है कि :

हर चिराग़ से रूठो जैसे अपनी बीनाई।
हर सदा पे ग़ालिब जैसे अपनी तनहाई।

अब आप ही बताइए कि इस व्यक्ति से कोई क्या उम्मीद करे ! यह बड़ा निर्बल है। यह कहता कुछ है और करता कुछ है। इसके ख़ुद के विचार में इसकी गर्दन इतनी सख़्त है कि :

मुझको ये ज़िद है कि मैं सर न झुकाऊँगा।

लेकिन दूसरी जगह यही आदमी अपने ख़ुदाओं से यह कहता दिखाई देता है :

ए ख़ुदाओ मेरा सजदा मुझे वापिस कर दो।

इन दोनों में से एक बात ही सच्ची हो सकती है !

यह नयी कविता धल में रस्सी बँट रही है। इन कवियों को कला से अधिक प्यार अपनी शोहरत से है। कल प्रगतिशील होने से फ़ायदा था, ये जेल यात्रा तक कर आए। आज प्रगतिशील होने में नौकरी जाने का डर है तो लोग हाँक रहे हैं कि :

हैं अदब के मुफ़्ती-ओ-काज़ी
ख़ूब करते हैं पैंफ़लेटबाज़ी।
हर जगह केक-पेस्ट्री खाएँ।
कहने पर फिर भी गीत लिख लाएँ।
चीन पर, कोरिया पर, लंका पर।
मिस्र पर, जर्मनी पर, जावा पर।
नज़्में लिख-लिखकर ख़ूब लाते हैं।
घर पे सब ख़ैरियत बताते हैं।
मैं कभी इनका हमनवा न हुआ।
गालियाँ खा के बे-मज़ा न हुआ।

ऐसे ही लोगों के विषय में एक साहब ने एक शेर लिखा था :

गेसू बढ़ाए हमने कि मजनूँ कहे कोई
कम्यूनिस्ट कहके पकड़े गए, जेल हो गई।

इनके पास अपना कोई मूल्य नहीं है। मैंने गलत कहा है। इनकें पास केवल एक मूल्य है—अपना स्वार्थ। दिल के अँधेरे में भटकते-भटकते ये स्वार्थों के चौराहे पर निकल आए हैं। इनके दिलों में न सूर्य उदय होता है, न चाँदनी छिटकती है :

जलता नहीं अब कोई दिया दिल के नगर में
वीरान है एक एक गली देखिए क्या हो।

लेकिन गलियाँ वीरान नहीं है। क़िस्सा यह है :

ज़िंदगी छोड़ने आई मुझे दरवाज़े तक
रात के पिछले पहर में जो भी कभी घर आया।

जी हाँ; ज़िंदगी इनके घर के अंदर जाने के विचार से ही काँप जाती है। इसलिए वह इन्हें घर के दरवाज़े तक पहुँचा कर उलटे पैरों लौट जाती है। और यही कारण है कि ये लोग ज़िंदगी के गीत नहीं गाते। ये उसके मर्सिए लिखते हैं :

हम पे जो गुजरी है बस उसको रकम करते हैं
आप बीती कहो या मर्सिया खानी कह लो।

किराए के मकानों में ज़िंदगी तो बसर की जा सकती है, लेकिन किराए के अनुभवों पर शायरी नहीं की जा सकती। इन नये कवियों की बहुत बड़ी संख्या किराए के विचारों और माँगे अनुभवों से काम चला लेने की कला में निपुण हो गई है। यही कारण है कि यह नयी कविता दिल को छूने में असफल रहती है। मैं इन लोगों पर यह आरोप नहीं लगा रहा हूँ कि ये लोग ज़िंदगी की ओर पीठ किए बैठे हैं। इन बेचारों की 'ट्रेजडी' यह है कि इन्हें यही नहीं मालूम कि ज़िंदगी किधर है। अपनी इस बेबसी को छिपाने के लिए इन्होंने शुतुरमुर्ग़ की तरह अपना सर तनहाई की बालू में धँसा रखा है। इनका कहना यह है :

इस नगरी में हर चेहरे पर
तनहाई की गर्द पड़ी है।

यह बुद्धिवादी तनहाई नहीं है, जिसमें तप कर दिमाग कुंदन हो जाता है। यदि ऐसा होता तो तनहाई की यह गर्द हर चेहरे पर न पड़ी होती। तनहाई का यह लबादा औद्योगिक प्रगति की देन नहीं है। यह लबादा तो केवल अपने अधूरे और दागदार

व्यक्तित्व को छुपाने के लिए ओढ़ लिया गया है। आदमी दिल्ली, कलकत्ता, बंबई में अकेला हो सकता है। मगर मुझे तो अलीगढ़वाले भी अकेले नज़र आते हैं।

कालिदास की शकुंतला और तुलसी की सीता की बात न कीजिए। अपने सरों पर सींग उगाकर आईना देखकर खुश हो लो। ये सींगवाले कवि दुनिया को आबाद करने का स्वप्न नहीं देख सकते हैं। ये दुनिया को सिर्फ़ 'ब्लैक मेल' कर सकते हैं :

यूँ ही उदास रहा मैं तो देखना एक दिन
तमाम शहर में तनहाइयाँ बिछा दूँगा।

किसी को यह हक नहीं दिया जा सकता कि वह ज़िंदगी को 'ब्लैक मेल' करे। भले ही वह कलाकार हो, नेता हो या नयी कविता का कवि। मगर ये साहसहीन लोग और कर भी क्या सकते हैं ? इन्हें ये बात नहीं मालूम कि ज़िंदगी झेलने के लिए होती है। जो ज़िंदगी झेल नहीं सकता, वह न पुरानी कविता लिख सकता है और न नयी। हौसला तो भोपाल के मुहम्मद अली ताज़ में है :

ग़मे जमाना जिसे आप मौत कहते हैं
हमें ये मौत न मिलती तो मर गए होते।

यह शेर वही कह सकता है, जिसने 'राम की बहुरिया' की भाँति ज़िंदगी को भुगता हो।

कबिरा यह घर प्रेम का, खाला का घर नाहिं।

ये नये कवि प्रेम को खाला का घर समझते हैं। और इसीलिए ये लोग इस तरह के शेर लिखकर खुश हो लेते हैं :

देख दुनिया अब हमें कुछ देर तनहा छोड़ दे
ऐसे आलम में कि जब हम पर उतरती हो किताब।

यानी इस कविता का ज़मीन से कोई संबंध नहीं रह गया है। और यह भी सिद्ध हो गया कि इस काव्य की बुराई की जिम्मेदारी 'अल्लाह मियाँ' पर है। बेचारे अल्लाह मियाँ ! क़ुरान, इंज़ील और जुबूर उतारनेवाला खुदा आजकल 'नये अहद नामे' उतार रहा है। यह अल्लाह के डिजेनरेशन की चरम परिणति है।

न मैं पैगंबर हूँ, न मुझ पर किताबें उतरती हैं। इसलिए मैं यह नहीं बता सकता कि यदि नयी कविता का नेतृत्व ऐसे ही कवियों के हाथों में रहा, तो उसका क्या हश्र होनेवाला है ? बात यह है कि मैं इस युग का आदमी हूँ और यह देख रहा हूँ कि इस प्रकार की नयी कविता से मेरा कोई संबंध नहीं है।

उर्दू की नयी कविता-2

इस लेख में आपको जाने-पहचाने नाम नहीं मिलेंगे। मैं फ़ैज़ अहमद 'फ़ैज़', फ़िराक़, अली सरदार जाफ़री, मज़रूह, साहिर, वामिक़ या जज़्बी आदि को नया कवि नहीं मानता हूँ। मैं राही मासूम रज़ा को भी नया कवि नहीं मानता हूँ। हमारा हाल तो यह है कि हमारी शायरी नयी है, पर हम स्वयं नये नहीं हैं। हम लोग राष्ट्रीय संघर्ष की कविता और नयी कविता के बीच की कड़ी हैं। यानी हम इन दोनों को मिलानेवाले पुल हैं।

चूँकि यह लेख उर्दू की नयी कविता के विषय में है इसलिए मैं सिर्फ़ नयी कविता और नये कवियों के विषय में ही बात करूँगा। सन् 1857 के संघर्ष की हार के बाद जब भारत में राष्ट्रीय संघर्ष का युग आरंभ हुआ तो एक ही नयी कविता पैदा हुई। यह कविता मीर और ग़ालिब की कविता से काफ़ी अलग है और हाली से क़ैफ़ी आज़मी तक फैली हुई है। यह राष्ट्रीय संघर्ष की कविता है। जैसे-जैसे हमारे राष्ट्रीय आंदोलन का रूप बदलता गया वैसे-वैसे ही इस कविता का रूप भी बदलता रहा है। परंतु इसका बुनियादी ढाँचा नहीं बदला। हाली, इक़बाल, चक़बस्त, सुरूर हानाबादी, दुर्गासहाय बिस्मिल व सरदार जाफ़री कौम की अलग-अलग परिभाषा ज़रूर करते हैं परंतु पुकारते हैं क़ौम को ही। इसलिए मैं इस कविता को एक ही सिलसिले की कड़ी मानता हूँ। सन् 1930 में जब पूर्ण स्वराज्य का नारा लगाया गया तो सन् 1936 में साहित्य में प्रगतिशील आंदोलन संगठित रूप से आरंभ हुआ, यानी बुनियादी तौर पर यह राष्ट्रीय कविता का युग था।

सन् 1936 के साहित्यिक विद्रोह ने दो रूप धारण किए। एक मार्क्सवादी बगावत हुई। इस विद्रोह ने व्यक्ति को नहीं देखा, केवल समाज को देखा और उसी को इकाई माना। इस विद्रोह के फलस्वरूप बहुत प्राणवान और सशक्त साहित्य पैदा हुआ। किंतु वह एकतरफ़ा साहित्य भी है। इस प्रगतिशील साहित्य में व्यक्ति नज़र नहीं आता इसीलिए समाज की तस्वीर भी साफ दिखाई नहीं देती है। दूसरी बगावत मीराजी और रशिद आदि ने की। इस कविता ने समाज की उपेक्षा कर केवल व्यक्ति को देखा और उसे ही इकाई माना। केवल सेक्स को ओढ़ना-बिछौना बनाकर धर्म

और नैतिकता पर हमला किया। चूँकि यह कविता समाज से बिल्कुल कटी हुई थी। इसलिए यह व्यक्ति को भी नहीं समझ पाई। व्यक्ति को तो समाज के संदर्भ में ही समझा जा सकता है।

लेकिन जब देश आज़ाद हुआ तो पूरा वातावरण ही बदल गया और अब जो नयी कविता पैदा हुई मार्क्सवादी प्रगतिशील कविता से भी ज़रा अलग है और मीराजी की शायरी से भी। यह नयी कविता व्यक्ति और समाज के संबंध की कविता है। इसमें पूरी ज़िंदगी को इकाई माना है। इस ज़िंदगी में व्यक्ति और समाज दोनों साझेदार हैं। आज का नया कवि टापिकल (Topical) कविताएँ नहीं लिख रहा है अर्थात् राजनीति अब वस्त्र न रह कर शरीर का एक अंग बन गई है। वस्त्र को देखनेवाले उसे नहीं देख पा रहे हैं। आज का कवि उस अकेलेपन और सन्नाटे को समझने का प्रयत्न कर रहा है जिसने औद्योगिक प्रगति के साथ आकर उसे हर तरफ़ से जकड़ लिया है। अब उसकी आवाज़ भी ऊँची नहीं है। क्योंकि अब वह पूरी क़ौम से बात नहीं कर रहा है। व्यक्ति-व्यक्ति को संबोधित कर रहा है, इसलिए उर्दू की नयी कविता का संगीत भी बिल्कुल अलग है और शब्दावली भी। किसी भीड़ से बात करने के लिए तो गूँजदार शब्दों की आवश्यकता होती है, किंतु किसी व्यक्ति से बात करते समय बजते और खनकते शब्दों का प्रयोग नहीं किया जाता।

संगीत और शब्दावली के साथ-साथ इस नयी कविता का लैंडस्केप (Landscape) भी बदल गया है। अब फाँसियाँ नहीं हैं कि कोई साहिर यह कहे :

उफ़क़ से ताव उफ़ुक़ फाँसियों के झूले हैं।

और न अब वे क़ैदखाने ही रहे हैं जिनमें बैठ कर जाफ़री को यह कहना पड़े :

चावलों के चेहरों पर
मुफ़लिसी बरसती है।

अब वह सहारा भी नहीं है जो घर छोड़ कर मिलता है। अब तो वीराने शहरों तक आते हैं। अब दीवारों के जंगल उग आए हैं। आदमी अपने शहर में भी अजनबी है और अपने घर में मेहमान बना हुआ है। शहरों का जिक्र अब भी होता है, परंतु अब शहर बदल गए हैं। यह वह शहर नहीं है जिसका नाम दिल्ली था और जो मीर का दिल बन गया था—कि दिल उजड़ता था तो मीर दिल्ली को याद कर लिया करते थे :

दिल की वीरानी का क्या मजकूर हो
ये नगर सौ मर्तबा लूटा गया।

अब तो शायर ऐसे हैं कि दिल उजड़ता देखते हैं तो आँखें फेर लेते हैं और

अगर आँखें चार हो भी जाती हैं तो ढिठाई से मुस्काने लगते हैं। नयी कविता इसी दर्द, इसी तनहाई और इसी सन्नाटे की कविता है। राष्ट्रीय कविता का कवि, काल कोठरी में भी अकेला नहीं था आज का कवि अपने घर में भी अकेला है। इसलिए आज की कविता दरवाज़ों, दरीचों, वीरान गलियों, अजनबी सड़कों और बेदर्द शहरों की कविता है।

चूँकि लैंडस्केप नया है और यह शब्दावली नयी है, इसलिए हमारे आलोचक इस कविता से डरे-डरे नज़र आ रहे हैं। हमारे पास इस नयी कविता को जाँचने और खरे में फ़र्क़ करने के साधन भी नहीं हैं।

यहीं एक बात और कहता चलूँ : यह कहना तो आसान है कि हर जमाने में अच्छा और बुरा साहित्य पैदा होता है परंतु इसका क्या कारण है कि कभी-कभी अपने जमाने की ठुकराई हुई कविता किसी और जमाने की अच्छी कविता बन जाती है। मैं इससे यह नतीजा निकालता हूँ कि हर युग में चार प्रकार की शायरी पैदा होती है—(1) गीतहीन अच्छी कविता (Static Good Poetry), (2) परिवर्तनशील अच्छी कविता (3) बुरी कविता तथा (4) गतिशील बुरी कविता (Dynamic Bad Poetry)।

उर्दू में गतिहीन अच्छे कवियों की मिसाल नासिख़ और ज़ौक़ हैं। ये अपने जमाने के अच्छे कवि थे परंतु गतिहीन थे और समय परिवर्तनशील होता है। वह इन्हें छोड़कर आगे बढ़ गया और ये वहीं रहे। मीर परिवर्तनशील अच्छे कवि हैं। ये कल भी अच्छे और आज भी अच्छे हैं। रंगीन और जान साहब स्थायी रूप में बुरे कवि हैं। ये कल भी बुरे थे और आज भी। नज़ीर अकबराबादी और ग़ालिब की कविता गतिशील बुरी कविता की मिसाल है, यह कल बुरी थी आज अच्छी है। ज़ौक़ के समय में यही फ़ैसला ठीक था कि वह ग़ालिब से अच्छे शायर हैं। लेकिन आज का यह फ़ैसला भी उतना ही ठीक है कि ग़ालिब ज़ौक़ से बड़े शायर हैं। बात स्पष्ट है। कविता की अच्छाई-बुराई का कोई अटल क़ानून नहीं होता इसलिए यह बिल्कुल असंभव नहीं है कि उर्दू की जिस नयी कविता पर आज हम नाक-भौंह चढ़ा रहे हैं वह कल अच्छी कविता की मिसाल बन सकती है। जोश और सरदार जाफ़री आज स्टेटिक अच्छे कवि की मिसाल हैं। ये लोग इस युग के नासिख़ और ज़ौक़ हैं, हम इनका मान करते हैं। फ़िराक़ और अख़्तर उल ईमान गतिशील बुरे कवि की मिसाल हैं। ये लोग राष्ट्रीय संघर्ष के समय में अच्छे कवि नहीं थे क्योंकि ये कोमल स्वरों के कवि हैं। लेकिन आज ये लोग नये कवियों पर प्रभाव डाल रहे हैं।

परंतु आज की नयी कविता की बात करते समय एक ध्यान रखना ज़रूरी है। उर्दू, पंजाबी और बंगाली का नया साहित्य दूसरी भाषाओं के साहित्य से अलग है। ये तीनों भाषाएँ अब दो देशों की भाषाएँ हैं। मेरा ख़्याल है कि उर्दू की नयी कविता की भाँति बंगाली और पंजाबी की नयी कविता भी दो हिस्सों में बँटी हुई

दिखाई पड़ रही होगी। उर्दू में तो यही हुआ है। हिंदुस्तानी उर्दू की नयी कविता पाकिस्तानी उर्दू की नयी कविता से अलग है।

हिंदुस्तानी उर्दू की नयी कविता मृगनयनी भी है और गजगामिनी भी। इसकी बड़ी-बड़ी हैरान आँखें घबरा-घबरा कर हर तरफ़ देख रही हैं, परंतु इसके कंधों पर पाँच हजार वर्ष पुरानी सभ्यता का बोझ भी है। इसलिए यह चौकड़ियाँ नहीं भर सकती। पाकिस्तानी नयी कविता के कंधों पर बोझ नहीं है क्योंकि उसके पास अपनी कोई परंपरा नहीं है। वह तो परंपराओं की तलाश में है। चूँकि पाकिस्तान के पास कोई इतिहास नहीं है इसलिए इस्लाम और अमरीका की टक्कर में इस्लाम हार रहा है और अमरीका जीत रहा है। और वहाँ एक असौंदर्यवादी कनसुरी तथा खुरदरी कविता की जा रही है। वहाँ का नया कवि कविता की अच्छाई और बुराई के विषय में सोचकर अपने आपको हलकान नहीं करता। वह तो केवल चौंका देने की फ़िक्र में रहता है। ये टेढ़ी कविता पाकिस्तान की कविता न सही परंतु वहाँ की नयी कविता पर यह टेढ़ी छाप बहुत गहरी है। अहसन अहमद 'अश्क' कहते हैं :

मेरा शहर—एक औरत है
जिसकी क़िस्मत, आतशिक, सिल, जुनून
बेख़याली का जिसकी ख़सलत निस्फ़ बीवी है—निस्ब रंडी है।

सलीम अहमद जो पाकिस्तान के प्रसिद्ध कवि, विचारक हैं, उनकी आवाज़ में उनकी बात सुनिये :

सख़्त बीवी को शिकायत है जमाने से
रेल चलती नहीं गिर जाता है पहले सिगनल।

आप यह न समझें कि यह गंभीर कविता नहीं है। पाकिस्तान की गंभीर कविता यही है। ये लोग लफ़्ज़ों की भूल-भुलइयाँ, फ़क़्त मौत मुझे भाती है, और मूरी दुलहिन की नायिका जैसी कविताएँ लिख रहे हैं। इस पाकिस्तानी कविता का कार्य क्षेत्र बहुत छोटा है। ज़ीलानी कामरान के शब्दों में यह एक बंद कमरा है :

यही एक कमरा
यही एक कमरा जो उजड़ा हुआ बंद कमरा है
अक्सर हवा की मुलाकात से काँपता है।

और उनकी कविता 'मुस्तक़बिल' इस प्रकार समाप्त होती है :

मगर मैं सलाखों के पीछे
सियाह परदे पे अपनी

इसी क़ैदखाने की रूदाद लिखता रहूँगा।

अब अगर कविता एक बंद कमरे में है, तब अगर कोई गौहर नौशाही झल्ला कर साँप से कहे :

साँप आ काट मेरी एड़ी में
मैं तुझे दान-ए-गंदुम की क़सम देता हूँ।
शहर के ऊँचे मक़ानों पे चमकता सूरज
मुझसे कहता है कि तू नंगा है…
मुझको एहसास है कि मैं नंगा हूँ।

तो इनसे क्या शिकायत की जा सकती है ? इस बंद कमरे का नतीजा यह निकला कि चौंका देने की फ़िक्र में शमून ने ये अरमान किया कि वह भी एक कौवा बन जाय। उनके कौवा बन जाने पर मुझे तो कोई ऐतराज नहीं है, परंतु उनका लाजिक बहुत दिलचस्प है। कहते हैं :

बुलबुल कोयल और पपीहा
गाते हैं, पर क्या गाते हैं
ऐसा तो सब गा लेते हैं
लेकिन कौवा चीलों जैसा
पास उनके संगीत कहाँ है
खुशक़िस्मत हैं कौवा चीलें
जिनको वो संगीत मिला है
जिसके वे खुद ही मालिक हैं।

हिंदुस्तानी उर्दू के कुछ शायर भी पाकिस्तानियों से आवाज़ मिला रहे हैं। बलराज कोमल को एक सवाल बहुत परेशान करता रहता है :

वही कहती है
लड़की हूँ मैं
जब उसे देखता हूँ
मैं हैरान होता हूँ
मैंने—
उसे कब कहा था
कि लड़का है वह।

परंतु पाकिस्तानी नयी कविता की हकीकत यही नहीं है। एक तो मुझे ऐसा

लग रहा है कि पाकिस्तानी का नशा जैसे टूट रहा है। जैसे यह ख़याल सता रहा है कि कोई गलती हो गई है। नासिर काज़िमी का एक शेर सुनिये :

हम जिस पेड़ की छाँव में बैठा करते थे
अब उसी पेड़ के पत्ते झड़ते जाते हैं।

अब अगर उसी पेड़ के पत्ते झड़ते जा रहे हैं तो मुसाफ़िर के दर्द का क्या ठिकाना ? इसलिए नासिर काज़िमी को ही कहना पड़ा :

यूँ ही उदास रहा मैं तो देखना एक दिन
तमाम शहर में
तनहाइयाँ बिछा दूँगा।

× × ×

मुद्दत से कोई आया न गया
सुनसान पड़ी है दिल की फ़िज़ा
इन खाली कमरों में नासिर
मैं दीप जलाऊँ किसके लिए।

असलम अंसारी के यहाँ यह दर्द एक और रूप धारण करता है :

जिनकी गलियों में हवा बन के फिरे हैं बरसों
कोई उस शहर में अपना भी इलाका होता।

परंतु मुझे पाकिस्तानी कविता की जिस अदा ने चौंकाया है वह न कौवा बनने का अरमान है औरं न तनहाई का यह दर्द। मुझे तो जिस बात ने चौंकाया और एक तरह की खुशी दी वह यह है कि पाकिस्तान हिंदू और सिखों की कमी बुरी तरह महसूस कर रहा है। अय्यूब खाँ कुछ कहें—परंतु अगर लाहौर का कोई मुसलमान कवि सन् 1962 में 'काली पूजा' लिखेगा और अगर प्रसिद्ध साहित्यिक मासिक 'अदबे लतीफ़' हर महीने पुरानी उर्दू के नाम पर कबीर, नानक और मीरा की कविताएँ छापेगा और उन्हें अपना विरसा (धरोहर) कहेगा, वहाँ के नये साहित्य में हिंदी-संस्कृत शब्दों की वृद्धि होगी और शायर दोहे लिखेंगे तथा हिंदू देव माला से सिंबल लेंगे तो मैं तो यही कहूँगा कि अय्यूब खाँ का यह ख़याल गलत है कि रावी का किनारा और झेलम का पानी हिंदुओं और सिखों को भूल गया है। वहाँ का नया साहित्य तो यह बता रहा है कि उसे अब हिंदुओं और सिखों की बहुत याद सता रही है—और साहित्य झूठ नहीं बोलता है साहब।

पाकिस्तान की नयी कविता के विषय में एक बात और कहनी है। वह पूरे आदमी की तलाश में है। सलीम अहमद ने एक लेख में लिखा है—औरत की तरह

शायरी भी पूरा आदमी माँगती है, जैसे कविता के केवल दो ही रूप हैं, या तो वह धर्मपत्नी है या वेश्या।

हिंदुस्तानी उर्दू की नयी कविता के सामने आधे-पूरे आदमी का सवाल नहीं है क्योंकि हम कविता को न पत्नी समझते हैं और न वेश्या। यहाँ की कहानी ही दूसरी है। आज़ादी के बाद यहाँ परंपराओं की वे जंज़ीरें पहनने को जी चाहने लगा था जिन्हें प्रगतिशील आंदोलन ने दिया था। इसलिए कविता ने पलटकर माजी (भूत) की ओर देखा। मैं यह नहीं कह रहा हूँ कि कविता माजी की ओर मुड़ गई। परंतु स्वतंत्रता माजी की याद ज़रूर करती है। इसलिए इस नयी कविता ने एक बार फिर अपने पुराने कवियों के साथ-साथ पुराने फार्म को भी हाथ लगाया। मीरा और सौदा फिर पढ़े जाने लगे। ग़ज़लें तो फिर ग़ज़लें ही हैं। यह नये कवि कसीदे, मसनबियाँ और शहर-आ-शोब लिखने लगे। ग़ज़ल ने ताँबा और मख़दूम जैसे क़ाफ़िरों को मुसलमान बना दिया। ताँबा तो अब सिर्फ़ ग़ज़लें ही लिखते हैं। मख़दूम भी अब धड़ाधड़ ग़ज़लें लिख रहे हैं कि ग़ज़ल का जादू सरदार जाफ़री के सर पर चढ़कर भी बोल रहा है। जोय अंसारी जो ग़ज़ल के विरुद्ध छिड़नेवाले संग्राम के प्रसिद्ध योद्धा थे वे आज ताँबा की ग़ज़लों से हार मानकर बैठे नज़र आ रहे हैं। परंतु नयी कविता का बुनियादी फार्म फ्रीवर्स है। इन नये कवियों में विमल कृष्ण और मोहम्मद अली जैसे लोग भी हैं जिनकी कविता पाकिस्तानी मालूम होती है। शायद यही कारण है कि इनकी कविताएँ पाकिस्तानी रिसालों में छपती हैं और जब हिंदुस्तान का कोई रिसाला नयी कविता का विशेषांक निकालता है तो उनमें इन लोगों की कविताएँ स्थान नहीं पाती हैं।

आजकल वहीद अख़्तर, खलीलुर्रमान, बलराज कोमल, कैलाश माहिर, शहाब जाफ़री, मापाशी, विश्वनाथ दर्द, हसन नयीम, काज़ी सलीम, मज़हर इमाम, निदा फ़ाज़ली, अजीज़ तमन्नाई, शफ़ीक़ फ़ातिमा शेरा, शहरयार, अज़्मल अज़्मली, मो. अली ताज़, साज़ तमकनत, अजीज़ केशी, अमीर आरफ़ी, बशीर बद्र आदि नये तजुर्बे कर रहे हैं। ये प्रयोग फार्म की दुनिया में भी हो रहे हैं और कंटेंट की दुनिया में भी। फार्म के सिलसिले में मैं दो प्रयोगों का जिक्र खासतौर से करना चाहता हूँ। एक मज़हर इमाम को आज़ाद ग़ज़ल का तजुर्बा है। इन्होंने फ्रीवर्स में ग़ज़ल लिखने की कोशिश की है :

डूबनेवाले को तिनके का सहारा आप हैं
इश्क़ तूफ़ाँ है किनारा आप हैं।

परंतु ये एक ही आज़ाद ग़ज़ल लिख कर रह गए।

दूसरा महत्त्वपूर्ण प्रयोग अजीज़ तमन्नाई का है। उन्होंने उर्दू में अपने सानेट का एक संग्रह प्रकाशित कराया है। सानेट पहले भी लिखे गये हैं परंतु उर्दू के किसी

कवि ने इतने सानेट नहीं लिखे कि उनकी एक किताब तैयार हो जाए।

मैं ऊपर कह चुका हूँ कि यह कविता भाषण नहीं देती। इसीलिए जब कोई बलराज कोमल विद्यार्थियों पर अपनी कविता लिख रहा है तो वह जोश मलीहाबादी की तरह एक ऐसा भाषण नहीं देता जो उन्होंने किसान के बारे में दिया था या जिस लहज़े में अली सरदार जाफ़री ने एशिया को जगाया था। कवि कोमल कहता है कि—ये विद्यार्थी :

छुट्टी होने पर घर जाकर सो जाएँगे।
फटे पुराने बिस्तर से उगनेवाले रंगी ख़्वाबों में खो जाएँगे।

अब इसी जगह पाकिस्तान के अहसन अहमद 'अश्क' की कविता का एक अंश देख लीजिए ताकि लैंडस्केपवाली बात साफ़ हो जाय :

ख़ल्क की नज़रों से बचने के लिए
शहर से दूर निकल आए थे...
यक बयक दूर से इक नूर का धारा फूटा
उसने घबरा कर कहा—
आओ छुप जाएँ अँधेरे में...
हम उजाले में मुहब्बत भी नहीं कर सकते।

'अश्क' की इस नज़्म का शीर्षक 'डरपोक' है। परंतु मुझे शीर्षक से अधिक इस कविता के शहर में दिलचस्पी है। यह वह शहर नहीं है जिसके विषय में मीर ने कहा था :

दिल भी गोया एक दिल्ली शहर है।

यह एक औद्योगिक नगर है। इसमें बड़ी भीड़-भाड़ है, तिल रखने की जगह तो मिल जाती है परंतु दिल रखने की जगह नहीं मिलती है। इसीलिए मैं कहता हूँ लैंडस्केप बदल गया है। अब चलिए शफ़ीक़ फ़ातिमा शेरा के 'शाद नगर' में चलें :

शगुफ़्ता घास में ये जर्द-जर्द नन्हे फूल
न जाने किसलिए पगडंडियों को तकते हैं।

और वह देखिए मोहम्मद अली अपनी खिड़की खोल रहे हैं :

खिड़की से जब घर में धूप उतरती है
सरदी से मुरझाए बदन खिल उठते हैं।

यह भाषा नयी है। इसका संगीत नया और लैंडस्केप भी नया है। हिंदुस्तानी

उर्दू की नयी कविता पाकिस्तानी नयी कविता की तरह किसी ऐसे कमरे में बंद नहीं है जो हवा की मुलाक़ात से काँप जाता है। यहाँ के वहीद अख़्तर लिखते हैं—"अहदे स्पूतनिक के शहरे तमद्दुन का एक बनजारा दोश पेअसनाद और कुतुबखानों का भारी पुश्तार इसको भी वनवास मिला है 14 साल या 16 साल…"

यह बनजारा राम से ज़्यादा अकेला है क्योंकि इसके साथ इसकी सीता है और न लक्ष्मण। बस तनहाई का यही दर्द इस नयी कविता का विषय है इसीलिए शेरा कहती है :

सूखी घास पे चिनगारी ही पड़े तो कुछ हंगामा हो… ।

तनहाई का यह दर्द दोनों देशों में एकसा है :

उजाड़ शहर पड़ा है चले चलो चुपचाप।

असलम अंसारी का एक शेर सुनिये :

इस नगरी में हर चेहरे पर
तनहाई की गर्द पड़ी है।

यही दर्द पाकिस्तान के ज़ाहिद डार की जवान से यूँ बोलता है :

किन शब्दों में बात करूँ मैं लोगो
किन शब्दों को समझोगे तुम बोलो
ऐसा नहीं तुम तनहा और मैं तनहा रह जाऊँ…

और फिर प्रतिध्वनि के वन से किसी हिंदुस्तानी शहरयार की आवाज़ आती है :

पुकारते हैं किसी अजनबी मसीहा को…

शहरयार क्योंकि किसी बंद कमरे में नहीं है, इसलिए उसके लिए :

खुशी का लमहा दहक उठा है
शगूफ़े शाखों पर सर उठाए
फ़िज़ा की बातों पर हँस रहे हैं… ।

बहार गुलशन से चंद क़दमों के फ़ासले पर खड़ी हुई हैं।

बहार का यही विश्वास हिंदुस्तानी उर्दू की नयी कविता को पाकिस्तानी की नयी कविता से अलग करता है।

मुझे यह नयी कविता बहुत पसंद नहीं है, परंतु मैं इसे बुरा नहीं कहता। मुझे नहीं मालूम कि वह अच्छी है या बुरी, मैं अभी केवल इतना ही कह सकता हूँ कि

इसका संगीत, शब्दावली, शब्दों की बैठक और इस लैंडस्केप में एक नयापन है। अभी इसे परखने की कसौटी नहीं बनी है। इसीलिए अभी मैं सिर्फ़ यह कहना चाहता हूँ कि शायद यह नयी कविता गतिशील खराब कविता (Dynamic bad poetry) है।

अब सुनिये शहरयार की एक कविता। शीर्षक है 'भक्तों का अपमान' :

उम्मीदों के दिए जलाए
कब से इस मंदिर में
जिसकी दीवारें रेत के ऊपर
कलश है जिस पर नाकामी का
मज़बूरी का लमहा-लमहा
महरूमी का तिलक लगाए
यादों के बुत पूज रहा है।

नये कवि के इस व्यक्तित्व को यह प्रश्न परेशान कर रहा है :

खाली हाथ अगर हम पहुँचे
अपने वतन
तो लोग कहेंगे
खाली हाथ चले आए हो...
जाओ-जाओ
वापस जाओ। **(शहरयार)**

यानी यह नया कवि खाली हाथ वापस जाने से डरता है और अभी तक इसके हाथ खाली हैं। अभी इसकी झोली में उस हौसले के सिवाय और कुछ नहीं है जिसे लेकर वह यात्रा पर निकला था। परंतु यह भी कम महत्त्व की बात नहीं है कि वह हिम्मत नहीं हार रहा है। अगर वह हिम्मत हार गया तो या तो जज़्बी की तरह चु हो गया होता या वामिक की तरह शायरी करने से तोबा कर चुका होता या ताँबा की तरह ग़ज़लें लिख-लिखकर ज़िंदगी के बाक़ी दिन गुजार देता। मुझे यह नयी कविता राष्ट्रीय कविता से अधिक साहस संपन्न नज़र आती है। यह अकेली है, मगर हिम्मत नहीं हार रही है। बार-बार कहती है :

माजी का आईना मैंने तोड़ दिया है
माजी का आईना मैंने वक़्त के पत्थर से
टकराकर तोड़ दिया है।
उसके तेज़ नुकीले टुकड़े मैंने
यादों के इस गाँव के बाहर

आँसू के तालाब में जाकर फेंक दिए हैं।
अब ये तेज़ नुकीले टुकड़े
मेरे मुस्तक़बिल के तलुवों में न चुभेंगे। **(अमीर आरफ़ी)**

× × ×

ख़्वाबों की दीवार से उतरो
आओ चलो
दुनिया को देखें। **(शहरयार)**

× × ×

चलो कि आज सितारों की सैर कर आएँ,
कोई यह कह न सके आदमी से कुछ न हुआ
गमे जमाना जिसे आप मौत कहते हैं
हमें यह मौत न मिलती तो मर गए होते। **(मोहम्मद अली ताज़)**

× × ×

ओरी सपेरन काहे तू नित छेड़े राग नये।
तेरे बीन के कारन मेरे सपने रूठ गए। **(ताज़ सईद)**

× × ×

दुख की बंजर बस्ती हमने सींची है जब रोए
दिन को फ़सल खड़ी देखी है गर रात को आँसू बोए
हमने अपने प्यार के दाग को रोशन दिल में रक्खा
तुमने अपने दुख के धब्बे गंगाजल से धोए।
(सज्ज़ाद वाकर रिज़वी)

× × ×

गुंचे ही बेकरारे नसीमे सहर नहीं
काँटे भी चाहते हैं ठंडी हवा चले। **(सागर मेंहदी)**

यह नयी कविता की चंद मिसालें हैं। देखिए इस विषय पर कई किताबें लिखने की ज़रूरत है। मैं इसे एक लेख में कैसे समेटूँ····। और अंत में सुनिये मेरा एक शेर :

प्यासी रातें भी काटी हैं, दिन भी गुजारे उलझन के
जेठ से हमने हार न मानी घर न गए हम सावन के।

(सन् 1962)

पाकिस्तानी उर्दू कविता पर भारतीय प्रभाव

प्रश्न यह नहीं है कि पाकिस्तान की उर्दू कविता भारतीय परंपराओं से नाता तोड़ रही है या जोड़ रही है बल्कि प्रश्न यह है कि संस्कृति, सभ्यता और परंपराएँ भी बाँटी जा सकती हैं ? क्या घर के बँटवारे से बुनियाद की ईंटें भी बँटवारे की लपटों में आ जाती हैं ? अपने उपन्यास 'आग का दरिया' में कुरतुल-एन-हैदर ने अपने ढंग से इस प्रश्न का उत्तर दिया है। उनका उत्तर पाकिस्तान चलानेवालों को बहुत बुरा लगा और खुद उन्होंने भी ये उपन्यास लिखने के बाद शायद यह सोचा कि वे पाकिस्तान में क्या कर रही हैं ? इसलिए वे हिंदुस्तान वापस आ गईं। परंतु कुरतुल-एन का महत्त्वपूर्ण उपन्यास इस प्रश्न का ठीक-ठीक उत्तर इसलिए नहीं कि ये तो हिंदुस्तानी थी हीं। वे यहीं के वातावरण में पली और बड़ी हुई थीं। इसलिए वे अगर भारतीय परंपराओं से नाता नहीं तोड़ सकीं तो आश्चर्य की कोई बात नहीं है। इस प्रश्न का उत्तर तो केवल पाकिस्तानी तरक्की को देना होगा।

उर्दू की आधुनिक कविता पर अपने विचार प्रकट करते समय मैं पाकिस्तानी उर्दू कविता के विषय में कुछ कह चुका हूँ। परंतु वह बात अधूरी रह गई थी। हुआ यह कि देश की स्वतंत्रता ने पूरे वातावरण को बदल दिया। एक देश की महिमा गानेवाले दो देशों में बँट गए। और इस बँटवारे की बुनियाद घृणा और शंका पर थी। इसलिए शुरू-शुरू में पाकिस्तान के कुछ कवियों ने परंपराओं से नाता तोड़ने का प्रयत्न किया। किंतु वे इसमें सफल न हुए क्योंकि पंजाब के लहलहाते हुए गेहूँ, मक्के और सरसों के खेतों में हीर की उदास धुन पर नाचती हुई हवाओं से कदम मिलाकर चलना अरब की परंपराओं के लिए संभव नहीं था। अमरीका से हथियार आ सकते थे वे आ गए, परंतु जिस देश में खुद परंपराओं का अकाल हो और जिसको सबसे बड़ा कवि यूरोपीय परंपराओं की तरफ़ देख रहा हो, वहाँ से परंपराएँ नहीं आ सकतीं। इसलिए पाकिस्तान में रोटी का अकाल पड़ा हो या न पड़ा हो परंतु परंपराओं का अकाल पड़ा।

मोहनजोदड़ो और तक्षशिला की विरासत को अपनाए बिना काम नहीं बनता परंतु मोहनजोदड़ो और तक्षशिला की सभ्यता के इतिहास से आँखें चुराना भी असंभव

है। पाकिस्तान इसी उधेड़बुन में है कि वह क्या तरकीब की जाय कि मोहन जोदड़ो को अपना लिया जाय और भारतीय संस्कृति से नाता तोड़ लिया जाए।

परंपराओं के संकट के दो परिणाम हुए। एक तरफ़ तो इस्लाम और अमरीका की टक्कर में अमरीका जीत रहा है और इसके परिणाम में एक कनसुरी और खुरदरी कविता पैदा हो रही है। ये कविता परंपराओं की कमी का भेद छुपाने के लिए जादू मंत्र के तमाशे दिखला रहे हैं। ये अपने पाठक को बातों में फँसाकर टोपी से खरगोश को निगलना चाहते हैं, परंतु इस चौंका देनेवाली कविता से हमें इस समय बहस नहीं है। परंतु पाकिस्तान की सारी उर्दू कविता यही नहीं है। इसके साथ-ही-साथ हमें एक ऐसी कविता भी दिखाई देती है जो नफ़रत की दीवार फलाँग कर मधुबन के घने पेड़ों की छाँव में बैठकर श्याम की मुरली सुनना चाहती है, किंतु पाकिस्तान की उर्दू कविता के विषय में कुछ कहने से पूर्व कुछ बातों की तरफ़ ध्यान देना ज़रूरी है। पहला प्रश्न यह है कि हम सब भारतीय संस्कृति, सभ्यता या परंपराओं की बात करते हैं तो भारत की सीमा कहाँ निश्चित करते हैं। क्या भारत की सीमा वहाँ रुक जाती है जहाँ 15 अगस्त, 1947 को अंग्रेजों ने एक लकीर खींच दी थी ? मैं इसे नहीं मानता। अब अगर राजनीतिक बँटवारा परंपराओं का बँटवारा नहीं है तो फिर भारतीय परंपराएँ उस नयी राजनीतिक सीमा की परंपराएँ भी हैं, जिसे आज हम पाकिस्तान कहते हैं। इसलिए मैं तो केवल इतना ही कह सकता हूँ कि शुरू के तूफ़ानी दिनों के बाद पाकिस्तान फिर अपनी परंपराओं को अपनाने का प्रयत्न कर रहा है। क्योंकि अगर संस्कृति और सभ्यता और परंपराओं की दुनिया भी सन् 1947 में बँट गई थी तो हमारे राष्ट्रीय गान में पंजाब, गुजरात, मराठा द्राविड़ उत्कल और बंगाल के साथ-साथ सिंध का जिक्र क्यों है। इसी राष्ट्रीय गान की गवाही पर मैं पाकिस्तान को केवल एक राजनीतिक इकाई मानता हूँ, सांस्कृतिक इकाई नहीं। इसका कारण यह है कि परंपरा धर्म नहीं कि कलमा पढ़ने और शुद्धि कराने से बदल जाए। हवाओं को कलमा नहीं पढ़वाया जा सकता और मेह की शुद्धि नहीं की जा सकती। यही हाल परंपराओं का है, परंपरा सदैव धर्म से ऊँची रही है, परंतु दुर्भाग्य से यह देशों में बँट चुकी है इसलिए नामों से गड़बड़ी पैदा होती है। हिंदुस्तान एक पुराना नाम है पाकिस्तान एक नया मुल्क है। हिंदुस्तान देश की राजनीतिक सीमाएँ भले ही सिमट गई हों किंतु इस शब्द की सीमाएँ अभी तक नहीं सिमटी हैं। परंपरा, सभ्यता और संस्कृति की बात करनी हो तो ये देश अभी तक नहीं बँटा है और आशा करने में क्या हानि है कि ये देश कभी नहीं बँटेगा। परंतु इसमें भी संदेह नहीं कि इस देश के राजनीतिक बँटवारे ने बड़ी उथल-पुथल की है।

14 अगस्त, 1947 की रात के 12 बजे करोड़ों लोगों को मालूम हुआ कि वे एकदम पाकिस्तानी हो गए। ये अंगरेजों के जादू के डंडे का कमाल था। सुना है कि प्राचीन काल में ऐसे जादूगर हुआ करते थे जो मनुष्य को जानवर बना दिया

करते थे। सन् '47 से पहले मैं इस बात को नहीं माना करता था परंतु इसके बाद मैं इसे मानने लगा हूँ। यूँ रातों-रात पाकिस्तानी बन जानेवालों में उर्दू के कुछ कवि भी हैं फिर बाद में सांप्रदायिकता के तूफ़ान ने भी कुछ कवियों को पाकिस्तानी बनाया और कुछ कवि परमिटों के चक्कर में भी चले गए। परंतु पाकिस्तानी कवियों की एक ऐसी टोली भी है जिसने पाकिस्तान में ही होश सँभाला है, सच पूछिए तो पाकिस्तानी कवि केवल यही लोग हैं।

14 अगस्त, 1947 की रात में जो लोग बिना पूछे पाकिस्तानी बना दिए गए उन्हीं में पाकिस्तान के सबसे बड़े उर्दू कवि फ़ैज़ अहमद फ़ैज़ का नाम भी आता है, फ़ैज़ की कविता में हिंदुस्तान अभी तक एक है, क्योंकि उनके काव्य का संगीत बिल्कुल नहीं बदला है और नहीं उनके प्रतीकों की दुनिया में कोई परिवर्तन हुआ है। फ़ैज़ अगर इस नये हिंदुस्तान के नागरिक होते तब भी बिल्कुल यही शायरी करते। दो-तीन बरस पहले हैदराबाद की उर्दू कांफ्रेंस के लिए फ़ैज़ ने चार लाइनों का एक संदेश भेजा था। इस समय उसकी दो लाइनें ही मुझे याद आ रही हैं—फ़ैज़ पूछ रहे हैं कि :

बूए क़ातिब है कि ज़िंदा है कि मयखाना है
इन दिनों सूरते बरब दिए याराँ क्या है ?

इस शेर में ऐसा नहीं मालूम होता है कि किसी एक मुल्क़ का आदमी किसी दूसरे मुल्क़ के आदमियों की खैरियत मालूम कर रहा है बल्कि ऐसा मालूम देता है कि एक परदेशी अपने घरवालों के बारे में पूछताछ कर रहा है। अपने से बिछुड़ जाने के इसी दर्द ने फ़ैज़ को पिंडी षड्यंत्र में सम्मिलित किया था और इसीलिए मेरे विचार में फ़ैज़ को पाकिस्तानी शायर कहना ठीक नहीं है। फ़ैज़ पाकिस्तान के नागरिक अवश्य हैं किंतु कवि के नाते आज भी वे भारतीय ही हैं। लगभग यही हाल उन तमाम कवियों का है, जो रातों-रात पाकिस्तानी बना दिए गए थे।

अब नये वे लोग जो हिंदुस्तान से पाकिस्तान को गए। जैसे हफ़ीज़ जालंधरी, जोश मलीहाबादी और तेग़ इलाहाबादी आदि। ये लोग पाकिस्तानी नागरिक होने के बाद भी जालंधरी, मलीहाबादी और इलाहाबादी ही हैं। जहाँ तक मुझे मालूम है न जालंधर पाकिस्तान में है न मलीहाबाद और इलाहाबाद भी नहीं है। तेग़ के अतिरिक्त किसी ने अपना नाम नहीं बदला और उन्होंने भी अपना नाम बदला तो इलाहाबादी निकालने के लिए नहीं बल्कि तेग़ निकालने के लिए और अब वे मुस्तफ़ा ज़ैदी और डिप्टी कमिश्नर होने के बाद भी हिंदुस्तान से उनका संबंध नहीं टूटा है। लिखते हैं :

कोई उस देश का मिल जाय तो इतना पूछें
आज कल अपने मसीहा न फसाँ कैसे हैं ?

आँधियाँ तो ये सुना है कि उधर भी आईं,
कोपलें कैसी हैं शीशों के मकाँ कैसे हैं ?

तेग़ ने ये कविता तब लिखी थी जब वे नये-नये पाकिस्तानी हुए थे। इसलिए कोई कह सकता है कि ताज़ा चोट थी वे सहन न कर सके और चीख़ पड़े। परंतु अब तेग़ को पाकिस्तान सरकार ने ट्रेनिंग के लिए इंगलैंड भेजा तो वहाँ भी उन्हें कराची और लाहौर याद नहीं आया। उन्हें टेम्स नदी के किनारे इलाहाबाद के संगम की याद आई :

साहिबे टेम्स ये संगम का सनम याद रहा।
हमको लंदन में तिरा दीद-ए-नम याद रहा।

तेग़ को संगम इसलिए याद आया कि उन्होंने एक रूहानी तूफ़ान से भागकर पाकिस्तान में शरण ली थी। वे पाकिस्तान को पाकिस्तान मानकर भी पाकिस्तान नहीं गए थे :

बिगड़ चला है बहुत रस्मे ख़ुदकशी का चलन
डरानेवालो किसी रोज़ कर दिखाओ भी।

तेग़ भी उन्हीं डरानेवालों में थे। इसलिए यहाँ से भागकर डरानेवालों में जाकर बैठे। परंतु घर से भागनेवाला घर को भूल नहीं सकता। तेग़ भी नहीं भूले। वे जब यहाँ थे तो बड़ी कठिन भाषा का प्रयोग किया करते थे, किंतु अब कभी वे एक ऐसी भाषा का प्रयोग भी कर डालते हैं जिसका कभी मज़ाक उड़ाया करते थे :

सात समंदर पार से गोरी आई पिया के देस
रूप विदेसी लेकिन जीवन पूरब का संदेस।
लंबी लंबी पलकें जिनमें तलवारों का काट
नीली नीली आँखें जैसे जमुनाजी का घाट।।

तेग़ रावी या सिंध की बात नहीं करते बल्कि उपमा की खोज में इलाहाबाद आते हैं और जमुना नदी को जमुना जी कहकर इलाहाबाद से अपना गहरा प्रेम प्रकट करते हैं और जब वह एक बार इलाहाबाद आ जाते हैं तो यादें उन्हें घेर लेती हैं :

अंखड़िया या ठंडे ठंडे दरियाओं में सीप।
रोशन रोशन चेहरा जैसे दीवाली का दीप।।

तेग़ शिया मुसलमान है और शिया शुबरात को दीवाली मनाता है। तेग़ आसानी से शुबरात के दीयों से उपमा दे सकते थे। परंतु उन्हें तो यादों ने परेशान कर रखा

है इसीलिए वे दीवाली के दीयों को याद करते हैं और उन्हें ये विश्वास भी है कि इलाहाबाद भी उन्हें याद किया करता है :

दीवाने को तकती हैं तेरे शहर की गलियाँ
निकला तो इधर बदनाम न आया।

अब इन सुंदर कोमल और रसभरी यादों के साथ जब वे पाकिस्तान को देखते हैं तो चीख़ उठते हैं :

तुमने नफीरी और कहीं पे सुनी होगी
इस नगरी में पर सन्नाटा या कुहराम
शहरे वफ़ा खाली कर जाएँ ये दिल जार
सब मर जाएँ, रघुपति राघव राजाराम।

तेग़ जैसे फारसी के माने हुए उर्दू कवि के यहाँ जमुना जी और रघुपति राघव राजाराम का प्रयोग बहुत महत्त्वपूर्ण है क्योंकि ये सिद्ध करता है कि वे डिप्टी कमिश्नरी करने पाकिस्तान अवश्य गए परंतु काव्य रचना के लिए उन्हें बार-बार हिंदुस्तान आना पड़ता है। इसलिए साहब मैं तो हिंदुस्तान से पाकिस्तान जानेवाले कवियों को भी हिंदुस्तानी कवि ही मानता हूँ।

इस सिलसिले में सबसे महत्त्वपूर्ण बात यह है कि पाकिस्तान में दोहों और गीतों का रिवाज़ इतना बढ़ गया है कि वहाँ की कोई साहित्यिक पत्रिका इनसे खाली नहीं होती। निग़ार सहवाई के गीत और दोहे 'जीवन दर्पन' के नाम से प्रकाशित हो चुके हैं और राइटर्स गिल्ड के सेक्रेटरी जमीलुद्दीन आली के काव्य-संग्रह का नाम ही 'गज़लें, दोहे और गीत' है। इन दोनों के अतिरिक्त ताज़ सईद, मुख़्तार सिद्दीकी, असद मुहम्मद खाँ, जलील हश्मी, अहमद हमेश, ए. रियाज़, मुज़फ्फ़र अली सैयद, नजीर आगा, अफ़ज़ल परवेज़, इल्तज़ा आज़मी, यूसुफ़ ज़माल अंसारी मुजुर और इब्ने इंशा आदि गीत और दोहे लिख रहे हैं और पाकिस्तान की हिंदुस्तान विरोधी सरकार इन दोहों और गीतों को झेल भी रही है।

पाकिस्तान में कोई साहब हैं अली मुज़फ्फ़र, उन्होंने निगार सहवाई के 'जीवन दर्पन' पर रिव्यू करते हुए कराची के 'नया दौर' में लिखा है—''चूँकि गीतों का मिजाज़ कदीम हिंदुस्तानी है और उसका ताल्लुक ख़ालिस संस्कृत तहज़ीब से है और हिंदी गीतों में यही ताल्लुक अज़ीम देवमालाओं के उन्मुर संस्कृत तहज़ीब के पसमंजर हिंदुस्तानी मौसमों के हाल, मक़सूस मज़हबी रस्मारिवात और तमाम हुस्न और रचाव के साथ हिंदी अल्फ़ाज़ में निखर उठते हैं।''

यही प्राचीन भारती जिसका संबंध संस्कृत सभ्यता से है और जो हिंदू देवमाला, भारती कृतुओं और धार्मिक रस्मों से नाता जोड़ती है और जो हिंदी की शब्दावली

का प्रयोग करती है—पाकिस्तान की उर्दू शायरी पर छाई जा रही है, परंतु पाकिस्तान के कवि और पाठक इस हिंदू गीत को सहन कैसे कर रहे हैं ? मैं इससे ये परिणाम निकालता हूँ कि बँटवारे के बाद हिंदुओं और सिखों के देशनिकाले के कारण पाकिस्तान के सामाजिक, सांस्कृतिक और आध्यात्मिक जीवन में शून्य पैदा हो गया है उसे इन गीतों और दोहों से भरने का प्रयत्न किया जा रहा है।

क्योंकि पाकिस्तानी कवियों और पाठकों और गीत का भारत से कितना गहरा संबंध है। लाहौर के एक साहित्यिक मासिक 'नुसरत' में मुज़फ़्फ़र अली सैयद लिखते हैं—"दोहे का रिवाज़ अपनी जगह हमारे लिए एक तम्बीह का हुक्म रखता है, ये हमें याद दिलाता है कि हम अरबियत और फ़ारसियत जदगी में बहुत आगे निकल गए हैं और उर्दू ज़बान के देशीपन को भूलते जा रहे हैं। ये हम पर बाज़े करता है कि मीर और सौदा से पहले नानक और कबीर ने उस ज़बान की दाग़ बेल डाली थी, जिसे हम आज उर्दू का नाम देते हैं।"

साहब ये तो सरासर कुफ़्र की बातें हैं। कहाँ उर्दू और कहाँ नानक और कबीर। ये शख़्स मुज़फ़्फ़र अली सैयद एक अच्छी-भली इस्लामी भाषा को हिंदू और सिख बनाए दे रहा है। परंतु ऊपर लिखे बयान से हम एक परिणाम बिना झिझक निकाल सकते हैं कि पाकिस्तान के कवि अरबी और फारसी से नाते तोड़कर नानक और कबीर की भाषा से नाता जोड़ना चाहते हैं। नहीं तो ये लोग इतना तो कर ही सकते थे कि इन फार्मों को अपना लेते और बहुत ही इस्लामी किस्म की उर्दू में गीत और दोहे लिखते। परंतु इन लोगों ने ऐसा नहीं किया। इन लोगों ने उसी भाषा का प्रयोग किया जो गीत और दोहे के लिए उपयुक्त है और इन लोगों ने इसी पर इति नहीं की बल्कि इन्होंने हिंदू देवमाला से लाभ उठाने में भी कोई कसर नहीं छोड़ी। कौन कह सकता है कि नीचे लिखे हुए दोहे किसी पाकिस्तानी मुसलमान कवि के लिखे हुए हैं :

अंतरयामी के दर्शन को अंतरज्ञानी जाए।
सहबा की बनवास से कोई राम नहीं बन पाए।।

बाँसुरी हाथ में पकड़े मुँह पर छिड़के नीला रंग।
सबही किशन बनें तो राधा नाचे किसके संग।।

उनके लिए हर मोर रुपहली साँझ सुनहरी आए।
जिनके घर में लक्ष्मी नाचे दुर्गा दीप जलाए।।

पल में ओस समान वो आँखें, पल में अगिनी बान।
उन पर प्यासी आँखें डालके क्या लेगा नादान।।

इक-इक अंग उजाला नाचे किरनें चूमें गात।
हम सूरज बंसी होते तो करते तुझसे बात।।

सुंदर नारी मुँह अँधियारे जब भी नहाने आए।
एक उजाला धीरे धीरे किरन किरन बढ़ जाए।।

सहबाजी क्यों मन की गुफा में बैठ रहे चित साध।
आओ चंदन रात के धन को बाँट लें आधौ आध।।

कब वो स्वयंवर दिन आएगा होगा अंत विरोग।
सपनों की संजोगिता तुझसे कब होगा संजोग।।

ये सारे दोहे सहबा अख्तर के हैं। अभी मैं इनकी भाषा के विषय में कुछ कहना चाहता, अभी तो मैं आपका ध्यान केवल कुछ शब्दों की ओर ले जाना चाहता हूँ। इन दोहों में राम हैं, राधा और कृष्ण हैं और कृष्ण के हाथ में बाँसुरी है, इनमें लक्ष्मी और दुर्गा है, अर्जुन क्रा अग्निबाण है, सूर्यवंशी है, हिंदू औरतें हैं जो मुँह अँधियारे नहाने जाती हैं, योग लेकर गुफाओं में बैठ जानेवाले हैं। और इनमें स्वयंवर होते हैं जिनमें संयोगिता प्रेम का प्रतीक बन जाती है। इन दोहों की भाषा ही पर हिंदी का प्रभाव नहीं है, बल्कि इनकी विचारधारा पर भी हिंदू प्रभाव साफ-साफ देखा जा सकता है। परंतु जिसे लोग हिंदू प्रभाव कहेंगे वह वास्तव में भारतीय परंपराओं का प्रभाव है। कृष्ण एक देवता भी थे, परंतु कृष्ण एक प्रतीक भी है। हर हिंदू देवी-देवता के ये दोनों रूप साथ-साथ चलते हैं। इसलिए मैं पाकिस्तान के मुसलमान कवियों पर इनके प्रभाव को हिंदू प्रभाव न कहकर हिंदुस्तानी प्रभाव मानता हूँ। और मजे की बात है कि हिंदुस्तान से पाकिस्तान जानेवाले तेग़ इलाहाबादी तो वहाँ रघुपति राघव राजाराम जप रहे हैं। और स्वयं पाकिस्तान के पैदायशी कवि डॉ. इक़बाल की परंपराओं से नाता तोड़ रहे हैं। परंतु पाकिस्तान से यहाँ आनेवालों की कविता में कोई परिवर्तन नहीं हुआ। शरणार्थी जगन्नाथ आज़ाद, बालमुकुंद अर्श मलस्यानी, नरेश कुमार शाद और अन्य शरणार्थी कवियों की कविता का वातावरण बिल्कुल नहीं बदला है और शरणार्थी कवि आज भी इक़बाल और जोश की परंपराओं को सीने से लगाए हुए हैं। ऐसा केवल इसलिए संभव हो सका कि ये देश के एक भाग से देश के दूसरे भाग में आ गए हैं। परंतु यहाँ-से-वहाँ जानेवाले एक राजनीतिक सीमा को पार करके दूसरी राजनीतिक सीमा में गए हैं। यही कारण है कि उनकी विचारधारा में परिवर्तन हुआ। हद तो ये है कि पाकिस्तान के एक कवि ने अपना उपनाम माधो रख छोड़ा है। आखिर पाकिस्तान के इस कवि को हमारे माखन चोर से नाता जोड़ने की क्या सूझी। मैं कहना यह चाहता हूँ कि पाकिस्तानी कवियों में ये परिवर्तन दिखाई दे रहा है, ये केवल ऊपरी नहीं है बल्कि उनके भीतर भी परिवर्तन हो रहा है। और

वे कृष्ण, राधा, राम, जमुना जी, संगम, लक्ष्मी और दुर्गा जैसे शब्दों के प्रयोग केवल फैशन के तौर पर नहीं कर रहे हैं। इन शब्दों का प्रयोग यह सिद्ध करता है कि धार्मिक मतभेदों के बावजूद ये हिंदू देवी-देवता मुसलमानों के आध्यात्मिक जीवन में इस प्रकार घुल गए थे कि दिखाई नहीं देते थे। किंतु जब कठोर राजनीति ने मुसलमानों के दिलों से इन मूर्तियों को निकाल देना चाहा तो मुसलमान कवियों ने इसका विरोध किया। यह बात महत्त्वपूर्ण इसलिए है कि ये परिवर्तन केवल पाकिस्तानी उर्दू में हुआ है, हिंदुस्तानी उर्दू कविता आज भी इन देवी-देवताओं से कतरा कर निकल रही है और यहाँ आज भी एक ऐसी भाषा का प्रयोग हो रहा है जिस पर फ़ारसी की गहरी छाप है। दो-चार कवि छुट-पुट अवश्य इस दूरी को कम करने का प्रयत्न कर रहे हैं, परंतु इन लोगों ने अभी तक हिंदुस्तान की उर्दू कविता पर कोई गहरा प्रभाव नहीं छोड़ा है। इसके प्रतिकूल पाकिस्तान में दोहों, गीतों, हिंदू प्रतीकों और हिंदी शब्दों का प्रयोग, गहरा प्रभाव छोड़ रहा है। माधो की एक कविता 'बलिदान' इस तरह आरंभ होती है :

जब बारिस बरसी लोग बहुत ही रोए
हम मंदिर में जा सोए।

माधो को वर्षा से बचने के लिए पाकिस्तान में एक मंदिर ढूँढ़ने में बड़ी कठिनाई हुई होगी। परंतु परेशानी यह है कि पाकिस्तान का ये कवि मुल्ला बनकर मस्जिद में पड़े रहने को तैयार नहीं है। वह माधो बनकर मंदिर की शरण लेना चाहता है और यूँ जब पाकिस्तानी कविता के वातावरण में मंदिर की घंटियों के स्वर गूँज उठते हैं तो कोई यूसुफ़ जमाल अंसारी अपने मन के द्वार खोलता है और झाँकता है और कहता है :

जा रे कागा, कागा जा
पी की नगरिया जा रे कागा
पी की खबरिया मुझको सुना

इस कागा का अरबी-फ़ारसी परंपराओं से कोई संबंध नहीं है। इस बिचारे को तो उर्दू ने भी मुँह नहीं लगाया था क्योंकि उर्दू कविता में विरह की आग नायक के लिए है। नायक संदेश भेजने के लिए सौ तरीके निकाल सकता है परंतु हिंदी कविता की विरहिणी कागा के सिवाय किससे बात करेगी। इन पाकिस्तानी कवियों के चारों तरफ़ कितना भयानक सन्नाटा है। ये सन्नाटा मकड़ी की भाँति इनके चारों तरफ़ अपना जाल बुनता है। और कवि इस जाले में फँसी हुई मक्खी की भाँति सोचता है कि जीवन क्या है ? ताज़ सईद का कहना है :

काया कल की फेर बावरी
लहरों लहरों डगमग डोले
बढ़े सीप की प्यास।
तोड़ के अपना चंदरमा तू
करे दीप की आस।

अब अगर कोई अहमद हमेशा 'आवागमन' न लिखे तो क्या करे। और कोई मुनीर नियाजी 'अंतकाल' न लिखे तो क्या करे। और कोई जलीव हश्मी 'गोपी' लिखते वृंदावन का जोगी न बन जाय तो क्या करे :

शहर पेशावर में वृंदावन का एक जोगी।
पोथी पोथीवाले इसको कहते हैं हश्मी जी।

और फिर 'शहर पेशावर' में रहनेवाला 'वृंदावन का एक जोगी' मथुरा के पेड़ों और गुजरियों की बात यूँ करता है, जैसे इसने मथुरा के आस-पास सारी जिंदगी गुजारी हो :

गुजरी यों ही देगी अपने मथुरा के पेड़े
प्यारे मोहन भूमा नेंक इसे तू क्यों छेड़े

अब एक तरफ़ तो ये पेशावरी जोगी है और दूसरी तरफ़ एक असद मुहम्मद खाँ लिखते हैं :

मैं विंध्याचल की आत्मा
मेरे माथे चंदन चंदरमा
मेरी माँग साँझ की धूप
मैं चित्रकार का अंतिम चित्र
कला का उत्तम रूप।

असद मुहम्मद खाँ से यह पूछिए कि तुम हिंदूकुश को छोड़कर विंध्याचल की आत्मा क्यों बनना चाहते हो, क्योंकि पाकिस्तानी उर्दू कविता को यही परिवर्तन तो अच्छे दिनों की आस बँधाता है।

आपने इन उदाहरणों में ये तो देख ही लिया होगा कि ये कविता किसी कोने से पाकिस्तानी मालूम नहीं देती। इसका भाव, रस, इसकी ध्वनि और इसकी शब्दावली हिंदुस्तानी है, इसलिए विंध्याचल के जंगलों या मथुरा की गुजरियों या वृंदावन के विशाल वृक्षों की छाँव में अगर कवि राधा बनकर भारतीय परंपरा का एक अटूट अंग बन जाय तो आश्चर्य क्यों ? निगार सहबाई का एक गीत है :

रस्ता न रोको नटखट श्याम
सौ-सौ बार करूँ परनाम
आँचल न खेंचो गोकुल के वासी
हो जाऊँगी मैं बदनाम।

क्या सिम्बल्स आपको माँगे के मालूम देते हैं। मुझे तो नहीं मालूम देते। यही कारण है कि ये पाकिस्तानी कवि जब किसी पाकिस्तानी सुंदरी को देखते हैं तो उन्हें मजनूँ की दीवानगी याद नहीं आती। बल्कि वे सहबा अख़्तर की ज़बान से ये कहते हुए सुने हैं :

ना तू गोकुल की गोपी ना राधा तेरा नाम।
लेकिन मुरली भूल रहे जो देखे तुझको श्याम।।

और चूँकि सुंदरता कभी अजनबी नहीं मालूम होती इसलिए कवि अगले पिछले जन्मों की बात करने लगता है :

पद्म लोचन पद्मिनी तेरे होंठ कमल के फूल।
अगले जनम की कमला तेरा नाम गया मैं भूल।।

दोस्ती गाँठना बहुत काम आता है, इसलिए सहबा अख़्तर भी यही जादू अजमाते हैं और यूँ अगले जन्म की कमलाओं की एक भीड़ लग जाती है जो पाकिस्तानी बन जाने के बाद हिंदुस्तान में ही रह गया था :

भोर भए उषा के साथ और श्याम को संध्या संग।
कबी हैं सहबा लेकिन राजा इंदर जैसे ढंग।।

वैसे तो इस दोहे में कवि ने अपने अकेलेपन का वर्णन किया है परंतु उषा और संध्या को नायिका रूप में देखकर इंद्र बन गया है। पता नहीं ये अपनी अप्सराओं को किसकी तपस्या भंग करने भेजना चाहता है, परंतु पिछले जनम की कमला दिल में उतर कर भी रह जाती है और कवि आवागमन के चक्कर में फँस जाता है। निगार सहबाई कहते हैं :

मुझे ज्ञान ने ये बहरूप दिया
तेरी पूजा प्रेम की प्यासी
तुझे कौन कहेगा दासी
ये कहकर मैं लौट आया
और जन्म-जन्म पछताया।

आवागमन के इस चक्कर में कवि ये फैसला नहीं कर पाता कि किधर जाय :

पहले जनम का टोना भाए
दूजे जनम की भोर भुलाए।

कहीं ऐसा तो नहीं है कि आवागमन में देश के बँटवारे की दर्दनाक कहानी छिपी हुई हो, मैं अभी इस प्रश्न का उत्तर नहीं दे सकता और सच पूछिए तो मैं उत्तर देनेवाला कौन ? इस प्रश्न का उत्तर भी पाकिस्तान के किसी जियाले कवि को ही देना होगा।

परंतु शायद आप यह सोच रहे हों कि भारतीय ऋतुओं के बिना भारतीय वातावरण नहीं बन सकता है। पर ऐसी बात नहीं है। सिंध के रेगिस्तान और लाहौर की तपती हुई दुनिया में इन कवियों ने सावन को मेहमान बना लिया है। वज़ीर आगा कजरी गा रही हैं :

रिमझिम सावन बरसे।

जमीलुद्दीन आली इस रिमझिम बरसते सावन की उँगली पकड़कर हिंदुस्तानी जंगलों में 'उपमा' की खोज करने लगते हैं :

एक तो ये घनघोर बदरिया फिर विरहा की मार
बूँद पड़े है बदन पे ऐसे जैसे लगे कटार
चाल पे तेरी गज झूमें और नैना मृग रिझाएँ
पर गोरी वह रूप ही क्या जो अपने काम न आए।

ये मृगनयनी तो ईरान और अरब में भी मिल जाएगी परंतु ये गजगामिनी भारत के अलावा और कहीं नहीं मिल सकती। जमीलुद्दीन आली जब इस गजगामिनी के पास जाते हैं तो वह इनके साथ वही बर्ताव करती है जो किसी गजगामिनी ने केशव के साथ किया था। यहाँ इन्हें उस चंद्रबदन मृगलोचनी ने बाबा तो नहीं कहा किंतु भैया अवश्य कह गई :

आली अबके कठिन पड़ा दीवाली का त्यौहार।
हम तो गए थे छैला बनकर भैया कह गई नार।

अब इसी जगह मैं आपको आली का एक महत्त्वपूर्ण दोहा सुनाना चाहता हूँ :

कोई कहे मुझे नानक पंथी कोई कबीर का दास।
ये भी है मेरा मान बढ़ाना क्या है मेरे पास।

एक इस्लामी मुल्क में सरकारी राइटर्स गिल्ड के सेक्रेटरी का यह कहना मामूली बात

नहीं है। वैसे तो अपने मीर तक़ी मीर ने भी कहा था :

मीर के दीनो मज़हब को क्या पूछते हो उन्ने तो
कह का खींचा देर में बैठा कब का तर्क इस्लाम किया।

परंतु मीर अयूब खाँ की हुकूमत और मौलाना मौजूदी के पाकिस्तान में नहीं थे। आली तो ये बताने से भी नहीं हिचकिचाते कि पाकिस्तान में दोहों और गीतों का रिवाज़ क्यों बढ़ रहा है :

दोहे कविता कह कह कर आली मन की प्यास बुझाए।
मन की आग बुझी न किसी से इसे ये कौन बताए।।

यानी ये मन की आग का किस्सा है और अगर ये मन की आग का किस्सा है तो बात आसान हो जाती है। केवल पाकिस्तान सरकार की समझ में यह नहीं आता कि प्रश्न दरियाओं के पानी का नहीं परंपराओं के पानी का है। और विश्व बैंक इस पानी पर कोई समझौता नहीं करवा सकती है। इसलिए तो अहमद हमेश चीख़ उठता है :

देखो उस दीवार के पीछे
बरसों की नफ़रत से घायल
थकी थकी पज़मुर्दा यादें
पतियाँ बनकर बिखर गई हैं
दूर आकाश के उस कोने में
एक मैली चादर में लिपटी
शाम खड़ी है
आओ चलें उस शाम की चादर में छुप जाएँ
शाम जो हम दुखियों की माँ है

सुना है कि अहमद हमेश अपनी माँ की चादर में छुप जाने के लिए हिंदुस्तान आ गए हैं और यहीं के नागरिक बनना चाहते हैं। परंतु यह दुख केवल अहमद हमेश का नहीं है ये तो समय का दुख है और इससे छुटकारा नहीं मिलता, शाद अमृतसरी इस समय के दुःख का यू वर्णन करते हैं :

कोई नहीं है
जो मेरी सूरत पे एक [illegible]कती निगाह डाले
ये मेरी सूरत कि जिसने अब तक
अजुध्या के सिंहासनों का स्वरूप देखा
कि जिसने बनवास के हज़ारों अजाब झेले।

कवि शायद सोचता है कि राम के बनवास की तरह एक दिन उसका बनवास भी समाप्त हो जाएगा। आज तो अमृतसर लाहौर से बहुत दूर है। परंतु बनवास के ये दिन कटें कैसे। मज़ीद अहमद ने अपनी छाती से एक तस्वीर लगा रखी है। कविता का शीर्षक ही 'एक फ़ोटो' है—लिखते हैं :

लेकर नीलम जड़े थाल में नील कमल के फूल
किस श्रद्धा से खड़ा है तेरे चरनों के नजदीक
ठहरी ठहरी गहरी झील का शीतल शीतल जल

और कय्यूम नज़र तो राधेश्याम का जाप करते नज़र आते हैं। अपनी कविता 'बहारे नौ' में लिखते हैं :

कन्हैया सी रातें ये राधा से दिन
कि राधा कन्हैया के आगोशे बेख़ाब में भी है नामुतमीन
ये पेरिस की रातें ये पेरिस के दिन।

चलिए तेग़ इलाहाबादी को टेम्स के किनारे संगम याद आया तो आश्चर्य की बात नहीं परंतु कय्यूम नज़र को पेरिस में गोकुल की याद क्यों आई। गोकुल की यही लहराती हवा एक चंदन वन बन जाती है और पाकिस्तानी उर्दू कविता चंदन की सुगंध की चुनरी पहनकर नाचने लगती है। जफ़र इक़बाल के दो शेर हैं :

रजनी ने फैलाया फन
सहमा साँझ का नीलापन।
खोलो खोलो मन के द्वार
चंदन बन से आई पवन।

कवि आसानी से साँझ की जगह शाम और चंदन के स्थान पर संदल लिख सकता था, परंतु उसने ऐसा नहीं किया क्योंकि शाम और संदल उर्दू के शब्द हैं और वह हिंदी के शब्दों का प्रयोग करना चाहता था। इसलिए हिंदी शब्दावली की घनी छाँव में भारतीय परंपराओं के साथ धूनी रमानेवाले कवि स्वर्ग और नरक के झगड़ों को भूलकर निर्वाण की समस्या पर विचार करते दिखाई देते हैं। वज़ीर आग़ा की इस कविता का शीर्षक 'निर्वाण' है :

कोमल लहरें उभरें डूबें
साहिल की बाँहों को चूमें
अंधे साधू की सूरत हम
मुस्काते बढ़ जाएँ

कोमल लहरों पर से होते
सागर में खो जाएँ।

मज़े की बात यह है कि इस हिंदी, हिंदू और भारतीय प्रभाव से गज़ल का ईरानी मिज़ाज भी न बच सका। इस समय अहमद मुस्ताक़ की एक गज़ल का केवल एक शेर सुन लीजिए :

तेरे दीवाने हर रंग रहे तेरे ध्यान की जोति जगाए हुए
कभी निथरे सुथरे कपड़ों में कभी भभूत रमाए हुए।

यूँ अंग भभूत रमानेवाला गज़ल का प्रेमी नहीं हो सकता, वह तो केवल गरेबान फाड़कर रह जाता है। इसी सिलसिले में मज़ीद अहमद की एक कविता और सुनाना चाहता हूँ। शीर्षक है 'पनवाड़ी'। और मुझे तो ये पनवाड़ी ठेठ बनारसी मालूम होता है। (क्षमा कीजिए मैं वाराणसी नहीं लिखूँगा) सुनिये कविता :

सुबह भजन की तान मनोहर छनन छनन लहराए
एक चिता की राख हवा के झोंके में खो जाए
शाम को उसका कमसिनवाला बैठा पान लगाए।

ज़िंदगी के तसल्सुल या रोटी की मार के वर्णन के लिए और बहुत से कोण निकाले जा सकते थे। परंतु जब इस पाकिस्तानी ने एक बनारसी पनवाड़ी को चुना तो उसने कुछ तो सोचा ही होगा।

साहब मैंने तो पाकिस्तानी कविता को देखकर यही नतीज़ा निकाला है कि वहाँ भारत से नाता जोड़ने का प्रयत्न किया जा रहा है। हिंदू विचारों और विचारधाराओं के साथ-साथ हिंदी शब्दावली, छंद और रूप विधा को आजमाया जा रहा है। पाकिस्तान के प्रसिद्ध कवि मुख़्तार सिद्दीकी के काव्य संग्रह 'मंज़िले शब' में हमारे राष्ट्रीय संगीत के विषय में पूरा एक अध्याय है जिसका शीर्षक 'साद रंग' है। इस अध्याय में ख्याल, ऐमन कल्याण, ख्याल दरबारी, रोमन का एक रूप, ख्याल छाया और केदारा का एक रूप जैसी कविताएँ सम्मिलित हैं।

पाकिस्तानी कविताएँ कठिन उर्दू के साथ-साथ सरल उर्दू और ठेठ हिंदी में लिखी जा रही हैं। हिंदी की मिसालें मैं दे चुका हूँ। परंतु इस बात को मैं ज़रा और साफ़ करना चाहता हूँ कि वहाँ किस तरह उर्दू और हिंदी के संगीत को मिलाकर एक नया संगीत बनाने का प्रयत्न किया जा रहा है। उदाहरणार्थ इब्ने इंशा की कविता 'सराय' को लीजिए :

नगर पराया चैत महीना सूनी रात सराय
दीवारों पर मैले मैले फैले फैले साये।

इन दोनों लाइनों में नगर पराया, चैत महीना हिंदी का अंग है और बाक़ी सारा ठाठ उर्दू का है और आगे चलिए तो ये बात बिल्कुल साफ़ हो जाती है :

चार कोट वही घोर अँधेरा चार कोट अन्याय।

ये पूरी लाइन हिंदी की है। कोई उर्दूवाला इसे अपनाने पर तैयार नहीं होगा परंतु इसके ऊपर ही एक उर्दू की लाइन धरी हुई है। पूरा शेर यूँ है :

नाहक तुमने मंज़िल मंज़िल पथ पथ दिए जलाए।
चार कोट वही घोर अँधेरा चार कोट अन्याय।।

पहली लाइन अपने पथ-पथ के बावजूद हिंदी की नहीं है परंतु दूसरी लाइन अपने वही के बाद भी हिंदी की है। क्योंकि शब्दों के प्रयोग से कुछ नहीं होता। असल चीज़ तो शब्दों के मिलने से पैदा होनेवाला संगीत है। मैंने ये उदाहरण इसलिए दिया कि आज पाकिस्तान में जो हिंदी शायरी हो रही है वह कोई जंगली झाड़ी नहीं है बल्कि वह पाकिस्तान की उर्दू कविता का एक नया रूप है। और ये हिंदी कविता उर्दू कविता केवल इसलिए कही जा रही है कि ये फ़ारसी लिपि में लिखी जाती है। दुनिया कितनी बदल गई है। पद्‌मावत फ़ारसी लिपि में लिखी गई परंतु उर्दूवालों ने उसे उर्दू की कविता नहीं माना और हिंदीवाले उसे आज भी छाती से लगाए हुए हैं। शायद हमारे पुरखे भाषा विधा हमसे ज़्यादा जानते थे। उन्हें यह बात मालूम थी और हमें नहीं मालूम कि लिपि का कोई महत्त्व नहीं होता। अगर हमें ये बात मालूम होती तो हम यह देख लेते कि पाकिस्तान की महत्त्वपूर्ण कविता का एक बड़ा भाग वास्तव में उर्दू कविता ही नहीं है।

अंत में मैं कुछ अनुवाद की बात करना चाहता हूँ। अनुवाद का महत्त्व यह है कि शायरी की तरह अनुवाद को मन की मौज नहीं कहा जा सकता। क्योंकि अनुवाद करते समय अनुवादक को शब्दों का चुनाव करना पड़ता है। पाकिस्तान में जो उर्दू अनुवाद हो रहे हैं उन पर हिंदी का प्रभाव आसानी से देखा जा सकता है। मसलन वहाँ चीनी नज़्मों के नाम से चीनी कविताओं का एक संग्रह प्रकाशित हुआ है। अनुवादक हैं उर्दू के प्रसिद्ध कवि इब्ने इंशा। अनुवाद का ढंग ये है :

उसका पीतम गया
दूर-तारों से दूर
पीत बाकी सही
यूँ ही सूरज की ओर
देखती रह गई
प्यारी सूरजमुखी।

यह अनुवाद यूँ भी हो सकता था :

उसका महबूब गया
दूर—तारों से भी दूर
मुहब्बत बाक़ी सही
यूँ ही आफ़ताब की सिम्त
देखती रह गई
दिलनशीं सूरजमुखी।

परंतु इब्ने इंशा ने अपने अनुवाद के लिए इस भाषा का चुनाव नहीं किया। यूँ ही क्षेत्रीय कविता के अनुवाद का एक संग्रह 'ख़यावाने पाके' के नाम से प्रकाशित हुआ है। उसमें भी अनुवाद का यह ढंग है :

प्रीत लगन उस पार की सखियों मेरा मन वरमाए
सुंदर नगरी साँझ सवेरे ओर बुलाए
ओ प्रीतम परदेसी मुझको तेरी याद सताए।

मैं इस भाषा को उर्दू नहीं मानता और इस अनुवाद को उर्दू अनुवाद नहीं मानता। परंतु पाकिस्तानी कविता में भी इस भाषा के धीरे-धीरे ऊँचे-ऊँचे स्वर उठते जा रहे हैं। अब नासिर काज़िमी ग़ज़ल लिखेंगे तो यूँ ही लिखेंगे कि :

पाँव फिरा गत पलटी लय की माला टूटी
सरस्वती का बंधन टूटा फिरा ख़ामोशी

और महबूब ख़ज़ा अपनी देववासी की बात करेंगे तो यूँ ही करेंगे कि :

संदल फूले जंगल जागे नाग फिरें मतवाले
नंगे पाँव चलें घबराएँ हम भी पागल तुम भी

और नासिर शहज़ार गुनगुनाएँगे तो यूँ ही गुनगुनाएँगे कि :

रोज़ मिले हैं जाके दो प्रेमी
खेतियों से परे नदी के पार
मेरे गीतों के मोहने मुखड़े
तेरी झाँझर की मधु भरी झनकार
प्रेम की साधना सफल करने
चल री सजनी चलें हरि के द्वार

मैं कहता हूँ दोस्तो ! प्रेम की साधना को सफल करने हरिद्वार अवश्य आना।

नयी कविता और एक नया कवि

यह सन् 1947 से पहले की बात है। रेल के छोटे-बड़े स्टेशन पर हिंदू और मुसलमान चाय मिल जाया करती थी। मैंने वह दोनों चायें चखी हैं। आप में से बहुतों ने चखी होंगी। मुझे तो दोनों में कोई अंतर नहीं दिखाई दिया। इसलिए बहुत दिनों तक यह बात मेरी समझ में नहीं आई कि जब चाय एक ही है तो एक समावर में जाकर हिंदू और दूसरे में मुसलमान कैसे हो जाती है ?

मुझे यह बात बहुत दिन पश्चात् मालूम हुई कि चाय धर्म का संबंध चायवाले के धर्म से होता है। तो क्या आज जो नयी और पुरानी कविता का राग अलापा जा रहा है वह भी कुछ इसी तरह की बात नहीं ? कविता तो कविता होती है। नयी क्या और पुरानी क्या ? यदि नहीं तो बतलाइए कि यह नयी कविता क्या है ? क्या पुरानी कविता से इसका कोई संबंध नहीं ? होना तो नहीं चाहिए क्योंकि नया वही होता है जो पुराना नहीं होता। क्या यह नयी कविता उन्हीं शब्दों का प्रयोग नहीं करती जिनका प्रयोग पुरानी कविता ने किया था ? और क्या इस नयी कविता का केंद्र वही मनुष्य नहीं जो पुरानी कविता का केंद्र है ? वही मनुष्य तो नहीं है परंतु अवश्य है। क्या यह नयी कविता नये सिंबलों का नाम है ? तो यह सिंबल कल पुराने हो जाएँगे। जिस कविता को हम आज पुरानी कविता कह रहे हैं वह कल नयी थी। इस प्रकार बहुत-से छोटे-मोटे प्रश्न उठेंगे जिनका उत्तर देना होगा। इसलिए साहब ! कविता नयी और पुरानी नहीं होती; कवि नया और पुराना हो सकता है। इसी कारण हिंदू चाय और मुसलमान चाय की तरह यह नयी और पुरानी कविता का झगड़ा मेरे पल्ले नहीं पड़ता। पर यह नहीं समझना चाहिए कि मैं नयी कविता का विरोधी हूँ। बिल्कुल नहीं। मैं तो केवल असुंदरता और असंगीतात्मकता का विरोधी हूँ। माँ के हाथों पिटकर रोनेवाला बालक असुंदर नहीं लगता। पर भूख से बिलखनेवाला बालक असुंदर होता है। इसलिए मैं रोने का विरोधी नहीं हूँ, परंतु भूख का विरोधी अवश्य हूँ। इसी कारण साहित्य के एक साधारण विद्यार्थी के नाते मैं यह प्रश्न उठा रहा हूँ कि यह नयी कविता 'वास्तव' में है क्या ? 'नयी कविता', 'नयी जिंदगी', 'नया जमाना'—यह समस्त नाम किसी अखबार के हों तो अच्छे लगते

हैं। पर साहित्य के माथे पर अखबार चिपकाना कहाँ तक उचित है ? कविता क्यूँ कविता होती है और इसका मूल्यांकन कविता ही की दृष्टि से करना चाहिए। प्रत्येक युग अपने साथ अपनी कविता और उसके मूल्यांकन के लिए अपनी विचारधारा और अपने मूल्य (Values) पैदा करता है।

कविता एक संघर्ष है। कविता का कार्य चौंकाना नहीं है। योरोप और अमेरिका में यांत्रिक (Mechanical) जीवन की एकरसता (monotony) से ऊब कर कवि इसे तोड़ना चाहता है और इसी कारण वह असाधारण (unusual) बातें करता है और योरोप और अमेरिका के पाठकों को यह कम्युनकिट करने में वह सफल हो जाता है कि औद्योगिक समाज (Industrial Society) का Machanism बहुत बोरिंग है। परंतु अपने देश के वातावरण में उकता देनेवाली वह निश्चलता कहाँ है जो टेकनिकल उन्नति से उत्पन्न होती है ? शायद यही कारण है कि नयी कविता कुछ संप्रेषित करने में असफल रहती है और इसीलिए चौंकाने में लग जाती है, जिसका फल यह होता है कि यह केवल 'नयी' रह जाती है और इसका 'कवितापन' समाप्त हो जाता है। यह मन को छूने में सफल नहीं होती। शायद इसका कारण यह हो जाता है कि हमारे सीनों में अभी तक पुराने दिल धड़क रहे हैं।

पर नया कवि ऐसा नहीं है। मैं चाहता हूँ कि आप 'नयी कविता' और 'नये कवि' को एक न समझें। यह 'नया कवि' का कवि नहीं है। वह इस युग की आवाज़ है। वह इस युग के प्रश्नों को अपने इतिहास और परंपराओं के प्रकाश में देखने और दिखलाने का प्रयत्न कर रहा है। वह नौ वर्ष की बालिका के साथ सोने के स्वप्न नहीं देखता। उसे पड़ोसिन और कुत्ते के यौन संबंधों में कोई रुचि नहीं है। क्योंकि जीवन बड़ा विशाल है और कवि फ्रस्ट्रेशन का प्रचारक नहीं। अभी पाकिस्तान के एक कवि की कविताओं का संग्रह आया है 'दिन चढ़े, दरिया चढ़े'। यह नयी कविता है और यह पता नहीं चलता कि कौन-सी चीज़ कब औरत है और कब औरत नहीं है। पाकिस्तान के अहमद हमेश ने इधर कुछ नयी कविता रचीं, कहीं इनके सिर-पैर का पता नहीं चलता पर कुमार पाशी की कविताएँ समझ में आती हैं, क्योंकि उसकी कविता नयी नहीं है वरन् वह स्वयं नया है। तो क्या नयी कवितावालों के पास फ्रस्ट्रेशन के अतिरिक्त और कोई संदेश नहीं है ? यदि नहीं तो हम इनके बिना भी भले थे।

एक नयी कविता के कवि से मेरी बहुत गहरी मित्रता है। इनसे मैं रोज झगड़ता हूँ। परंतु अभी तक वह मुझे यह बतलाने में सफल नहीं हुए कि इस नयी कविता के Values क्या हैं ? मुझे इनके वह गीत बहुत अच्छे लगते हैं जो उन्होंने नयी कविता का कवि बनने से पहले लिखे थे। परंतु अब उन्हीं की कविताएँ इतनी दुरूह हो गई हैं कि यह मानने को जी नहीं चाहता कि यह मेरे प्यारे कवि ने लिखी हैं। मुझे बड़ी शिकायत है इन नयी कवितावालों से जिनके फैलाए हुए अंधकार में मेरा

एक मित्र जो बाँका कवि था गुम होता जा रहा है और मैं कुछ कर भी नहीं सकता। आप बताइए कि मैं कैसे मानूँ कि जिस कवि ने यह लिखा है कि :

खुल कर बिखर गए
किस के घुँघराले केश
बादल फिर घिर आए मेरे मारू देश।

उसने यह भी लिखा है कि :

मैंने अपने मानसरोवर में झाँक कर देखा
तो मैं गीदड़ नज़र आया

या

लेकिन अब मैं उसके इशारे पर
काम करता हूँ
मेरा अपना कोई व्यक्तित्व नहीं
मैं सरकस का जानवर हो गया हूँ
तो क्या मैं पिजड़े का बंद शेर हूँ
नहीं
मैं गधा हूँ
मेरा सिंहत्व कहाँ चला गया ?

यह पैरोडी नहीं है। यह वास्तव में नयी कविताएँ हैं। मुझे तो इन कई कविताओं में एक टूटता हुआ व्यक्तित्व दिखाई देता है। तो क्या नयी कविता व्यक्तित्वहीनता है ? अवश्य है यदि ऐसा न होता तो 'जगदीश चतुर्वेदी' यह न लिखते :

बलात्कार के जुर्म में मेरा दोस्त पकड़ा गया।
अदालत में सब उसे धिक्कार रहे थे
पर
किसी भले आदमी ने
यह नहीं पूछा
कि आखिर वह छोटी-सी हसीन लड़की
छत पर चढ़कर
हँसी क्यूँ थी ?

इस नयी कविता का शीर्षक है 'जुर्म'। जुर्म बलात्कार करनेवाले मित्र का नहीं वरन् उस छोटी-सी हसीन बालिका का था जो छत पर चढ़ कर मुस्करा रही थी। 'फ़ैज़'

का एक शेर है :

बने हैं एहले हवस मुद्दई भी मुनसिफ़ भी
किसे वकील करें किस से मुनसिफ़ी चाहें।

यह सूरते हाल पता नहीं कैसी है। हो सकता है कि इस समुद्र मंथन से कोई वस्तु निकले और हो सकता है यह तूफ़ान हमारी बस्तियाँ बहा ले जाय और दूर-दूर तक केवल खँडहर ही दिखाई दे जिस पर झड़ियाँ उग आई हों। इसलिए आइए नये कवियों की बात करें। आज मैं आपको उर्दू के एक नये कवि से मिलाना चाहता हूँ। थोड़ी देर के लिए यह भूल जाइए कि उर्दू कोई भाषा है या नहीं। थोड़ी देर के लिए यह मान लीजिए कि उर्दू हिंदी से अलग कोई चीज़ है।

यह कुँवर अखलाक मुहम्मद बड़ा सुंदर और सजीला नवयुवक है। साँवला रंग, बड़ी-बड़ी आँखें, छरहरा बदन, स्वभाव में निहायत राजपूत टाइप आदमी है। अलीगढ़ मुस्लिम विश्वविद्यालय से उर्दू से एम.ए. करने के पश्चात् आजकल पी-एच.डी. के लिए अपनी थीसिज लिख रहा है। मैं नहीं जानता शहरयार कैसे बना। सात-साठ वर्ष पहले जब मेरी इससे प्रथम भेंट हुई थी तो इसे बहुत फिल्मी-स्टाइल में फोटो खिंचवाने का शौक था पर यह शेर कहना आरंभ कर चुका था। खलीपुर रहमान आज़मी के साथ पढ़ता था। मुझे इसकी शायरी अच्छी नहीं लगी थी। पर खलील के साथ अब तक कोई अयोग्य व्यक्ति नहीं देखा गया था। उनके मित्रों में सदा बुद्धिमान व्यक्ति होते हैं। (मैं अपने को अलग कर के बात कर रहा हूँ) अली हमार अब्बास, बाक़र महदी. अंजुम आज़मी, जावेद क़माल, यह समस्त व्यक्ति एक गिरोह के हैं, और इन समस्त व्यक्तियों से खलील की मित्रता रह चुकी है। इस कारण मैंने सोचा कि यह शरमीला, साँवला, सलोना नवयुवक बुद्धिमान अवश्य होगा—मेरा विचार ठीक निकला। अब मेरा और खलील का मतभेद यहाँ से आरंभ होता है। खलील का विचार है कि शहरयार नज़्में अधिक अच्छी लिखता है। मेरा विचार है कि उसका Medium ग़ज़ल है। क्योंकि यह Objective reality को भी Personal बनाकर देखता है और दूसरे की मौत को भी ऐसा सोचता है मानो वह स्वयं मर गया हो। उर्दू के नये शायरों में प्रश्न करने की जो लत इस शायर को है और किसी को नहीं, और में इंसान के अकेलेपन को जितना इसने अनुभव किया है उतना शायद ही उर्दू के किसी और नये शायर ने अनुभव किया हो :

अजीब सान्हा मुझ पर गुज़र गया यारो
मैं रात अपने ही साए से डर गया यारो।
न जाने कौन था, कैसा था, क्या हुआ था उसे
सुना है आज कोई शख़्स मर गया यारो।

दूसरे शेर में अकेलेपन का जो दर्द है उसे कौन टाल सकता है। दफ़्तरी जीवन की भागम-भाग में, सिफ़ारिशों के जंगल में, रिश्वत के बाज़ार में, बेईमानों के अँधेरे और कारखानों के शोर में दुकानों पर, लगे हुए लंबे क्यू की डोर में बँधे हुए मनुष्यों को इतनी मुहलत कहाँ कि वह देखें कि क्यू में कौन खड़ा है। आज वह समस्त व्यक्ति मेरे शत्रु हैं जो क्यू में मुझसे आगे हैं क्योंकि हो सकता है कि मेरा नंबर आने तक अनाज समाप्त हो जाए। सोचना बड़े जान-जोखम का काम है। सोचनेवाले के लिए तो जीने का कोई साधन ही नहीं रह गया। शहरयार हर उस 'शख़्स' के साथ मर जाता है जो न जाने कौन, कैसा और कहाँ का होता है, यह शख़्स बड़ा महत्त्वपूर्ण शब्द है। ग़ालिब ने इसका प्रयोग यूँ किया था :

थी जो एक शख़्स के तसव्वर से
अब वह रानाईए ख़याल कहाँ

ग़ालिब से पहले मीरहसन ने अपनी मसनबी में इस शब्द का प्रयोग किया था। शहजादी अपने प्रिय शहजादे के लिए वज़ीर की लड़की नजमुननिसाँ से बातें कर रही है। वह बेचैन है कि जिस पर वह जान देती है वह कई दिनों से क्यूँ नहीं आया ? कहती है :

ख़ुदा जाने उस शख़्स को क्या हुआ

'शख़्स' वास्तव में बड़ा Impersonal शब्द है। परंतु कवि 'मीरहसन' और ग़ालिब ने इस Impersonal और शुष्क को इतना Personal बना दिया है कि कोई दूसरा शब्द ही इसका स्थान नहीं ले सकता। मैं शहरयार के शेर में इस शब्द को मीरहसन और ग़ालिब की परंपरा के विकास के रूप में देखता हूँ। जो शख़्स मर गया वह तो नहीं मालूम कौन था पर शहरयार उसके लिए यूँ तड़प उठता है जैसे वह अजनबी न रहा हो। मैं मीरहसन और ग़ालिब के साथ शहरयार का नाम इसलिए नहीं ले रहा हूँ कि शहरयार इतने ही बड़े शायर हैं। जी नहीं। मैंने तो केवल यह बताने के लिए यह उदाहरण दिया था कि नया कवि, नयी कवितावाले कवियों की तरह परंपराओं से नाता नहीं तोड़ रहा है। इसे अपनी परंपराओं से प्यार है और जो परंपराएँ आज इसका साथ दे रही हैं वह उन्हें केवल इसलिए नहीं छोड़ सकता कि उनका संबंध अतीत से है, इसलिए बहुत से यांत्रिक भौतिकवादी इस शख़्स को नहीं समझ पाते। इसलिए वह शहरयार पर यह इल्ज़ाम लगाते हैं कि वह समाज की उपेक्षा करता है वह Isolated individual नदी के द्वीपवालों का कवि है और तनहाई (Isolation) का प्रचार करता है इस कारण वह भगोड़ा है। यह बड़ी समझी की बात है। वह कहते हैं कि यह बोर्जुवा बुद्धिजीवियों की बीमारी है। सोशलिस्ट देशों में तनहाई का यह साहित्य नहीं पैदा हो रहा है। परंतु प्रश्न यह है कि क्या

सोशलिस्ट देशों में साहित्य पैदा हो रहा है ? मैं केवल रोटी नहीं (not by bread, alone)वालों में नहीं हूँ, मैं कम्युनिस्ट हूँ। परंतु कहता हूँ कि स्टॉलिन पुरस्कार पानेवाले लेखकों ने ख़राब किताबें लिखीं और सार्त्र पर हमारे बच्चन ने बड़ी ख़ूबसूरत कविता लिखी है। और हमारे यशपाल और अमृतलाल नागर ने, कुर्तुलएन हैदर और हमारे रेणु ने बड़े ख़ूबसूरत उपन्यास लिखे हैं। अमरीका के एटाइनबेक और जर्मनी के एरिखमारया ने एलिहा एहरेन वर्ग से अच्छे उपन्यास लिखे हैं। नाज़िम हिकमत ने तरसूँजादह से अच्छी शायरी की है। मैं सोशलिस्ट समाज की बड़ाई से इंकार नहीं करता पर अभी इस समाज की उमर बहुत कम है। वह अभी साहित्य की उमर का नहीं हुआ है। अभी सोशलिस्ट साहित्य ने जन्म ही नहीं लिया है। परंतु बोर्जुवा देशों में सोशलिस्ट साहित्य की नींव पड़ चुकी है। यदि जर्मनी के मार्क्स के विचारों के प्रकाश में पेकिंग कम्युनिस्ट हो सकता है तो कोई कारण नहीं कि योरोप और एशिया के साहित्य से रूस और चीन का साहित्य लाभ न उठाए। वह दिन दूर नहीं जब रूस का लेखक अपने इतिहास के पन्ने उलटेगा और तुर्गनेव और चेखव और टाल्सस्टॉय, दास्तावस्की की परंपराओं को आगे बढ़ाएगा। और इसी प्रकार मुझे विश्वास है कि नयी कवितावाले भी नयेपन से उकता कर परंपराओं की ओर आएँगे। और तब असली नयी कविता पैदा होगी। और अब सुनिये शहरयार की ग़ज़ल।

इसकी ग़ज़लों में आप नये भारत के नवयुवकों के दिल की धड़कनें सुनेंगे और उसकी आत्मा का दुख देखेंगे। यह नवयुवक बहुत दुखी है। और पोपली धरती पर खड़ा है। पैर जमाना कठिन है। भविष्य एक सवालिया निशान है। लिख-पढ़ कर वह क्या करेगा यह उसे नहीं मालूम। दसवाँ पास ओवरसियर सरकारी नौकर है और 'ऊपर की आमदनी' का तो हिसाब न पूछिए। साहित्य, दर्शन और इतिहास के डॉक्टर बेकार हैं। नवयुवक वैज्ञानिक आत्महत्या कर रहे हैं या अमरीका जा रहे हैं जहाँ नौकरी है। पंजाब का कृषक ब्रिटेन की नागरिकता हासिल कर रहा है, क्योंकि वहाँ काम है। यह दशा जानलेवा है। इसी कारण कवि दुखी है। पर वह निराश नहीं :

वस्ल की सुबह होने में है कुछ देर अभी
दास्ताँ हिज्र की कुछ और बढ़ा ली जाए।

वह इसी विश्वास के सहारे जीवित है कि वस्ल की सुबह अवश्य होगी। यह शहरयार भी इन्हीं लोगों में है। इसकी शायरी में गहरी उदासी है। परंतु मायूसी नहीं। इस युग में किसी नवयुवक का मायूस न होना बड़े जिगर की बात है।

एक बात और कहना चाहता हूँ—हर साहित्य का अपना प्रतीक विधान होता है। उर्दू साहित्य के पास इसका अपना प्रतीक विधान है। हिंदी में उर्दू कवियों के पद संग्रह तो असंख्य निकले हैं परंतु अभी तक कोई ऐसी पुस्तक नहीं निकली जो हिंदी पाठकों को उर्दू की आत्मा के दर्शन कराए। शब्दकोश बनाकर कविता नहीं

समझी जा सकती। अरब की लैला काली थी उर्दू ग़ज़ल की लैला गोरी है। इस कारण यह वह अरबी लैला नहीं हो सकती कि लैला-मजनूँ के किस्से से आप इसे बिल्कुल समझ लें। एक उदाहरण लीजिए, ग़ालिब की एक पंक्ति है :

सुबह करना शाम का लाना है जूँए मीर का।

शब्दकोश में 'जू' का अर्थ, नहर लिखा होगा और मीर का अर्थ दूध तो क्या इस शेर का मतलब निकल आया यूँ ही सुबह शाम, वस्ल, फ़िराक़, हिज्र, बहार, खिज़ाँ, शेख, वरहमन, विकार रकीब, क़ातिल⋯एक लंबी फ़हरिस्त है–Symbols की जिनसे आप पूरी तरह परिचित न हों। इस कारण संभव है कि आपको इस नये शायर की ग़ज़लें इतनी अच्छी लगीं जितनी अच्छी यह मुझे लगती हैं। मैं केवल इतना कहना चाहता हूँ कि इन ग़ज़लों को इस तेज़ी से न पढ़िए जिस तेजी से आप हिंदी की कविताएँ पढ़ते हैं। आप हिंदी के प्रतीकों से इतने परिचित हैं पर उर्दू प्रतीकों से आप इतने परिचित नहीं हैं। इस कारण इन ग़ज़लों को जरा रुक-रुक कर पढ़िए।

(1)

लाख खुर्शीद सरे बाम अगर है तो रहें,
हम कोई मोम नहीं हैं कि पिघल जाएँगे।
हर गली कूचे में रुसवा हुए जिन की ख़ातिर,
क्या ख़बर थी कि वही लोग बदल जाएँगे।
इनके पीछे न चलो, इनकी चिंता न करो,
साए फिर साए हैं कुछ देर में ढल जाएँगे।
काफ़िले नींदों के आए हैं उन्हें टहरा लो,
वरना ये दूर बहुत दूर निकल जाएँगे।

(2)

जुनूँ के नगमे बफ़ाओं के गीत गाते हुए,
हमारी उमर कटी जख़्मे दिल छुपाते हुए।
जहाँ में हमने फ़क़त एक ही तुम्हीं को चाहा था,
तुम्हें ख़याल न आया ये दिल दुखाते हुए।
हमें भी ज़िंदगी जीने का हौसला था कभी,
हमें भी लोगों ने देखा है मुस्कराते हुए।
कोई है जो हमें दो चार पल को अपना ले,
जुबान सूख गई यह सदा लगाते हुए।

(3)

सीने में जलन आँखों में तूफ़ान-सा क्यूँ है
इस शहर में हर शख़्स परेशान-सा क्यूँ है।
तनहाई की यह कौन-सी मंज़िल है रफीक़ो,
ताहद्दे नज़र एक बियाबान-सा क्यूँ है।
हमने तो कोई बात निकाली नहीं ग़म की,
वह ज़ूद-पशेमान, पशेमान-सा क्यूँ है।
क्या कोई नयी बात नज़र आती है हम में,
आईना हमें देख के हैरान-सा क्यूँ है।
दिल के धड़कने का बहाना कोई ढूँढ़े,
पत्थर की तरह बेहिसों बेजान-सा क्यूँ है।

(4)

दयारे दिल न रहा बज़्मे दोस्ताँ न रही,
अमाँ की कोई जगह ज़ेरे आसमाँ न रही।
रवाँ है आज भी रग रग में ख़ून की मौजें,
मगर वह एक खालिश बह मताए जाँ न रही।
लड़े ग़मों के अँधेरे से किस की ख़ातिर हम,
कोई किरन भी तो इस दिल में ज़ूँफशाँ न रही।
मैं उसको देख के आँखों का नूर खो बैठा,
ये ज़िंदगी मेरी आँखों से क्यूँ निहाँ न रही।
जुबाँ मिली भी तो किस वक़्त बेज़ुबानों को,
सुनाने के लिए जब कोई दास्ताँ न रही।

(सन् 1962)

नयी कविता–जहाज का पंछी

'धर्मयुग' में अभीक़ हनफ़ी साहब का लेख बड़े शौक से पढ़ा कि शायद नयी कविता के बारे में कोई नयी बात मालूम हो। परंतु केवल इतना ही जान सका कि मैं नयी कविता को समझ ही नहीं सकता। उन्होंने यह बताने का कष्ट उठाया है कि 'खाली मक़ान' एक काव्य चिन्ह है। मैंने मान लिया परंतु यह तो सोचना ही पड़ेगा कि चिन्ह प्लस है या माइनस। मैंने जिस शेर की मिसाल देकर 'खाली मक़ान' की बात छेड़ी थी। वह यह है :

अरसा हुआ आई नहीं दिल में कोई ख़्वाहिश
कहते हैं बहुत देर से खाली यह मकाँ है।

दिल को मक़ान कहने की रस्म बहुत पुरानी है। मीर ने कहा था :

दिल वो नगर नहीं कि फिर आबाद हो सके।
पछताओगे सुनो हो, यह बस्ती उजाड़ के।।

प्रश्न यह है कि नये कवि ने इस चिन्ह में क्या परिवर्तन किया है ? यह बात अभीक़ हनफ़ी ने नहीं कही है बल्कि मैंने कही है कि नये कवियों का 'नगर' पुराने कवियों के 'नगर' से बिल्कुल अलग है। परंतु 'खाली मक़ान' तो 'खाली मक़ान' ही है। यह एक मरा हुआ दिल है जो ख़्वाहिश करने से भी डरता है। जिस दिल में भविष्य का कोई ख़्वाब न आबाद हो क्या वही वीरान दिल नयी कविता का चिन्ह है ?

हम एक आज़ाद देश के नागरिक हैं। इसलिए अभीक़ हनफ़ी को यह कहने का हक है कि मैं नयी कविता को समझ ही नहीं सकता। परंतु अभीक़ हनफ़ी यह भूल गए कि मैं एक साधारण पाठक हूँ। यह कविता अगर मेरे लिए नहीं है तो किसके लिए है ?

क्या एक साधारण पाठक की तरह मुझे यह कहने का हक नहीं कि नयी कविता के नाम पर लिखी जानेवाली कविताएँ जीने का हौसला नहीं देतीं। ये कविताएँ

अँधेरा बढ़ा रही हैं। यह तो मैं भी मानता हूँ कि हमारा समाज एक खंडहर है। हमें यह जानने के लिए किसी नयी कविता की ज़रूरत नहीं है। क्या कवि का कर्तव्य केवल यह है कि वह यह कहकर कविता को समाप्त कर दे कि हम एक खंडहर में रह रहे हैं ? खंडहर में रहनेवालों को भी यह बात मालूम है। कवि का कर्तव्य तो यह है कि वह खंडहरवालों को एक घर का ख़्वाब दे—ख़्वाब केवल कवि दे सकता है। नये कवि के पास कोई ख़्वाब नहीं है। कई सौ बरस पहले मीर तक़ी मीर ने कहा था :

एक उठता है तो सौ मरने को आ बैठे हैं।
मुद्दतों से है ये दस्तूर हमारे हाँ का।।

नये कवियों में मरने का यह दस्तूर नहीं है और यही कारण है कि नयी कविता को पाठक नहीं मिल रहे हैं।

मैं नयी कविता का विरोधी नहीं हूँ। परंतु कहीं नयी कविता दिखाई दे तब तो उसका इस्तक़बाल करूँ। मैंने अभीक़ हनफ़ी के महाकाव्य 'सिंदबाद' को भी गौर से पढ़कर समझने की कोशिश की परंतु समझ में यही आया कि नया कवि केवल उन्हीं चीज़ों को देख सकता है जिन्हें साधारण आदमी भी देख लेते हैं और यह समझ में आया कि 'नयी कविता' के ये नये कवि साधारण आदमियों के साधारण ख़्वाबों की भाषा नहीं जानते। पाठक को इलियट, सूरदास और मीर के पत्थर मारने से काम नहीं चलेगा। ये कवि जहाज़ के पंछी हैं। अपनी जां के जहाज़ में गिरफ़्तार हैं और चारों ओर जो विशाल जीवन-सागर ठाठें मार रहा है ये उस पर उड़ान लेने से डरते हैं।

नयी कविता नयी चेतना के साथ आएगी और जब नयी चेतना दिखाई देगी तो मैं उसे पहचान लूँगा। मैं नयी कविता की राह तब से देख रहा हूँ जब अभीक़ हनफ़ी ने नयी कविता लिखना शुरू भी नहीं किया था।

नयी कविता के लिए प्रगतिशील होना ज़रूरी नहीं है। जो कविता प्रगतिशील न हो वह कुछ और तो हो सकती है परंतु नयी नहीं हो सकती।

मैं नये कवियों की रचनाओं को बड़े प्यार और शौक़ से पढ़ता हूँ, परंतु उसमें मुझे आज तक कोई नयापन नज़र नहीं आया है। नये कवियों ने कविता के सिनैरिकों को अवश्य बदला है। यह बात मैं कई बार कह चुका हूँ। परंतु यह नया मंज़र अभी तक उनकी काव्य आत्मा का अंग नहीं बना और इसीलिए नये कवि नये सिनैरिकों के साथ पुरानी कविता ही लिख रहे हैं।

यह तो ठीक है कि व्यक्ति दिन-ब-दिन मज़बूर होता जा रहा है। यह भी ठीक है कि उसके पैरों में पड़ी हुई जंज़ीरों का बोझ दिन-ब-दिन बढ़ता जा रहा है। यह भी ठीक है कि इस समाज का आकाश बहुत नीचा है और उसके नीचे कोई पूरा

खड़ा नहीं हो सकता। परंतु किया क्या जाय ? नयी कविता इसी 'परंतु' के पास रुक जाती है। नया कवि जब तक इस 'परंतु' से आँखें नहीं मिलाता उसे अपने आपको नया कवि कहने का हक़ नहीं पहुँचता।

मैं केवल एक लेखक ही नहीं हूँ। मैं एक पाठक भी हूँ और मुझे यह पूछने का हक़ है कि साहित्य में अंधेर क्यों मचाया जा रहा है। मैं अगर बुरा शायर हूँ तब भी पाठक होने के नाते मुझे जो हक़ मिलता है उसे मेरी शायरी की ख़राबी के कारण नहीं छीना जा सकता। किताब इसीलिए छापी जाती है कि लोग उसे खरीदें और पढ़ें। मैं भी किताबें खरीदता और उन्हें पढ़ने को कोशिश करता हूँ और अगर हम कोई चीज़ खरीदते हैं तो हमें अपनी सभ्यता के अनुसार उसे अच्छा या बुरा कहने का हक़ है। अभीक़ हनफ़ी अगर अपनी किताब लेकर बाज़ार में आए हैं तो उन्हें खरीदार की बात ठंडे दिल से सुननी पड़ेगी। कोई दुकानदार खरीदार से यह नहीं कह सकता कि तुम क्या जानो ? खरीदार एक्सपर्ट नहीं होता परंतु पैसा उसी की जेब से निकलता है, इसलिए वह माँग कर सकता है कि उससे तमीज़ के साथ बात की जाए। किसी बदतमीज़ दुकानदार की दुकान नहीं चल सकती। नये कवियों को पाठक का आदर करना पड़ेगा। मैं अभीक़ हनफ़ी से अधिक पढ़ा-लिखा होने का दावा नहीं करता। परंतु मैं भी ख़ास पढ़ा-लिखा आदमी हूँ—परंतु मैं बे-मानी कविता को मानी पहनाने का काम नहीं करता। जिस दिन यह 'नयी कविता' मेरी समझ में आ जाएगी उस दिन मैं इसी ज़ोर-शोर से यह भी कहूँगा कि मैं गलती पर था। परंतु मैं रोब में आकर किसी ख़राब चीज़ को अच्छा नहीं कह सकता।

बात अभीक़ हनफ़ी की हो रही है इसलिए मैं उनके 'महाकाव्य' 'सिंदबाद' के बारे में कुछ कहना चाहता हूँ।

कविता ग्रामर की किताब नहीं होती परंतु हम ये फ़र्ज़ करते हैं कि कवि 'था' और 'है' का फ़र्क़ जानता है। सिंदबाद की बातें सुनिये :

मैं सैलानी सिंदबाद
अपनी और पराई धुन में
सागर तट पर घूम रहा था।
मैंने देखा
भूरी रेत
उजला झाग,
कुहरे के काले परदों में दबा हुआ-सा
इक सूरत पाता जाता है
और इक बूढ़ा...
कुहरे से बाहर आता है

कुहरे से बाहर आकर वह कुबड़ा वृत्त
मुझसे बोला...

कथा एक ही है। कुबड़ा बूढ़ा बाहर आता है और 'बोला'। या तो यह होता कि कुबड़ा बाहर आया और बोला। या फिर यूँ हो कि कुबड़ा बाहर आता है और यह कहता है। 'आता है' और 'बोला' का कोई मेल नहीं है। क्या 'नयी कविता' इसी का नाम है कि भाषा के साधारण नियम भी भुला दिए जाएँ ? काव्य भाषाविज्ञान का नाम नहीं है परंतु काव्य भाषा ही पर निर्भर होता है। भाषा साहित्य का बदन भी है और एक हद तक आत्मा भी क्योंकि ख़्याल शब्द ही का वस्त्र पहनता है, कोई नंगा ख़्याल मैंने तो अब तक देखा नहीं। इसलिए मैं उन कवियों की इज़्ज़त नहीं कर सकता जो भाषा की इज़्ज़त न करते हों—बल्कि जो भाषा से प्यार न करते हों। भाषा की गुलामी अलग चीज़ है और भाषा से प्यार अलग।

अब इस सिंदबाद के उस व्यक्तित्व को देखिए जिसकी बात ये नये कवि बड़े चाव से करते हैं। सिंदबाद लड़ता नहीं बल्कि जब वह बूढ़ा पीठ पर लद गया तो :

एक-एक कदम उठाना गोया मौत की वादी की पैमाइश
जेहन पे तारीकी की चादर
सिक्तें, घड़ियाँ, राहें, मज़्ज़िल
सब लायानी...
वक़्त का पहिया...
और शकर के खायफ धारे पीछे, उल्टी जानिब, उल्टे पैरों भाग रहे थे

जब यह हालत हुई तो सिंदबाद ने क्या किया ?

मैंने उस बूढ़े को रेत के इक तदे पर
अपनी पीठ से झटका देकर पटक दिया
और मैं भागा।

यह नया सिंदबाद भी पुराने सिंदबाद की तरह भागा।

मैं अपनी तरफ़ से कुछ कहूँगा तो अभीक़ हनफ़ी ख़फ़ा होकर यह बताने लगेंगे कि उनके बुक-शेल्फ में कौन-कौन-सी किताबें हैं। इसलिए मैं उन्हीं की बात उन्हें और आपको सुनाना चाहता हूँ :

आरज़ू ही नहीं, जुस्तजू भी नहीं
आरज़ू जिस जगह थी वहाँ ज़ख़्म हैं
ज़ख़्म हैं और सीना भी रोशन नहीं।

इस अँधेरे सीने का नतीजा यह हुआ कि :

आज ईमान का कोई मसकन नहीं।
कोई भावा नहीं कोई मामन नहीं।।

अभीक़ हनफ़ी के पास कोई आइडियल नहीं है। उन्हें किसी चीज़ की तलाश नहीं है। उनके ईमान के पास रहने के लिए कोई घर नहीं है। उनके पास कोई आरजू नहीं है, उनके सीने में कोई चिराग नहीं जल रहा है। उनके पास कोई रास्ता नहीं है। उनके पास कोई मंज़िल नहीं है। गरज कि 'नहीं' के जाल ने उन्हें जकड़ रखा है। ऐसे कवियों से उम्मीद ही क्या हो सकती है।

इन शायरों को अपने खोल से बाहर आना पड़ेगा। जीवन का मूल्य उनके व्यक्तित्व के मूल्य से बहुत ज़्यादा है। व्यक्तित्व जीवनधारा से कट कर जीवित नहीं रह सकता। यह तो मालूम हो गया कि उनकी झोली में क्या-क्या नहीं है। अब कोई जियाला यह बताने का कष्ट उठाएगा कि उनकी झोली में है क्या ?

खुश्की का टुकड़ा

आदमी अपने घर में अकेला हो और पड़ोस की रोशनियाँ और आवाज़ें घर में झाँक रही हों तो यह साबित करने के लिए कि वह बिल्कुल अकेला नहीं है, वह इसके सिवा और क्या कर सकता है कि उन बेदर्द रोशनियों और आवाज़ों को उल्लू बनाने के लिए अपनी बहुत पुरानी यादों से बात करने लगे।

वह कई रातों से लगातार यही कर रहा था।

अकेला होना उसके लिए कोई नयी बात न थी। उसे मालूम था कि बदन और आत्मा की तनहाई आज के लोगों की तक़दीर है। हर आदमी अपनी तनहाई के समुद्र में खुश्की के एक टुकड़े की तरह है। सागर के अंदर भी है और बाहर भी। और वह इस अकेलेपन का ऐसा आदी हो गया है कि अपनी तनहाई को बचाने के लिए अपने से भी भागता रहता है।

दस-ग्यारह हज़ार वर्ष पहले उसने एक शेर लिखा था :

छूट कर तुझसे अपने पास रहे।
कुछ दिनों हम बहुत उदास रहे।

यह उदासी आधुनिक है। हमारे पुरखों की उदासी से बिल्कुल अलग है। इसने हमारे साथ जन्म लिया है और शायद यह हमारे ही साथ मर भी जाएगी। क्योंकि हर पीढ़ी के साथ उसकी अपनी उदासी जन्म लेती है।

हमारे युग की उदासी कहना, ठीक नहीं है। वास्तव में यह बोरियत है। यह बोर होनेवालों की पीढ़ी है। किसी चीज़ का मज़ाक उड़ाना भी नहीं चाहता। पहले के लोग कैसा मज़े में जिया करते थे मज़ाक उड़ाते थे। आज का आदमी अपने चेहरे के रंग के सिवा कुछ उड़ाता ही नहीं····

और उसके बारे में एक बात मैं यकीन से कह सकता हूँ कि वह यदि आदमी था तो आज ही का आदमी था और आज के आदमी को वह डंलपिलों जैसी गदीली तनहाई नसीब नहीं होती कि वह आराम से लेट कर अपनी यादों को छाँटे। सड़ी-गली यादों को अलग करे, फटी-पुरानी यादों की मरम्मत करे और

अच्छी यादों को धूप दिखला दे।

वह बहुत दिनों से फ़ुरसत के ऐसे मौक़े की तलाश में था। परंतु आज तो मरने की फ़ुरसत नहीं मिलती, जीने की तो बात अलग रही। पहले लोग आराम से बरसों पड़े रहा करते थे। सेवा करवा-करवा के सेवा करने का अरमान निकलवाते थे। दूर-पास के सारे रिश्तेदारों को इसका मौक़ा देते थे कि वह उनकी पाटी के पास बैठ कर उसकी तारीफ़ करें···और जब लगभग लोगों को यक़ीन हो जाय कि यह मरनेवाले नहीं, तब कहीं जाकर लोग मरा करते थे। पर अब वक़्त की कमी के कारण हार्ट फेल होने लगे हैं। आधुनिक जिंदगी की भागदौड़ में मरने का चार्म भी बिल्कुल ख़त्म हो गया है।

वह हार्ट फेल होने के ख़िलाफ़ नहीं था। परंतु हार्ट फेल होने में एक बड़ी ख़राबी है। हार्ट फेल होने पर कोई शेर नहीं कहा जा सकता। इतना समय ही नहीं मिलता कि कोई यह कहे :

उनके देखे से आ जाती है मुँह पर रौनक
वह समझते हैं कि बीमार का हाल अच्छा है।

इसलिए वह चाहता था कि अपनी यादों को क्लासिफ़ाई कर ले। जो वह कवि होता, तो बहुत परेशानी की बात न होती। परंतु शायरी से उसका पुराना बैर था। वह कहा करता था कि शायरी बड़ी असाइंटिफ़िक चीज़ होती है। शायरी में मुर्दे बोलते हैं···कागा सब तन खाइया···से लेकर कुरेदते हो जो अब आग जुस्तुजू क्या है···तक मुर्दे टायँ-टायँ बोल रहे हैं। दिल जो ख़ून पंप करने की एक मशीन है, उसे शायरों ने इतना सर चढ़ाया है कि क्या कहा जाए। प्रेमिका को चंद्रमुखी कहनेवाले यह भी नहीं जानते के चाँद पर कैसी-कैसी खाइयाँ हैं।

परंतु जब वह अकेला हुआ तब उसे पता चला कि तनहाई खुद बहुत साइंटिफ़िक नहीं होती। भरीपूरी दुनिया में कोई अकेला कैसे हो सकता है। परंतु वह अकेला था और वह इस हक़ीक़त को झुठला नहीं सकता। और इसीलिए लगातार अपनी यादों की राख कुरेद रहा था।

कई रातों तक लगातार यादों के जंगल में भटकने के बाद वह इस नतीजे पर पहुँचा था कि आदमी अपनी यादों के बारे में डींगता ज़्यादा है, मेरे पास इतनी यादें हैं और ऐसी-ऐसी यादें हैं। सब झूठ है। बस दस-बीस यादें होती हैं। ज़िंदगी का बजट बहुत चौकस होता है। सारी ज़िंदगी जीने के बाद बचत के खाने में दस-बीस बुरी-भली यादों के सिवा कुछ नहीं होता।

पता नहीं लोग जीवनियाँ कैसे लिखते हैं। उसे तनहाई की चंद रातें गुजार लेने के बाद यकीन हो गया था कि जीवनियाँ झूठी होती हैं। लेखक अपने जीवन की कहानी नहीं लिखता। एक कहानी लिखता है। अपने वर्तमान के लिए अतीत

का पुश्ता बाँधता है। वह अपनी तस्वीर को बहुत री-टच करता है। इससे भी काम नहीं चलता तो शायद अपनी गर्दन पर एक नया चेहरा जड़ देता है।

परंतु वह तो बिल्कुल अकेला था। आदमी चाहे दुनिया से झूठ बोल ले पर वह अपनी तनहाई से झूठ नहीं बोल सकता। वह अपने आपसे यह कैसे कहता कि जिन लैलाओं ने उसे धोखा दिया है, वह वास्तव में बड़ी वफ़ादार थीं। वह तो अपने आपसे यह भी नहीं कह सकता था कि खुद वह बड़ा वफ़ादार है। उसे कभी अपने आप पर तरस नहीं आया।

उदास होना दूसरी बात है। उदासी तो इस युग के मनुष्य की तकदीर है। उदासी और झल्लाहट यही दो शब्द हैं जो बहरूपियों की तरह रूप बदल-बदल कर आते रहते हैं। यदि पहचान लिए जाएँ तो फिर बहरूप ही क्या हुआ !

उसे वह फैंसी ड्रेस शो याद था जिसमें वह अपने वेष में चला गया था, किसी ने नहीं पहचाना। बाद में उसे बताया गया कि एक आदमी ने गजब का बहरूप भरा था।

उसी दिन से जब कभी वह यह चाहता कि कोई उसे न पहचाने तो वह अपने चेहरे पर कोई चेहरा चढ़ाए बिना निकल जाता…और फिर उसे आदत-सी पड़ गई। उसने अपने चेहरे पर कोई चेहरा चढ़ाना बिल्कुल छोड़ दिया। नतीजा यह निकला कि अब उसे कोई पहचानता ही नहीं। एक दिन उसने वह नकली मुस्कराहट बॉक्स से निकाल कर देखी जिसे वह होठों पर चिपका कर निकला करता था तो यह देख कर उसे बड़ा आश्चर्य हुआ कि वह तो एक बड़ी बेहूदा चीज़ थी। बेजान, बेमतलब, बेमजा। वह यह सोच कर हँस दिया कि इस मेकअप में वह कैसा हवन्नाक दिखाई देता रहा होगा। उसने उस मुस्कराहट को फिर बॉक्स में डाल दिया और यह सोचने लगा कि उसकी पत्नी ने इस चीज़ को संभाल क्यों रखा है ! उसे तो सफ़ाई का बड़ा शौक़ है।

उसकी पत्नी मसर्रत बड़ी सुघड़ और प्यारी लड़की थी। इश्क़ करते-करते थक-हार कर उसने मसर्रत से ब्याह कर लिया था। मसर्रत से उसे न ब्याह के पहले इश्क़ था और न ब्याह के बाद इश्क़ हुआ और शायद इसीलिए वह उसे सही पर्सपेक्टिव में देख सकता था। इसीलिए वह बरसों इस फ़िक्र में रहा कि इस चाँद का दाग़ कहाँ है। गहरी छानबीन के बाद उसे पता चला कि मसर्रत को पुरानी चीज़ें जमा करने का शौक़ है। उसका बस चले तो नयी साड़ियाँ बेचकर कबाड़िए की दुकान से पुरानी साड़ियाँ खरीद लाए। यह पता उसे खासा पुराना पति हो जाने के बाद चला फिर भी पल भर के लिए वह काँप गया कि किसी दिन बोर होकर वह उसे औने-पौने निकाल कर किसी कबाड़खाने से कोई ऐंटीक पति न खरीद लाए।

उसने जब यह बात मसर्रत को बताई तो खिलखिलाकर हँस पड़ी। उसने चोरों

की तरह इधर-उधर देखा। बड़ा बेटा ख़ादिम हुसैन सामने ही रेडियोग्राम के पास कालीन पर लेटा गुनगुना रहा था :

रिमझिम बरसता सावन होगा,
झिलमिल सितारों का आँगन होगा।

छोटी बेटी ख़ातून जो अपनी छोटी गुड़िया के फ़्लू से सख़्त परेशान थी, बड़ी गुड़िया को डाँट रही थी कि वह छोटी को लेकर इस ठंड में घर से निकली ही क्यों....

ख़ादिम के गाने से बोर होकर वह बोली—भाई मियाँ जब सावन रिमझिम बरस रहा है तो यह सितारे कहाँ से आ गए ?

ख़ादिम सटपटा गया। पर वह छोटी बहन से हार भी नहीं मान सकता था। बड़े गंभीर लहज़े में बोला—यह फिल्मी आँगन है।

बेटा-बेटी दोनों मशगूल थे। मसर्रत ने जल्दी से उसकी उस नाक का प्यार ले लिया जिसका वह बहुत मज़ाक उड़ाया करती थी और बोली—ईडियट तुम्हें यही ख़बर नहीं कि हर सुबह को मैं तुम्हें कबाड़ के कमरे में फेंक कर दिल में हाथ डालकर एक नया यानी तुमसे भी एक दिन पुराना पति निकाल लेती हूँ।

उसे ठीक-ठीक पता नहीं था कि मसर्रत की बात पर हँसना चाहिए या नहीं। पर वह हँस पड़ा।

ख़ातून का हाथ हँसी की आवाज़ से हिल गया। गुड़िया की दवा ख़ादिम के उजले कुरते पर बिखर गई। ख़ादिम ने उसे एक चाँटा मार दिया। उसने ख़ादिम को किचकिचाकर दाँत काट लिया। ख़ून छलक आया....

मसर्रत बीच-बचाव करने लपकी। पर भाई-बहन लड़ने के मूड में थे। दोनों उछल-कूद रहे थे। इस पर मसर्रत को हँसी आ गई....

इस मसर्रत के साथ ज़िंदगी कभी पुरानी नहीं हो सकती। ज़िंदगी बड़े मज़े में गुजर रही थी। बस उस नकली मुस्कान का ख़्याल उसे परेशान किया करता था। एक दिन चुपके से वह उसे एक कबाड़िए के हाथ बेच आया। बात आई-गई हो गई। वह उस मुस्कराहट को भूल भी गया। उसके दिल से यह डर जा चुका था कि उसके मरने के बाद यदि उस पर रिसर्च करनेवाले को यह मुस्कराहट मिल जाएगी तो क्या होगा। यह डर मिट जाने के कारण वह ज़्यादा खुल कर हँसने लगा था। दो-एक दिन के बाद मसर्रत ने कहा—बिल्डिंग के लोगों को यह ख़बर करने की क्या ज़रूरत है कि तुम हँस रहे हो। वह बोला—अरे तो क्या बिल्डिंगवालों के डर से मैं हँसना बंद कर दूँ !

बात बढ़ गई। सोलह बरस के बाद पहली बार बात बढ़ी थी....

तीन-चार दिन तक दोनों में बातचीत बंद रही। ख़ादिम और ख़ातून ने भी

भाँप लिया था कि दाल में कुछ काला ज़रूर है। मसर्रत इस बीच में कई बार उन दोनों से इतनी दबी आवाज़ में, कि दूसरे कमरे में बैठा हुआ वह यह सुन सके, पूछ चुकी थी कि यदि वह दरभंगा चली जाय तो वह क्या करेंगे···दरभंगा का नाम सुन कर वह काँप जाया करता था। बात यह थी कि अपनी माँ से वह बहुत डरा करता था, वह सौतेली माँ रही होती तो वह सोच कर दिल को समझा लेता कि सौतेली माँ से और क्या उम्मीद हो सकती है। परंतु वह तो सगी माँ थी और वह इकलौते बेटे से ज़्यादा इकलौती बहू को चाहती थी। कई दिन इस उधेड़बुन में गुजर गए। एक दिन वह घर में सहमा-सहमा आया तो उसने देखा कि मसर्रत की आँखों में एक अजीब सी चमक है। उसकी तरफ़ मसर्रत ने कनखियों से देखा। ख़ादिम निहायत नया, चुनी हुई आस्तीनोंवाला कुरता पहने दरवाज़े में खड़ा मुस्करा रहा था। ख़ातून गरारा पहने एक हाथ से पाँयचे और दूसरे से दुपट्टा सँभालने में लगी हुई थी।

वह चकरा गया। चकराने का आसान इलाज यह था कि वह सीधा अपने कमरे में चला जाए। वह अपने कमरे में चला गया।

पीछे-पोछे मसर्रत भी आई। उसने कमरे के दरवाज़े को अंदर से बंद किया। उसका दिल उछलकर हलक में आ गया। उसकी समझ में यह नहीं आ रहा था कि मसर्रत चाहती क्या है।

—सुनते हो ? मसर्रत ने कहा। क्या बेहूदा सवाल है इन हिंदुस्तानी बीवियों को आखिर कब बात करना आएगा ?

—क्या सुनूँ ? उसने बड़ी भलमनसाहत से पूछा।

—नहीं सुनते तो मत सुनो, मसर्रत चमक गई। मेरी जूती को क्या गरज पड़ी है। मैं ही पागल हूँ कि दो दिन से मारी-मारी फिर रही थी।

—क्यों ?

—तुम्हारी सालगिरह के लिए और क्यों।

—मगर मेरी सालगिरह के लिए मारे-मारे फिरने की क्या ज़रूरत है। सालगिरह तो राशंड है। साल में एक बार मिलती है। चोर बाज़ार से एक-आध सालगिरहें खरीद लाईं क्या !

उसका ख़्याल था कि यह सुन कर मसर्रत जमीन-आसमान एक कर देगी। पर वह तो हँसते-हँसते बेहाल हो गई।

हाल में आई तो बाली—भई, मुझे ख़फ़ा रहना नहीं आता।

—तो मान जाओ।

—मान गई। मगर तुम हो बड़े वह।

—वह क्या !

—मेरा सिर। आज तुम्हारी सालगिरह है।

—सर्टिफिकेट वाली कि असली वाली।

—मैं तुम्हारे लिए बड़े गज़ब की चीज़ लाई हूँ।

—तुम हमेशा गज़ब की चीज़ लाती हो।

—देखोगे तो फड़क जाओगे।

—अच्छा !

—हाँ।

वह मुस्करा दिया।

—तुम्हारी मुस्कराहट बड़ी फटीचर है।

—आदत पड़ गई है।

—छोड़ दो। जैसे सिगरेट छोड़ दी।

—गलत, मैंने सिगरेट को नहीं छोड़ा है। सिगरेट ने मुझे छोड़ दिया है। तंबाकू पर टैक्स इतना बढ़ गया है कि सिगरेट का खर्च और मकान का किराया बराबर हो गया है। पर अभी तक हँसना टैक्स फ्री है। तो मैं अडल्ट्रेटेड या इन्फीरियर मुस्कराहट क्यों इस्तेमाल करूँ ? आगे न कह सका क्योंकि मसर्रत की हथेली पर उसकी वही पुरानी मुस्कराहट चमक रही थी जो वह एक दिन चुपचाप कबाड़िए की दूकान पर बेच आया था।

उसकी आँखें हैरत से फैल गईं।

—चकरा गए ना, वह लहककर बोली। मैं खुद इसे देख कर फड़क गई थी। बिल्कुल तुम्हारे होठ के नाप की है। उस गँवार कबाड़िए ने इस पर वार्निश ज़रा ज़्यादा कर दी है मगर चलेगी। तुम्हारे रंग से भी मैच खाती है। मैं उससे कह आई थी कि कलर स्कीम में फिट नहीं होगी तो लौटा दूँगी⋯

जाहिर है कि अपनी वर्षगाँठ के दिन वह उस मुस्कराहट को स्वीकार नहीं कर सकता था।

वह मुस्कराहट अब भी ड्रेसिंग टेबिल पर पड़ी हुई थी। उसी के पास मसर्रत की एक तस्वीर थी। वह ख़ातून को गोद में लिये हँस रही थी। वह ड्रेसिंग टेबिल की तरफ़ बढ़ा। देर तक वह वार्निश की हुई उस मुस्कराहट की तरफ़ देखता रहा। मसर्रत के बगैर अकेला रहना नामुमकिन था। उसने वह मुस्कराहट अपने होठों पर चिपका ली। सोचा कि फौरन मसर्रत को एक ख़त लिखना चाहिए। कागज़ मिल गया, कलम नहीं मिल रही थी। कलम के केस में ख़ातून की गुड़िया का जहेज रखा था⋯वह ढूँढ़ते वह थक गया। आखिर उसने मसर्रत के ड्रेसिंग टेबिल की दराजें खखोड़ीं। आखिरी दराज में उसे एक अजीब चीज़ मिली—मसर्रत जल्दी में अपने कहकहों का पूरा सेट भूल गई थी। वह खिलखिलाकर हँस पड़ा।

थोड़ी देर के बाद पड़ोस के लोग जाग गए। उन्होंने दरवाज़ा पीटना शुरू किया। परंतु वह हँसता रहा। वह चाहता था कि अपनी हँसी रोक ले। पर जैसे टेढ़ी सुराही

से पानी गिरना बंद नहीं होता उसी तरह उसके मुँह से क़हक़हा बह रहा था।

मसर्रत के क़हक़हों का सेट उसके हाथ में था। हँसते-हँसते वह खिड़की तक आ गया। बहुत नीचे सड़क रोशनी की एक लकीर की तरह पड़ी हुई थी। मसर्रत के क़हक़हों का सेट हाथों से फिसल कर खिड़की के बाहर जा पड़ा। उन्हें बचाने के लिए उसने हाथ बढ़ाया। वह हाथ नहीं आए, वह उन्हें बचाने के लिए झुकता ही चला गया।

सड़क एकदम से उछली और उससे टकराकर टूट गई।

कहानी : पाठक बनाम लेखक

जॉन स्टीनबेक के एक उपन्यास 'ईस्ट ऑफ एडेन' में एक चीनी बावर्ची है ली। कहानियों के विषय में इस बावर्ची की राय हमारे बहुत से कहानी लिखनेवालों से ज़्यादा जँची-तुली है। उसका कहना है कि "लोगों को केवल अपने आप में दिलचस्पी होती है इसलिए अगर कोई कहानी सुननेवाले के बारे में नहीं है तो वह उसे सुनेगा ही नहीं, इसलिए मैं यहाँ एक नियम बनाता हूँ कि हर महान् और जीवित रहनेवाली कहानी तमाम लोगों के बारे में होती है, नहीं तो वह ज़िंदा ही नहीं रह सकती। विचित्र और अजनबी चीज़ें कभी दिलचस्प नहीं हो सकतीं। दिलचस्प तो केवल गहरी व्यक्तिगत और जानी-बूझी चीज़ें होती हैं।"

मुझे इस बावर्ची की बात बहुत सारे आलोचकों से अच्छी लगी क्योंकि इस बावर्ची ने हमारी कहानियों की उस दुखती रग पर हाथ रख दिया है जो आज तक हमारे आलोचकों को दिखाई नहीं दी। बात ये है कि हमारे आलोचक तो बड़े-बड़े शब्दों के प्रमाण की साधना में लगे रहते हैं और इस साधना में इतना खो जाते हैं कि एक छोटी-सी बात की ओर उनका ध्यान नहीं जाता कि कहानी के लिए कहानी होना पहली शर्त है। ली ने ये रहस्य पा लिया था। इसलिए उसने दो वाक्यों में कहानी की वह आलोचना कर दी जो साहित्य के पंडितों से किताबों में नहीं हो सकी।

इस समय मैं उसी बावर्ची की उँगली पकड़ कर आगे बढ़ने का प्रयत्न कर रहा हूँ। इसलिए पहली बात मैं यह कहना चाहता हूँ कि कहानी के लिए दिलचस्प होना ज़रूरी है और कहानी दिलचस्प तभी हो सकती है जब वह पाठकों के विषय की हो और उसकी भाव-भूमि और वातावरण जाना-बूझा हो। कहानी की दिलचस्पी का संबंध लेखक से न होकर पाठक से होता है। मैं इसके अतिरिक्त कहानी से कोई और माँग नहीं करता क्योंकि बाक़ी चीज़ों का कहानी की कला से कोई संबंध नहीं है। परंतु मैं इस बात को एक और स्तर से आरंभ करना चाहता हूँ।

प्रश्न यह है कि कहानी गद्य है या पद्य। इस प्रश्न का उत्तर देना इसलिए आवश्यक है कि इस समय यह बात बड़े जोरों पर चली हुई है कि विज्ञान के इस युग में साहित्य और विशेष रूप से कविता के लिए कोई स्थान नहीं है। नतीजा

ये निकाला जाता है कि चूँकि ये युग कविता का नहीं बल्कि गद्य का है। इसलिए गोविंद सिंह, कुशवाहाकांत और काज़ी अब्दुल सत्तार की कहानियाँ ज़िंदा रहेंगी और कालिदास के नाटक और तुलसी की रामायण, होमर का इलियड, ग़ालिब के दीवान के पन्ने पुड़ियाँ बाँधने के काम आएँगे। मैं साहित्य के एक विद्यार्थी की हैसियत से और एक सामाजिक प्राणी होने के नाते और विज्ञान पर भरोसा करनेवाले एक आदमी की हैसियत से इस विचारधारा का विरोध करना आवश्यक समझता हूँ, क्योंकि लोग इस युग को जब गद्य का युग कहते हैं तो उनका मतलब कहानियों और उपन्यासों से नहीं होता। सच पूछिए तो कहानी और उपन्यास और अन्य दूसरी विधाएँ गद्य की शर्तों को पूरा नहीं करते। क्योंकि गद्य ठोस और निश्चित शब्दों का प्रयोग करती है परंतु काव्य में शब्दों को पिघला कर तब उनका प्रयोग किया जाता है। यही कारण है कि काव्य का अर्थ बिल्कुल निश्चित नहीं होता जिस तरह गणित के किसी फार्मूले का होता है। गद्य विज्ञान का माध्यम है और उसका आधार शब्दकोश में लिखे हुए शब्दों पर होता है। परंतु कविता जीवन का अध्ययन है और उसका आधार रूपक होता है। कहानी भी रूपकों के संगीत के साँचे में ही ढाली जाती है, इसीलिए मैं कहानी और उपन्यास को एक काव्य रूप मानता हूँ, यानी गीत, भजन, चौपाई, ग़ज़ल, मसनवी और कसीदे की तरह कहानी भी एक काव्य है। दरअसल हम कविता को दो बड़े भागों में बाँट सकते हैं, पहला भाग वह है जिसका संगीत प्रत्यक्ष रूप में होता है और दूसरा भाग वह है जिसका पानी सरस्वती की भाँति शब्दों की ज़मीन के ऊपर नहीं बहता है शब्दों के अंदर बहता है। लोगों ने काव्य के इसी दूसरे रूप को भूल से गद्य समझ लिया है।

असल में बात यह है कि ख़राब कहानियाँ लिखनेवाले कविता से भय खाते हैं और केवल उस दिन के इंतजार में जीते हैं जब इनकी दुआ या बद्दुआ डाँगर को मार डालेगी। इन बिचारों को ये मालूम नहीं कि ये लोग वास्तव में बहुत ख़राब शायर हैं।

ऐसा नहीं है कि प्रत्यक्ष संगीतवाली कविता से अप्रत्यक्ष संगीतवाली कविता घटिया होती है बल्कि बात ये है कि प्रत्यक्ष संगीतवाली कविता का वह भाग जो घटनाओं को साधारणीकरण का रूप देता है और उस चीनी बावर्ची के नियम के अनुसार एक घटना को सबकी घटना बना लेता है, इसीलिए वह ज़्यादा लोकप्रिय होता है। परंतु कहानियाँ चाहे वे कविता के किसी रूप में क्यों न हों, अपने चरित्रों से बँधी हुई होती हैं क्योंकि वे अपने चरित्रों का नाम रखने पर मज़बूर होती हैं। उदाहरणार्थ जब कहानीकार किसी लड़की की बेवफ़ाई की कथा सुनाता है तो वह हमें उस लड़की का नाम बताने पर मज़बूर होता है, बस यही नाम दीवार बन जाता है। जब ये लड़की पाठक की बेवफा प्रेमिका नहीं हो सकती क्योंकि कहानीवाली लड़की का नाम अगर वंदना है तो पाठक की बेवफ़ा प्रेमिका का नाम पार्वती है।

अब चूंकि प्रेमिका का नाम बदल गया है इसलिए पाठक खुद इस कहानी का हीरो नहीं हो सकता जबकि उसकी प्रेमिका ने भी बेवफ़ाई की है। कहानी के हीरो का नाम कलीम है और पाठक का नाम मोहम्मद इदरीस कुरैशी है। नामों की ये दुहरी दीवार नहीं गिराई जा सकती। इसके अतिरिक्त वो शेर पाठक का तजुर्बा बन जाता है जिसमें चरित्र का कोई नाम नहीं होता है जैसे मीरा के इस दोहे को लीजिए :

लकड़ी जल कोयला भई, कोयला जल भयौ राख
मैं पापन ऐसी गली, कोयला भई न राख।।

इस दोहे में जो 'पापन' है वह केवल मीरा ही नहीं। ये दोहा विरह की आग में जलने वाली किसी भी नारी का हो सकता है। इसलिए कहानियाँ चाहे पद्य रूप में हों या न हों, वे हमें अपने आप में घुल-मिल जाने का अवसर नहीं देतीं। कहानियों में वह साधारणीकरण नहीं हो सकता, जिसकी मिसाल हमने अभी दी है।

परंतु कविता के हर फार्म की अपनी एक सीमा होती है। कहानी ग़ज़ल का स्थान नहीं ले सकती परंतु ग़ज़ल भी कहानी की कमी पूरी नहीं कर सकती और इस समय क्योंकि हमें कहानियों के विषय में बात करनी है इसीलिए मैं इस समय सिर्फ़ इतना ही कह कर आगे बढ़ रहा हूँ कि कहानी भी अन्य काव्य रूपों की तरह काव्य रूप है। गद्य नहीं है क्योंकि गद्य में दो और दो—चार ही होते हैं बाईस नहीं। परंतु जीवन में दो और दो का जोड़ चार कभी-कभी होता है और बाईस आमतौर से।

इसीलिए हम फिर उस चीनी बावर्ची तक आ गए कि कहानी तमाम लोगों के विषय में होगी और उसका शिल्प जाना-पहचाना होगा और इसके लिए लेखक को यथार्थ की ठोस भूमि पर खड़ा होना पड़ेगा परंतु दुर्भाग्य से हमारे कहानीकार यथार्थवाद की झोंक में कहानी कहने की कला भूलते जा रहे हैं। हमारा यथार्थ चित्रण जड़ होता जा रहा है। वह चाहे डिप्टी नज़ीर अहमद हों, चाहे मुंशी प्रेमचंद। अभी तक हमारा कोई कहानीकार वास्तविकता को डायनैमिक रूप में नहीं देख सका है। यही कारण है कि ख़्वाजा अहमद अब्बास और कृश्न चंदर तक आते-आते कहानी पत्रकारिता का रूप धारण कर लेती है। कहानीकार का कर्तव्य ये है कि वह जड़ दिखाई देनेवाली वास्तविकता को डायनैमिक बनाकर देखे और दिखाए। तभी वह वास्तविकता सबके विषय में हो सकती है। मिसाल के तौर पर एक चोर पकड़ा गया। ये एक जड़ वास्तविकता है और चूँकि ये जड़ है इसलिए धर्मशास्त्रों का एक पंडित इस पर एक दृष्टिकोण से भाषण देगा। थानेदार दूसरे दृष्टिकोण से, जिसका भाव चोरी गया है उसका दृष्टिकोण कुछ और होगा। और तमाशा देखनेवाले उसमें गुल-बूटे तराशेंगे। नज़ीर अहमद से लेकर कृश्न चंदर तक कहानी केवल एक दृष्टिकोण बयान करती है। जबकि होना यह चाहिए था कि ये चोर कहानीकार के

हाथ लगता तो वह उसे डायनैमिक यथार्थ बना देता। वह चोर के अतीत में जाता और हमें भी उसके अतीत का बोध कराता। और तब हमें अपना विश्वास-पात्र बनाकर चोर के बारे में कोई फैसला करता। हम कोई मौलवी तो हैं नहीं जो यह कहकर अलग हो जाएँ कि चोरी करना पाप है और अगर कहानीकार का कर्तव्य केवल इतना है कि वह चोरी को पाप बताए तो मौलवी और धर्मशास्त्री दुनिया में बहुत हैं, ये जानने के लिए हमें कहानीकार की आवश्यकता नहीं है। हमारे यथार्थवाद और योरोप के यथार्थवाद में यही अंतर है। इसीलिए हमारे यहाँ इक्का-दुक्का अच्छी कहानियाँ तो अवश्य मिल जाती हैं परंतु कोई चेखब कोई तुर्गनेव कोई टालस्टॉय और कोई बाल्ज़क नहीं मिलता।

औद्योगिक प्रगति ने आदमी के पैर में निश्चिंतता की बेड़ियाँ डाल दी हैं, हमारी कहानियों की कमज़ोरी यही निश्चिंतता है। विज्ञान, पूर्णता की खोज में है इसलिए इस युग का साहित्य भी पूर्णता से पहचाना जाता है। यही हमारे साहित्य का सौंदर्य भी है और उसकी कमज़ोरी भी। इस पूर्णता ने सबसे अधिक कहानी को हानि पहुँचाई है। क्योंकि पूर्ण होने के बाद कहानी समाप्त हो जाती है। परंतु जीवन समाप्त नहीं होता। इसीलिए ख़त्म हो जानेवाली चीज़ में हमारी दिलचस्पी भी धीरे-धीरे समाप्त हो जाती है। इसलिए शाश्वत जीवन इन पूर्ण कहानियों को छोड़कर आगे बढ़ जाता है। इन कहानियों से सौंदर्यबोध करने के लिए हमें बार-बार वापस आना पड़ता है।

इसलिए मैं यह कहना चाहता हूँ कि हमारी आधुनिक कहानियों की कमी उनका सपाट यथार्थचित्रण है और कोई कहानीकार हमें ये बता भी दे कि पीपल के जिस पेड़ के नीचे चंपा विनोद की राह देख रही थी, उसमें कुल कितने पत्ते थे, तो हम अधिक-से-अधिक यह कह सकते हैं कि कहानीकार का गणित अच्छा है, हालाँकि यह भी झूठ है क्योंकि कहानीकार यह जानता है कि किसी के पास इतना समय नहीं है कि पीपल के पत्ते गिनकर उसके बयान को चुनौती दे। असल में परेशानी ये है कि हमारे कहानीकार को ये नहीं मालूम है कि पीपल के पत्तों की संख्या बताना यथार्थवाद नहीं है। इस सिलसिले में उन कहानीकारों को फिर भी माफ़ किया जा सकता है जो अपने उद्देश्य विशेष के लिए कभी-कभी इस प्रकार के यथार्थ वर्णन का सहारा लेते हैं, इसीलिए मैं नज़ीर अहमद, प्रेमचंद और कृश्न चंदर का आदर करता हूँ। परंतु उन कहानीकारों का क्या किया जाय जिनके सपाट यथार्थ वर्णन की नसों में किसी भी उद्देश्य का ताज़ा ख़ून भी नहीं दौड़ रहा है।

प्रगतिशील साहित्य पर असाहित्य होने का आरोप लगाया गया। मैं खुद भी प्रगतिशील आंदोलन का एक छोटा-सा बेनाम अंग हूँ, परंतु जो बात मैं कहने जा रहा हूँ ये बात साहित्य में एक विद्यार्थी की हैसियत से कह रहा हूँ कि अपने प्रोपेगंडे में भी प्रगतिशील लेखकों ने कला को बिल्कुल ही हाथ से जाने नहीं दिया। उन्हीं दिनों कृश्न चंदर ने 'बालकनी', 'ज़िंदगी के मोड़ पर', 'गिरजन की एक शाम',

'ब्रह्मपुत्र', 'महालक्ष्मी', 'अन्नदाता' और 'कालू भंगी' जैसी महत्त्वपूर्ण कहानियाँ लिखीं। इस्मत चुगताई ने 'नन्ही की नानी' और बेदी ने 'ग्रहन', 'गर्म कोट' और 'लाजवंती' जैसी नाजुक, जीती-जागती और भरपूर कहानियाँ लिखीं। परंतु इसमें शक नहीं कि जिस तरह सर सैय्यद के युग में उनके आंदोलन से प्रभावित होकर नज़ीर अहमद जैसा कहानीकार गच्चा खा गया, उसी तरह इसमें भी संदेह नहीं कि प्रगतिशील आंदोलन से प्रभावित होनेवाले कहानीकार भी अपनी विचारधारा के प्रचार की धुन में कला से बेपरवाह हो गए। लेकिन ये बड़े आश्चर्य की बात है कि एक तरफ़ लेखक प्रगतिशील आंदोलन की विचारधारा की बाढ़ में डूबता-उभरता दिखाई देता है तो दूसरी तरफ़ वर्तमान कहानी विचारहीनता के रेगिस्तान में खोती हुई नज़र आ रही है। वर्तमान कहानीकारों में से अधिकांश के पास कोई दृष्टिकोण नहीं है। इसलिए वे ज़िंदगी से आँखें चुराते हैं और वे अपने व्यक्तित्व और आत्मबोध की भूल-भुलैयों में छिप गए हैं। रज़िया सज्जार ज़हीर, राम लाल और दो-एक और कहानीकारों के अतिरिक्त उर्दू कहानीकारों की हालत बहुत बुरी है क्योंकि अधिकांश अपनी खोज में लगे हुए हैं और उन्हें अपना ओर-छोर नहीं मिल रहा है और चूँकि इन कहानीकारों के पास इनका अपना दृष्टिकोण नहीं है इसलिए इनके बनाए हुए जड़ चित्र बिल्कुल मुर्दा मालूम देते हैं। इसलिए अगर आप देखें कि दीवारों पर गोबर की चिड़ियाँ लगी हुई हैं, ज़मीन पर गुबरेले गोबर की गोलियाँ बना रहे हैं और धूप किसी ढीले पलंग की तरह झूल रही है तो समझ लीजिए कि ये वर्णन काज़ी अब्दुल सत्तार का है, जिससे कहानी केवल लंबी हो जाती है, परंतु आगे नहीं बढ़ती। इसीलिए आवश्यक है कि आज के कहानीकार पुरानी कथाओं और घरेलू कहानियों से संबंध जोड़ने की चेष्टा करेंगे।

कहानी और उपन्यास की परंपरा हमारी नहीं है योरोप की है। इन्हें अपनाने में कोई हानि नहीं परंतु इन्हें भारतीय रूप देना ज़रूरी है। भारत में छोटी घरेलू कहानियाँ और लंबी कथाओं की परंपरा मौजूद है। परंतु अंग्रेज़ी की धुन में हमने उनको भुला दिया है। ये बड़ी दिलचस्प बात है कि उर्दू में आधुनिक कहानी लेखक शार्ट स्टोरी से शुरू नहीं हुआ बल्कि नॉबेल से शुरू हुआ और ऐसा इसलिए हुआ कि उर्दू में दास्तानों और मसनबियों की परंपरा मौजूद थी। परंतु इन परंपराओं से दामन कूड़ा लिया गया। नतीजे में हमारी आधुनिक कहानी के पाँव के नीचे से ज़मीन निकल गई और अगर दो विचारधाराओं यानी सर सैयद की विचारधारा और फिर मार्क्सवाद ने हमारी आधुनिक कहानी को सहारा न दिया होता तो ये कहानी कब की मर-खप चुकी थी। इसलिए यह आवश्यक है कि पुरानी कहानियों की परंपरा से नाता जोड़ा जाय और जीवन के विषय में एक दृष्टिकोण बनाया जाय क्योंकि दृष्टिकोण के बिना छोटी-मोटी कविताएँ तो लिखी जा सकती हैं परंतु अच्छी कहानी नहीं लिखी जा सकती।

अभी मैं ऊपर कह चुका हूँ कि हमारी कहानियों की मज़बूरी ये है कि वे ख़त्म हो जाती हैं और ख़त्म होकर पिछड़ जाती हैं, क्योंकि वे अपने युग की सीमाओं को पार नहीं कर सकीं।

प्रेमचंद, कृश्न चंदर और यशपाल को तो छोड़िए। टालस्टॉय और बालज़क के चरित्र भी हमसे मिलने हमारे युग में नहीं आते बल्कि हमें उनसे मिलने के लिए उनके युग में जाना पड़ता है। यानी आधुनिक कहानियों में व्यक्तित्व को चरित्र बनाने का जो महत्त्वपूर्ण कार्य किया वही उसकी राह में दीवार बन गया। चरित्रों का यही व्यक्तित्व हमें कहानी की चौखट पर रोक देता है और हम किसी ऐसे चरित्र की प्रतीक्षा करने लगते हैं जो हमें पहचान ले। ताकि हम उसके साथ उस कहानी की दुनिया में जाएँ। वह गाइड की तरह उस दुनिया की सैर करवाकर हमें इस दुनिया में छोड़ जाता है। यानी एक जगह ऐसी आती है जहाँ इस चरित्र का काम समाप्त हो जाता है, और हम अपने सफ़र में अकेले रह जाते हैं यानी ये कहानियाँ बड़ी खुदगर्ज़ हैं, तभी तो इनके चरित्र अपने पाठक को अकेला छोड़ देते हैं। हमारी घरेलू कहानियों का जादू वही है कि वे हमें कभी अकेला नहीं छोड़ती हैं। वे सुननेवाले को अपना एक चरित्र बना लेती हैं इसलिए वे समाप्त होने के बाद भी समाप्त नहीं होतीं। या कम-से-कम उस समय तक समाप्त नहीं होतीं, जब तक कि हमारा सफ़र समाप्त नहीं होता। ये विचार सही नहीं है कि इन कहानियों का जादू, इनके अचंभे में डाल देनेवाली घटनाओं या इनके अति मानवीय तत्त्वों में है। वह रानी हमारा सौंदर्य बोध नहीं बनती जो पाँच फूलों में तोली जाती है। उस परी का भी कोई महत्त्व नहीं है जो अनार में रहती है। हम उस डंकिनी से भी प्रभावित नहीं होते जो हीरों के मुख से नानी सलाम सुनकर पिघल जाती है। इन कहानियों की ज़िंदगी का राज़ चार ऐसे जुमलों में है जिनका वास्तव में कहानी से कोई संबंध नहीं होता। परंतु जिनके बिना कम-से-कम मैंने तो आज तक कोई कहानी नहीं सुनी। तीन जुमलों से कहानी आरंभ होती है और चौथे पर समाप्त हो जाती है। आँखों की देखी नहीं कहता, कानों की सुनी कहता हूँ, झूठे पर खुदा की लानत। "इन जुमलों का कहानी से क्या संबंध हो सकता है परंतु हर कहानी यहीं से शुरू होती है और हर कहानी इस आशा पर समाप्त होती है कि जैसे उनके दिन फिरे वैसे सबके दिन फिरे।" इन जुमलों पर हिकारत से मुस्कराइए मत क्योंकि इन्हीं जुमलों पर कहानी की पूरी इमारत खड़ी होती है। यही जुमले हर कहानी को हर आदमी के बारे में बना देते हैं और यदि इन्हें निकाल दिया जाएगा तो कहानी बेरंग और बेमज़ा हो जाएगी। यही जुमले हमारी घरेलू कहानियों को एक डोर में बाँध देते हैं। अगर हम चौथे जुमले को पहले तीन जुमलों से मिलाकर देखें तो यह हमें सपने देखने, आशा करने और आशाओं को पूर्ण करने की चेष्टा करने का हौसला देता है। ये जुमले कच्चे कमसिन बालकों को ये बताते हैं कि ज़िंदगी को सफल बनाने के लिए घर से निकलना पड़ता

है और यूँ ये जुमले हमें ज़िंदगी की कठिनाइयों का मुक़ाबला करने के लिए तैयार करते हैं। ये बात केवल संयोगवश नहीं होती कि इन घरेलू कहानियों का हीरो सदा सफल होकर लौटता है, बल्कि इन कहानियों में जान-बूझकर उन्हीं राजकुमारों का जिक्र होता है जो दृढ़प्रतिज्ञ होते हैं ताकि इस रास्ते में, असफल होनेवाले राजकुमारों की कहानियाँ सुनकर हिम्मत पस्त न हो जाय। आज के सपाट यथार्थवाद की समझ में यही बात नहीं आती। इसीलिए वह घोर अंधेर का वर्णन करके संतुष्ट हो जाते हैं और हमें हौसला देने की जगह हमारी हिम्मत तोड़ देते हैं। इसीलिए मुझे यह कहने दीजिए कि इन कहानियों का काम बच्चों को सुलाना नहीं है बल्कि बच्चों को जगाना है।

इन चारों जुमलों में कोई शब्द अजनबी नहीं है और ये चारों जुमले अलग-अलग निहायत ही टुच्चे मालूम होते हैं लेकिन कहानी के शुरू और आखिर में आते ही इनकी काया पलट हो जाती है। शुरू के तीन जुमले कहानी को जीवनधारा से जोड़ देते हैं और आखिरी जुमला कहानी को समाप्त होते ही एक कहानी शुरू कर देता है। जहाँ से कहानी के चरित्र का सफ़र समाप्त होता है वहीं से सुननेवाले का सफ़र शुरू हो जाता है और जब सुननेवाले का सफ़र एक अनुभव बन जाता है तो हम फिर वहीं आ जाते हैं कि आँखों की देखी नहीं कहता और कान की सुनी कहता हूँ, देखा आपने ये अलग-अलग कहानियाँ नहीं हैं, ये एक ही अनुभव है जो बार-बार बयान किया जा रहा है और चूँकि कहानियों का अटूट सिलसिला खुद हमारी ही जीवन गाथा का एक भाग है इसलिए हम पाँच फूलों वाली रानी या अनार परी या 6 महीने सोने और 6 महीने जागनेवाले फ़कीर या नानी बन जाने वाली डंकिनी को भूल नहीं पाते। ये हमारा अतिमानवीय विश्वास नहीं है बल्कि हमारी राह की कठिनाइयों के सिंबल्स हैं। ये कहानियाँ हमें यह बतलाती हैं कि बहादुर लोग मुड़कर पीछे नहीं देखते। केवल कम हिम्मत लोग पीछे मुड़कर देखते हैं और पत्थर के हो जाते हैं। ये पत्थर हो जाने वाली बात गद्य नहीं है क्योंकि कोई वास्तव में पत्थर नहीं हो सकता, यह एक बड़ी ख़ूबसूरत कविता है इसलिए हज़ारों सालों से सुनी जाती है। ज़िंदगी बुज़दिलों के लिए नहीं है। बुज़दिल रुक जाते हैं तब कोई जियावा निकलता है और उस समय तक आगे बढ़ता चला जाता है जब तक कि बकावली का फूल उसके हाथ में नहीं आ जाता और तब फिर वह पत्थरों को आदमी बनाता है और चूँकि उसे एक बड़ा काम करना होता है इसलिए वह छोटी-मोटी बुराइयों से सुलह भी कर लेता है। वरना डंकिनी को नानी कौन बनाएगा। जनाब ! ये घरेलू कहानियाँ जीवन-शास्त्र हैं और वे बच्चे अभागे हैं जिन्हें ये कहानियाँ नहीं सुनाई जातीं।

हमारे वर्तमान कहानीकार इन बेनाम कहानीकारों की तरह हमें अपनी कहानी का अंग बन जाने का अवसर नहीं देते। इसलिए इन कहानियों के चरित्र हमारे दिमाग पर कोई अमिट लकीर नहीं खींच पाते। बस अगर 'अन्ना करेनिना' या 'कामजोव'

और 'नाना' की तरह जानदार हो तो सौ-दो सौ बरस के लिए हमारी याद बन सकते हैं।

मनुष्य एक बहुत सम्मिश्रित जानवर होता है। वर्तमान के मनुष्य में अतीत का मनुष्य भी ज़िंदा रहता है। हर व्यक्ति में डार्विन की पूरी किताब जीती और मरती है। अगर ऐसा नहीं होता है तो नयी दिल्ली के एक रेस्तराँ से एक गुफ़ा क्यों है ? ये गुफ़ा हम में बैठे हुए उस मनुष्य को संतुष्ट करती है जो गुफ़ाओं में रहा करता था। इसीलिए संपूर्ण वास्तविकता को पकड़ने का प्रयत्न करना चाहिए। व्यक्ति समाज का एक अंग है। पूरब तभी तक पूरब है जब तक कि पश्चिम मौजूद है इसलिए पूरब का पूरा ज्ञान करने के लिए पश्चिम को जानना ज़रूरी है। परंतु पश्चिम को जानने का मतलब ये बिल्कुल नहीं है कि खुद पूरब को ही भूल जाया जाय। हमारे वर्तमान कहानीकारों से यही भूल हुई है।

रूपांतर : कुँवरपाल सिंह

शब्द की मौत

अभी कुछ दिन हुए उर्दू में मेरी कविताओं का संग्रह निकला है। उसे मैंने अपने बड़े भाई के बच्चों के नाम समर्पित किया है। समर्पण यों है :

"टिंकू और नीलो के नाम :

शायद तुम इस इस्मुलख़त (लिपि) से नावाक़िफ़ रह जाओ जिसमें तुम्हारा अम्मू (चचा) अपने शेर लिखता है और शायद तुम्हारे अम्मू को वह ज़बान कभी पूरी तरह न आ सके जो तुम्हारी ज़बान होनेवाली है। मगर मैं एक इस्मुलख़त के लिए तुम्हें नहीं छोड़ सकता। क्या कोई ऐसा रास्ता नहीं कि हम लोग एक-दूसरे के लिए अजनबी न हो पाएँ।"

मुझे इस सवाल ने इधर बहुत परेशान कर रखा है, जिन दो बच्चों से मैंने यह सवाल किया है वे इतने छोटे हैं कि इस सवाल को समझ ही नहीं सकते। इसलिए मैं यह सवाल आपसे कर रहा हूँ, मैंने ऐसा कौन-सा गुनाह किया है कि आप मुझे उन बच्चों से अलग कर देने पर तुल गए हैं, जिन्हें मैं प्राणों से अधिक चाहता हूँ। ये अपने स्कूल के साथियों को बड़े ग़रूर से यह बताते हैं कि राही उनके चचा हैं मगर वे राही के शेर नहीं पढ़ सकते।

अगर वे शेर देवनागरी में छप जाएँ तो वे पढ़ तो लेंगे लेकिन समझ नहीं पाएँगे क्योंकि कला लिपि का नाम नहीं है। साहित्य शब्दकोशों को पढ़कर नहीं समझा जाता। उसके समझने के लिए तो एक ट्रेनिंग की ज़रूरत होती है।

मैं इस समय यह बहस छेड़ना नहीं चाहता कि उर्दू कोई भाषा है या नहीं। मैं इस वक़्त केवल एक बयान देना चाहता हूँ कि भाषा का वह रूप जिसे उर्दू कहते हैं, मेरा ओढ़ना-बिछौना नहीं है। बल्कि मेरे अस्तित्व का एक अंग है। उसके बिना मैं अधूरा रह जाऊँगा। मैं हिंदी लिख-पढ़ लेता हूँ। लेकिन मैं हिंदी में ख़्वाब नहीं देख सकता हूँ। यशपाल जी का कहना है कि मुग़लों की लादी हुई इस लिपि को उतार फेंकना चाहिए। मुझे कोई ऐतराज नहीं है। पर क्या आप इस लिपि के साथ मेरी सारी कामनाएँ, कल्पनाएँ और ख़्वाब भी फेंक देना चाहते हैं ? क्या ये भी मुग़लों की लादी हुई चीज़ें हैं ? और अगर आप मुझसे ये सारी चीज़ें छीन लेना चाहते हैं,

तो फिर मैं जी कर क्या करूँगा ? पागलों की तरह मर जाना आसान काम है लेकिन ईसा की तरह काँटों का ताज पहन कर बाज़ारों में चलना मुश्किल काम है। यशपाल ने मेरे जैसे और मुझसे बहुत अच्छे, न जाने कितने लेखकों के सर पर शब्दों के काँटों का ताज रख दिया है। हम बाज़ार में हैं और हम ये जानना चाहते हैं कि बाज़ार के लोग हँस रहे हैं और हमारे सूली चढ़ने का तमाशा देख रहे हैं—या कुछ और सोच रहे हैं।

कई बरस पहले मैंने एक कविता लिखी थी जिसकी इस वक़्त एक पंक्ति याद आ रही है—'नज़्में लिखीं तो दुकानों पे खरीदार न थे।' इस समय फिर यही लाइन डंक मार रही है। हमने लिखने का काम बंद नहीं किया है, मगर बाज़ार में खरीदार नहीं हैं। ऐसा क्यों है ? क्या भारत में उर्दू पढ़नेवालों की तादाद बहुत कम हो गई है ? सरकारी आँकड़ों से तो यह पता नहीं चलता। फिर क्या बात है ! उर्दू में एक लाख छपनेवाली पत्रिका 'शमा' निकलती है। पच्चीस से साठ-सत्तर हज़ार तक छपनेवाले दैनिक पत्रों की भी कमी नहीं है। उर्दू की जासूसी किताबों से बाज़ार पटे पड़े हैं—बस, अच्छे उपन्यास, अच्छी कहानियाँ और अच्छे काव्य-संग्रह नहीं छप पाते। क्या इसका कारण यह है कि मीर और ग़ालिब को ओढ़ने-बिछानेवाले और इक़बाल एवं अनीस को गुनगुनानेवाले तथा प्रेमचंद की कहानियों पर सर धुननेवाले अच्छा साहित्य पढ़ना भूल गए हैं। या फिर उर्दू में अच्छा साहित्य ही पैदा नहीं हो रहा है ? यह दोनों ही बातें गलत हैं। मैं आपको इस समय यही कहानी सुनाना चाहता हूँ।

बात यह नहीं है कि केवल उर्दूवाले ही जासूसी कहानियाँ पढ़ रहे हैं। हिंदीवाले भी उतनी ही जासूसी कहानियाँ पढ़ रहे हैं। इसके मानी यह हुए कि हिंदी-उर्दू के पाठक एक-दूसरे से मिलते-जुलते हैं। यानी दोनों के खरीदने की शक्ति कम हुई है। और दोनों ही गंभीर साहित्य पढ़ने के मूड में नहीं हैं। हम ज़िंदगी से सहमे हुए हैं। इसलिए हमें वह जासूस भला लगता है जो रास्ते की रुकावटों को रौंद कर आगे बढ़ जाता है। लेकिन हिंदी में अच्छी किताबें भी छप रही हैं। क्योंकि प्रकाशक तो व्यापारी होता है। लेकिन हक़ीक़त में हिंदी में भी अच्छी किताबें नहीं बिक रही हैं। क्योंकि वे महँगी होती हैं; और जीवन की तरह कड़वी होती हैं। यह सरकारी और अर्द्ध-सरकारी पुस्तकालयों का जादू है, इसलिए हिंदी का प्रकाशक कोई किताब छापने से नहीं घबराता है लेकिन उर्दू की पुस्तकों को सरकारी पुस्तकालयों में स्थान नहीं मिलता है। इसलिए उर्दू का प्रकाशक रिस्क नहीं ले सकता है। वह जासूसी और रूमानी किताबें छापता है। कोई सरफिरा अच्छी किताबें छापना भी चाहता है तो ठोके-बजाय हुए लेखकों की किताबें छापता है क्योंकि साल भर में वह उनकी एक हज़ार किताबें बेच सकता है। ऐसे लेखकों में से अधिकांश ने या तो लिखने का काम बंद कर दिया है या कम कर दिया है। नये लिखनेवालों को तो उर्दू के प्रकाशक

छूने से डरते हैं। क्योंकि उनके बारे में यह नहीं कहा जा सकता कि उनकी किताबें बिक ही जाएँगी। सुना है कि पापुलर शायर साहिर लुधियानवी को उर्दू में अपनी किताबें खुद ही छापनी पड़ती हैं। सरदार जाफ़री ने अपना संग्रह अभी खुद ही छापा है। मैंने भी अपना महाकाव्य '1857' खुद ही छापा था। तो जब सरदार जाफ़री और साहिर को उर्दू में प्रकाशक नहीं मिलते तो मेरे जैसे या दूसरे कवि-लेखकों की हैसियत ही क्या है।

लेकिन उर्दू के प्रकाशक की आलोचना नहीं की जा सकती। वह तो व्यापारी है। वह पैसे नहीं फँसा सकता। हद तो यह है कि प्रसिद्ध उर्दू-प्रकाशक 'मक़तब-ए-शहराह' के मालिक किताबें छापने के साथ-साथ मछलियों का व्यापार भी करते हैं।

क्या सात-आठ करोड़ उर्दू जाननेवालों को कोई हक़ नहीं। मैं समझता हूँ कि हिंदी के बड़े प्रकाशकों को हालात का यह चैलेंज क़बूल करना चाहिए। और उर्दू में किताबें छापने का काम भी शुरू कर देना चाहिए। सरकारी पुस्तकालयों को भी उर्दू किताबों की तरफ़ जरा ज़्यादा ध्यान देना चाहिए क्योंकि उर्दू यशपाल जैसे लोगों के कोसने के बावजूद एक हिंदुस्तानी भाषा है और सरकार के ख़जाने में उर्दूवालों के दिए हुए टैक्स की रकम भी जाती है। हाँ, अगर यह फैसला कर दिया है कि शब्दों और भाषाओं को क़त्ल करने में कोई नुक़सान नहीं है तो मुझे कुछ नहीं कहना है। लेकिन मुझे यह ज़रूर बताइए कि मैं अपने भतीजे टिंकू और भतीजी नीलो को अपनी शायरी कैसे पढ़ाऊँ ?

कबिरा ई घर प्रेम का

अलीगढ़ से मेरे छोटे भाई का ख़त आया है। उसने लिखा है—"इधर एक हफ़्ते से अलीगढ़ की फ़िरकावाराना फ़िज़ा बहुत ख़राब चल रही है। पुलिस का इंतज़ाम बहुत अच्छा था। इसलिए हालत ख़राब नहीं होने पाई। अब भी कुछ 'टेंशन' है।"

यह ख़त पढ़कर मैं सोच में पड़ गया। बात यह है कि अलीगढ़ से मुझे बड़ा प्यार है। क्योंकि अलीगढ़ मेरी माँ का तीसरा नाम है। परंतु मैं वह ख़त पढ़ कर सोच में इसलिए नहीं पड़ गया कि अलीगढ़ में हिंदू-मुसलमान तनाव पैदा हो गया है। मैं सोच में इसलिए पड़ गया कि अलीगढ़ में तो उर्दू कन्वेंशन भी नहीं हो रहा था ! जहाँ तक मुझे याद आता है अहमदाबाद में भी कोई उर्दू कन्वेंशन नहीं हुआ था। मुझे पचासों शहरों के नाम और सैकड़ों तारीखें याद आ रही हैं····यानी उर्दू कन्वेंशन न होने तक भी हिंदू-मुसलमान दंगे होते ही रहते हैं इसीलिए मैं इस प्रश्न पर डॉक्टर धर्मवीर भारती से असहमत हूँ। उन्होंने 11 जनवरी, 70 के नवभारत टाइम्स में लिखा है :

"····एक क़ौम जो अनेक ऐतिहासिक कारणों से बड़ी बुरी स्थिति में जा पड़ी है, जो पहले से ही चिंतित और उत्तेजित है, उसे और चिंतित और उत्तेजित बनाकर उसके जज़्बात से खेल कर चंद तालियाँ और वाहवाही लूट लेना आसान है····"

ऊपर दी हुई बात में दो ख़तरनाक बातें हैं। और चूँकि मैं भारती जी को अच्छी तरह जानता हूँ, इसलिए यह भी जानता हूँ कि उन दोनों ख़तरनाक बातों का भारती जी की विचारधारा से कोई ताल्लुक नहीं। यह एक बदएहतियाती है, जो अनजाने में हो गई है। भारती हिंदुस्तानी मुसलमान को 'एक क़ौम' नहीं मानते, क्योंकि यदि यह बात ठहर जाय कि मुसलमान एक क़ौम है, तो फिर कोई झगड़ा ही न रह जाय। मुसलमान को एक क़ौम कह कर तो देश का बँटवारा हुआ। शर्म की बात यह है कि जो लोग मुसलमान को एक क़ौम नहीं मानते थे, उन्होंने बँटवारे को मान लिया। मुझे किसी मुहम्मद अली जिन्ना से शिकायत नहीं। मैं तो सरदार पटेल, जवाहरलाल नेहरू और अबुलक़लाम आज़ाद जैसे लोगों से ख़फ़ा हूँ। मुझे तो मोहनदास करमचंद गांधी से शिकायत है। क़त्ले-आम ढाके में हो या अहमदाबाद

में उसकी जिम्मेदारी उन्हीं लोगों पर आएगी, जो मुसलमान को क़ौम नहीं मानते, परंतु जिन्होंने इसी आधार पर देश को तकसीम हो जाने दिया। भारती जी के लेख में भी यह शब्द वहीं पर जमा हुआ है, जहाँ आज से बाईस वर्ष पहले देश के बँटवारे के समय था। अब यदि पढ़े-लिखे लोगों से यह चूक हो जाय तो उस अपढ़ जनता से क्या शिकायत की जाए, जो धर्म के दलदल में धँसती चली जा रही है। कम-से-कम लेखकों के लिए तो यह आवश्यक है कि वे शब्दों के प्रयोग में सावधानी बरतें। क्योंकि मुसलमान को एक क़ौम कह कर हम उसे राष्ट्रीय चेतना की धारा से अलग काट देते हैं। मुझे यकीन है कि भारती जी इस शब्द को वापस ले लेंगे।

दूसरी ख़तरनाक बात भी इसी शब्द से जुड़ी हुई है। और वह बात यह है कि उर्दू मुसलमानों की भाषा है। अव्वल तो भाषा और धर्म का रिश्ता जोड़ना ही गलत है। अरबी क्या मुसलमानों की ज़बान है। अरब ईसाई क्या अंग्रेज़ी बोलते हैं। बंगला किसकी भाषा है ? रवींद्रनाथ ठाकुर की या नज़रूल इस्लाम की ? यदि भाषा में धर्म फेंटा जाएगा, तो भाषा अमृत नहीं रह जाएगी, विष हो जाएगी। और यदि हम यह मानते हैं कि उर्दू हिंदी की एक शैली है तो यह शैली केवल मुसलमानों की कैसे हो सकती है ? यह बात कह कर दरअसल में हम सांप्रदायिकता के हाथ मज़बूत करते हैं। कुछ लोग मुसलमानों को यह यकीन दिलाने पर तुले हुए हैं कि इस्लाम उर्दू लिपि में ही जीवित रह सकता है और इसलिए उर्दू लिपि का विरोध वास्तव में इस्लाम का विरोध है। हम भी यदि उर्दू और मुसलमान के रिश्ते के कायल हो जाएँ, तो हम में और उन लोगों में क्या फ़र्क़ रह जाएगा ? जबकि हम यह भी देख रहे हैं कि यदि लिपि भी धर्म से जोड़ दी जाती है, तो चंडीगढ़ का झगड़ा शुरू हो जाता है। हम यह भी जानते हैं कि शमीम अहमद की तकरीर के बाद भी सच यही है कि पढ़ा-लिखा कश्मीरी मुसलमान उर्दू से नफ़रत करता है ! बंगाली मुसलमान ठाकुर को छोड़ कर ग़ालिब को सीने से नहीं लगा सकता। यही हाल कश्मीरी और बंगाली और पंजाबी हिंदुओं का भी है। वह अपने रसूलमीर या हब्बा खातून और वारिस शाह और नज़रूल इस्लाम को छोड़ कर तुलसीदास का सौदा करने पर तैयार नहीं होगा।

उर्दू बाईस साल पहले तक सरकार की ज़बान थी, इसलिए ख़ूब पढ़ी गई। मुझे याद है कि उर्दू की क्लासें हिंदू लड़कों से भरी हुआ करती थीं और उन्हीं हिंदुओं में से कोई प्रेमचंद हो गया कोई कृश्नचंदर। लेकिन मुझे यह भी याद है कि देवनागरी लिपिवालों को 'सेकिंड फार्म' की शक्ल में उर्दू पढ़नी पढ़ती थी और उर्दू लिपिवालों को देवनागरी। यह सेकिंड फार्म की तरकीब बड़ी दिलचस्प है। हिंदीवालों को उर्दू और उर्दूवालों को हिंदी 'सेकिंड लैंग्वेज़', कह कर नहीं पढ़ाई जाती थी, बल्कि 'सेकिंड फार्म' कह कर पढ़ाई जाती थी यानी अंग्रेज़ भी यह जानता था कि ये दो भाषाएँ नहीं हैं, बल्कि एक ही भाषा के दो फार्म हैं—दो शैलियाँ हैं ! और यदि यह सच

है कि उर्दू कोई भाषा नहीं, बल्कि हिंदी की एक शैली है तो सवाल यह पैदा होगा कि हमने इस शैली के लिए क्या किया। यह कह देने से काम नहीं चलेगा कि "साहित्य में जो कुछ अच्छा है और टिकाऊ है उसको भी प्यार करता हूँ...."

प्रश्न प्यार का नहीं है। प्रश्न यह है कि इस अच्छे और टिकाऊ के लिए हमने किया क्या ? क्या हिंदी साहित्य के इतिहास ने इस अच्छे और टिकाऊ को अपनाने की कोई कोशिश की ?

ये बातें मैं इसलिए नहीं कह रहा हूँ कि मैं उर्दू कन्वेंशन का वकील हूँ। जी नहीं, मैंने उस कन्वेंशन में हिस्सा नहीं लिया, क्योंकि मैं कन्वेंशन से सहमत नहीं था। मैं उर्दू को कोई स्वतंत्र भाषा नहीं मानता। लिपि भाषा नहीं बनाती। क्योंकि जो ऐसा होता तो एक पंजाबी में तीन भाषाएँ दिखाई देतीं ! यदि हिंदी रोमन लिपि में लिखी जाने लगे तब भी वह हिंदी ही रहेगी। इसलिए मैं 'रीज़नल लैंग्वेज़' की माँग का विरोधी हूँ। जो 'लैंग्वेज़' ही नहीं वह 'रीज़नल लैंग्वेज़' कैसे हो जाएगी। मैं यह नहीं कहता कि इस वक़्त उर्दू की माँग उठाना मुनासिब नहीं, क्योंकि अभी-अभी अहमदाबाद में दंगे हो चुके हैं। क्योंकि यदि माँग सही है तो दंगे से डर कर मैं चुप नहीं रह सकता। मैं इस माँग ही को गलत समझता हूँ। क्योंकि उर्दू का झगड़ा केवल लिपि का झगड़ा है और लिपि के लिए मैं मुसलमान बनने से इंकार करता हूँ। मैं उर्दू कन्वेंशन के दोस्तों और बुजुर्गों से यह पूछना चाहता हूँ कि वे किस आधार पर हिंदी को उर्दू से अलग एक भाषा मानते हैं, लिपि के सिवा और क्या चीज़ उर्दू को हिंदी से अलग करती है ? और जो लिपि का महत्त्व इतना ही है, तो जायसी हिंदीवालों के हवाले क्यों कर दिए गए हैं ? और यदि लिपि के सिवा भी कोई चीज़ उर्दू को हिंदी से अलग करती है, तो कोई मुझे बतलाए कि बच्चन उर्दू के कवि क्यों नहीं माने जाते और नागर जी, यशपाल, भारती, कमलेश्वर, मोहन राकेश और शानी जैसे लोग उर्दू के उपन्यासकार क्यों नहीं हैं ? रामलाल और कमलेश्वर, कृश्नचंदर और यशपाल की भाषा के ठाठ में क्या फ़र्क़ है ?

मैं इस झगड़े में पड़ना नहीं चाहता कि लखनऊ में क्या ऐलान किया गया था। क्योंकि मेरे पास जो कतरनें हैं वे अमृत राय की कतरन से नहीं मिलतीं। हो सकता है कि उर्दू में कुछ छपा हो और हिंदी में कुछ। लेकिन मैं तो सिरे से इस झगड़े के ही ख़िलाफ़ हूँ और इस बहस में झल्लाने के तो बिल्कुल ही ख़िलाफ़ हूँ। उर्दू कमेटी से यह कहा जाय कि पहले यह साबित करो कि उर्दू एक स्वतंत्र भाषा है, फिर बात की जाएगी। परंतु यह भी तसलीम किया जाय कि हमने अपने मीर, नजीर, ग़ालिब, अनीस, मीर हसन, दयाशंकर नसीम और रतन नाथ सरशार वगैरह के साथ सौतेला सुलूक किया है, हम भी बाईस साल से केवल जबानी जमा-खर्च कर रहे हैं कि उर्दू हमारी एक शैली है, परंतु हमने इस महान् शैली के साथ बड़ी बदसलूकी की है। जायसी बहुत बड़े कवि थे, परंतु अनीस जायसी से छोटे कवि

नहीं हैं। चंद बरदाई बड़े कवि थे परंतु नुसरती भी बहुत बड़े कवि थे—और आप में से बहुतों ने नुसरती का शायद नाम भी न सुना होगा। नुसरती उर्दू लिपि का चंद बरदाई है ! वह उर्दू लिपि में वीर रस की अकेली मिसाल है।

हम साहित्यकार हैं और हममें हिंदू-मुसलमान की सतह से ऊपर उठ कर सोचने की हिम्मत होनी चाहिए। आइए, हिंदी साहित्य का एक नया इतिहास लिखें और अपने बच्चों को बताएँ कि जायसी और तुलसी की ही तरह हमारे यहाँ मीर, ग़ालिब भी गुज़रे हैं। और जो हम यह न कर पाएँ, तो कम-से-कम यह ऐलान करने की हिम्मत करें कि हम हार गए।

कबीर, गिलक्रिस्ट और राँची

मैं चाहता तो यह था कि आपसे उर्दू साहित्य का परिचय करवाऊँ। मैं जानता हूँ कि देवनागरी लिपि में उर्दू साहित्य का एक हिस्सा प्रकाशित हो चुका है। परंतु अभी तक देवनागरी में उर्दू शब्दावली के मिज़ाज, मुहावरों के फैलाव और सिंबल की नजाकतों के बारे में शायद कुछ नहीं लिखा गया है। अब तक हिंदीभाषियों को यह भी नहीं बताया गया है कि ईरान और अरब की बातें करनेवाली उर्दू दास्तानों की दुनिया में जो लोग रहते हैं वह ठेठ हिंदुस्तानी हैं। उर्दू ग़ज़ल की लैला और शीरीं का नाक-नक्शा यहीं का है। और ग़ज़ल के 'आशिक़' की जो संपूर्ण सुपुर्दगी है वह भक्ति काल की देन है। यह आशिक़ दरअसल उसी औरत का रूप है जो राम की बहुरिया बनकर अपना वजूद मिटाए दे रही थी। मैं यह बात भी करना चाहता था कि उर्दू कविता के फार्मों में से केवल ग़ज़ल लोकप्रिय क्यों हुई। ग़ज़ल लोकप्रिय इसीलिए हुई कि उर्दू कविता का यही एक फार्म सौ फीसदी हिंदुस्तानी है। इसी तरह की और बहुत-सी बातें करना चाहता था कि एक दिन ख़बर आई कि राँची में हिंदू-मुसलमान दंगा हो गया। हिंदू-मुसलमान दंगा कोई नयी चीज़ नहीं है। परंतु यह दंगा चौंका देनेवाला था। यह दंगा भाषा के नाम पर हुआ। जिस बात ने मेरे रोंगटे खड़े कर दिए वह यह है कि यदि यह दंगा सच्चा है तो इससे यह सिद्ध होता है कि उर्दू मुसलमान हो चुकी है और हिंदी हिंदू। क्योंकि यदि ऐसा न होता तो भाषा का झगड़ा हिंदू-मुसलमान झगड़ा क्यों बन जाता ? समय आ गया है कि हम इस प्रश्न पर विचार कर डालें। समय आ गया है कि हम यह देखें कि हिंदी, हिंदू, हिंदुस्तान पर हाथ उठानेवाले ज़्यादा है या केवल हिंदी और हिंदुस्तान पर।

यह बात अपनी जगह सच्ची है कि हिंदी साहित्य हिंदू साहित्य है। उसमें अपने केंद्र की पूरी सच्चाई या पूरी हकीकत नहीं है। उत्तरी भारत में केवल हिंदू नहीं रहते थे परंतु हिंदी साहित्य में केवल हिंदू बसते हैं। इसीलिए मैं उसे अधूरा समझता हूँ और इसीलिए मैं यह ज़रूरी समझता हूँ कि उर्दू लिपि में लिखा हुआ साहित्य देवनागरी में उतार लिया जाए। क्योंकि केवल इसी शक्ल में हिंदी का एक राष्ट्रीय कैरेक्टर बन सकता है। इस विषय पर कभी फिर बातों की जाएँगी। यह तो बात-में-बात

निकल आई थी। मैं अर्ज यह कर रहा था कि राँची का दंगा एक चेतावनी है।

मैं इस सोच में पड़ गया कि उर्दू-हिंदी झगड़ा है क्या ! यदि मैं भाषा और धर्म के रिश्ते को मानता होता तो परेशान न होता। परंतु मैं भाषा को धर्म से बड़ा मानता हूँ। भाषा मनुष्य की तरह महान् है। मुझे ऐसा लगता है कि एक आर्थिक झगड़े को भाषा का रंग दे दिया गया है। मैं एक लिपि जानता हूँ और दूसरी लिपि नहीं जानता। यदि वह लिपि मिटा दी गई, जिसे मैं जानता हूँ, तो मैं कहां का रह जाऊँगा ? मुझे कौन-सी नौकरी मिलेगी, वगैरह-वगैरह। परंतु राँची के बलवे में कोई ऐसा हिंदू नहीं मारा गया जो उर्दू का हामी है। भाषा पर झगड़ा हो तो आनंद नारायण मुल्ला, सुंदर लाल कुजरू, कृश्नचंदर, बेदी, महेंद्र नाथ, बिमल कृष्ण अरक, उपेंद्रनाथ, बलवंत सिंह, कुमार पाशी, रामलाल, बत्रा, मनमोहन कृष्ण, जगन्नाथ आज़ाद, अर्श मलसियानी वगैरह क्यों नहीं मारे जाते ? कहने का मतलब यह है कि भाषा का झगड़ा केवल भाषा का झगड़ा नहीं रह गया है। और यह बड़ी भयानक बात है।

जहाँ तक मेरा सवाल है मैं तो उर्दू-हिंदी झगड़े को मानता ही नहीं। शायद इसका कारण यह है कि मैं देवनागरी लिपि जानता हूँ। मेरी छोटी बहन, मेरे भतीजे और भतीजियों और मेरी छोटी भांजियों के लिए भी यह झगड़ा बेमानी है क्योंकि वे केवल देवनागरी लिपि जानते हैं। अपने घर की मिसाल इसलिए दे रहा हूँ कि अपने घर को मैं एक उर्दू घराना मानता हूँ।

मेरे घर में चार तरह के लोग हैं।

मेरी माताजी केवल इसतिलाही लिपि जानती थीं। यह एक घरेलू लिपि है जिसे मैं कभी नहीं समझ पाया। मेरे पिताजी उर्दू लिपि जानते हैं। मैं उर्दू और देवनागरी लिपियाँ जानता हूँ। मेरी छोटी बहन केवल देवनागरी जानती है। यानी मैं पिताजी और अपनी छोटी बहन दोनों को ख़त लिख सकता हूँ। मैं इन दोनों के ख़त पढ़ सकता हूँ। परंतु पिताजी अपनी छोटी बेटी को ख़त नहीं लिख सकते और वह अपने पिता को ख़त नहीं लिख सकती। परंतु हम सब बोलते एक ही भाषा हैं। भाषा एक ही है जिसे पिताजी उर्दू लिपि में लिखते हैं, जिसे सुरय्या देवनागरी में लिखती है। और जिसे मैं दोनों लिपियों में लिखता हूँ। यदि ऐसा न होता तो पिताजी के लिए सुरय्या की बात समझना असंभव हो गया होता। मेरे पिताजी को इस बात पर झल्लाने का हक़ दीजिए कि एक लिपि ने उन्हें उनकी बेटी से अलग रखा है। यदि वह इस बात पर झल्लाए तो उन्हें मुलसमान या पाकिस्तानी कह क़त्ल न कर दीजिए बल्कि उनकी इमोशनल और आर्थिक समस्या को समझने का कष्ट उठाएँ। वह वकालत करते हैं। यदि उर्दू लिपि एकदम से ख़त्म कर दी गई तो उनका कारोबार ठप्प हो जाएगा। कभी घर जाता हूँ तो उनकी और उनके मुवक्क़िलों की परेशानी देखता हूँ। वह अपने जाहिल मुवक्क़िल की भाषा जानते हैं। परंतु वह उस लिपि को नहीं जानते जिसमें अदालत फैसला लिख रही है। इसलिए उनके लिए मिसिल उर्दू लिपि

में तैयार की जाती है। क्या उन लोगों को जीने का हक़ नहीं है जो देवनागरी लिपि नहीं जानते ?

नतीजा यह निकला कि झगड़ा लिपि का है। भाषा एक ही है। अगर ऐसा न होता तो देवनागरी में लिखी हुई उर्दू और उर्दू लिपि में लिखी हुई हिंदी बेमानी हो जाती। परंतु ऐसा नहीं होता। देवनागरी लिपिवाले ग़ालिब को और उर्दू लिपिवाले अपनी लिपि में सूर, तुलसी, कबीर को पढ़ और समझ लेते हैं। यदि उर्दू और हिंदी दो भाषाएँ होतीं तो यह संभव न होता। मैं अंग्रेज़ी जानता हूँ इसलिए रोमन लिपि में लिखी हुई अंग्रेज़ी पढ़ लेता हूँ परंतु रोमन लिपि ही में लिखी हुई जर्मन तथा फ्रेंच भाषाओं को न मैं पढ़ सकता हूँ और न समझ सकता हूँ। एक लिपि में लिखी जाने के कारण यदि दो भाषाएँ एक नहीं हो जातीं तो दो लिपियों में लिखे जाने के कारण एक भाषा दो कैसे हो सकती हैं ? पंजाबी तीन लिपियों में लिखी जाती है। कश्मीरी दो लिपियों में लिखी जाती है। इसी तरह हिंदी या उर्दू भी दो लिपियों में लिखी जाती हैं। यह तो अंग्रेजों का चमत्कार है कि उन्होंने लिपि को भाषा बना दिया और हम आज तक लिपि की लकीर पीटने में लगे हुए हैं। प्रश्न यह भी उठेगा कि हिंदी केंद्र का बहुमत इन दोनों में से कोई एक लिपि को भी नहीं जाता तो इसका फैसला कैसे हो कि उनकी भाषा क्या है। यदि उनकी भाषा हिंदी है तो वह आले अहमद सुरूर की समझ में कैसे आ जाती है। और यदि उनकी भाषा उर्दू है तो उसे यशपाल और अमृतलाल नागर और सेठ गोविंद दास कैसे समझ लेते हैं। यही वह लोग हैं जिन पर उर्दू और हिंदीवालों ने धावा बोल रखा है।

मैं भी उर्दू वातावरण में पला-बढ़ा हूँ। मैं उर्दू ही में ख़्वाब देखता हूँ और उर्दू ही में मैं उन ख़्वाबों को बयान करता हूँ। परंतु मैं इस लिपि को भाषा नहीं मानता। मुझे वह लिपि नहीं चाहिए जिसे लिखने के लिए बेगुनाह लोगों के ख़ून की रोशनाई बनानी पड़ती हो। यदि यह मेरी भाषा का सवाल होता तो लिखने के लिए शायद मैं अपने ही ख़ून को रोशनाई बना लेता। परंतु लिपि के इस झूठे देवता पर मैं जीते-जागते, हँसते-बोलते इंसानों की जान देने पर तैयार नहीं हूँ।

भाषा आवाज़ है। भाषा लिपि नहीं है। मेरी भाषा वही है जो कबीर, सूर, तुलसी और जायसी की भाषा थी। यशपाल और कृश्नचंदर की भाषा एक ही है। हम ग़ालिब के परिवार के लोग हैं और ग़ालिब ने उर्दू लिपि में लिखी हुई अपनी भाषा को हिंदी ही कहा था। हम इंशा के वारिस हैं जिन्होंने एक ऐसी भाषा में 'रानी केतकी की कहानी' लिखी जिसमें हिंदी छोड़ किसी और ज़बान का पुट ही नहीं है।

इस झगड़े को सुलझाने के लिए फोर्ट विलियम से पहले के हिंदुस्तान में जाना पड़ेगा। पाकिस्तान का रिज़ोल्यूशन मुस्लिम लीग ने लाहौर में पास नहीं किया था। पाकिस्तान का रिज़ोल्यूशन गिलक्रिस्ट नामी एक अंग्रेज़ ने फोर्ट विलियम में रखा था जिसे ईस्ट इंडिया कम्पनी ने पास किया था। भाषाओं के इतिहास में पहली बार

लिपि के आधार पर भाषा को अलग करने की और हिंदुओं के लिए एक 'लिंगुआ फ्रेका' बनाने की बात छेड़ कर उर्दू को मुसलमानों के सर मढ़ने की कोशिश की गई। फोर्ट विलियम की इस परंपरा का विरोध करना पड़ेगा। क्योंकि यह परंपरा देश की एकता को तोड़ती है। मैं गिलक्रिस्ट की गढ़ी हुई हिंदी को नहीं मानता। मैं उसका विरोध करता हूँ क्योंकि वह आदमी को आदमी से धर्म के नाम पर अलग करती है। मैं उस हिंदी को राष्ट्रीय भाषा मानता हूँ जिसमें कबीर ने शायरी की थी। एक भाषा है जयशंकर प्रसाद की और एक हिंदी है प्रेमचंद की। हमें तय करना पड़ेगा कि हम किस हिंदी को मानते हैं। आदमी की तरह भाषा का भी एक कैरेक्टर होता है। और भाषा अपने कैरेक्टर से पहचानी जाती है। अगर भाषा के नाम पर हिंदू-मुसलमान दंगे होने लगे तो इसका मतलब केवल यह है कि कहीं-न-कहीं कोई घपला है। क्योंकि अगर दंगे होंगे तो मैं लाख चीखता रहूँ कि मैं हिंदीवाला हूँ मगर नाहक मारा जाऊँगा। मैं मरने या मारे जाने से नहीं डरता। परंतु हर शरीफ़ आदमी की तरह बिला वजह मरने से इंकार करता हूँ। मैं बहुत दुखी हूँ कि हिंदीभाषी होने के बावजूद मैं हिंदी के नाम पर हिंदीभाषियों के हाथ से राँची में मारा गया क्योंकि मेरा नाम मासूम रज़ा है। इस देश में कोई ऐसा है जो मेरे कान में मेरी भाषा का मंत्र पढ़ कर फूँक दे कि मैं फिर जी उठूँ।

मेरा नाम मुसलमानों जैसा है
मुझको क़त्ल करो
और मेरे घर में आग लगा दो

लेकिन मेरी नस-नस में गंगा का पानी दौड़ रहा है
मेरे लहू से चुल्लू भर कर महादेव के मुँह पर मारो

और उस जोगी से यह कह दो
महादेव
अब इस गंगा को वापस ले लो
यह मलिक्ष तुर्कों के बदन में गाढ़ा गर्म लहू बनकर दौड़ रही है।

हुई मुद्दत कि ग़ालिब मर गया

ग़ालिब ने एक ख़त में लिखा है—"अगले कहे हुए अशआर मैं सब भूल गया। मगर हाँ, अपने हिंदी क़लाम में से डेढ़ शेर···याद रह गया है।"

यह ख़त अठारह जुलाई, सन् अठारह सौ अट्ठावन को लिखा गया था। यानी फोर्ट विलियम कॉलेज की किताबें छप चुकी थीं और लिपि के आधार पर भाषा का बँटवारा करके पाकिस्तान की बुनियाद रखी जा चुकी थी। आज इस देश में ऐसे लोग कम हैं, जो ग़ालिब की भाषा हिंदी मानने को तैयार होंगे। मैं जानता हूँ कि जो बात मैंने छेड़ी है, वह जान जोखम की है, परंतु :

कबिरा यह घर प्रेम का, खाला का घर नाहिं,
सीस उतारे हाथि करि, सौ पेठें घर माहिं।

लेकिन मैंने बात छेड़ ही दी है, इसलिए हथेली पर सर तो लेना ही पड़ेगा, क्योंकि यदि मैं ऐसा करूँ, तो देवनागरी हिंदी जगत् को कैसे बताऊँ कि केवल एक लिपि के कारण उन्होंने कैसे महान् कवि को पहचानने को ज़रूरी नहीं माना है। देवनागरी में ग़ालिब के काव्य संग्रह के एक सौ संस्करण निकाल लेने से कुछ नहीं होता, क्योंकि कविता शब्द और शब्दकोश के आधार पर नहीं समझी जा सकती। बात यह है कि काव्य में शब्दों का प्रयोग नहीं हो। काव्य में शब्द का अर्थ या शब्दकोश में दिए हुए अर्थ से कम होता है या ज़्यादा। क्योंकि यदि केवल भाषा की कठिनाई हो, तो शब्दकोश के जरिए यह मुश्किल दूर की जा सकती है। परंतु यदि कठिनाई प्रतीकों की हो, तो किसी शब्दकोश के जरिए इस मुश्किल को दूर नहीं किया जा सकता, और यदि ग़ालिब के काव्य पर बात नहीं की जा सकती, तो क्या ये बातें करूँ कि उनकी बीवी का नाम उमराव बेगम था और यह कि ग़ालिब वास्तव में आगरा के थे ? हम ग़ालिब की पत्नी का नाम जानने के लिए ग़ालिब की शताब्दी नहीं मना रहे हैं क्योंकि ग़ालिब की पत्नी का नाम तो लोगों को सोहराब मोदी की फिल्म 'मिर्ज़ा ग़ालिब' से ही मालूम हो गया था। इसीलिए मुझे हिंदी साहित्य सम्मेलन और नागरी प्रचारिणी सभा से यह माँग करने दीजिए कि देवनागरी में एक ऐसी

किताब की सख्त ज़रूरत है, जिसमें उर्दू लिपि–हिंदी की काव्य परंपराओं की बात की जाय क्योंकि किसी ऐसी किताब की सहायता के बिना देवनागरी लिपि–हिंदी जगत् के लिए ग़ालिब को समझना असंभव है। इसलिए आज मैं ग़ालिब के काव्य की बात छेड़ना नहीं चाहता। मैं इस समय अपने निजी ग़ालिब की बात करना चाहता हूँ और मेरा ग़ालिब न केवल वह है, जिसने महान् ग़ज़लें लिखी हैं और जिसने अपने पत्रों में साँस लेते हुए शब्दों का प्रयोग किया है और न मेरा ग़ालिब केवल वह है, जिसे लाट साहब के दरबार में शरीक होने का बड़ा अरमान था और जिसने अपने ही कहे अनुसार अपनी आधी ज़िंदगी 'फटीचर' लोगों की शान में कसीदे लिखने में गँवा दी।

कार्ल मार्क्स ने एक दिलचस्प बात कही है और फैशनेबल मार्क्सवादियों को यह बात या तो मालूम नहीं है या वे इस बात को भूल गए हैं।

मार्क्स का कहना है–"समाज एक ऐसा समुदाय है, जिसमें प्रत्येक व्यक्ति की प्रगति पर ही सबकी प्रगति निर्भर है।"

मतलब यह हुआ कि मार्क्सवादी समाज में व्यक्ति ऐसा गया गुजरा नहीं है, जैसा कम्युनिस्ट मेनिफेक्टो ने समझ रखा था। यह बात कहने की ज़रूरत मैंने इसलिए महसूस की कि हर आदमी में कई आदमी होते हैं। एक वह होता है, जो ख़्वाब देखने का हौसला करता है और अपने ख़्वाब के लिए जान पर खेल जाता है। एक वह होता है, जो आज की दुकान में अपने भविष्य को गिरवी रख कर दाल-रोटी लेता है। और एक वह होता है, जिसे भविष्य की ख़बर ही नहीं होती रही। यही नाहमवारी हमसे कहती है कि समाज को बदलना चाहिए, क्योंकि इस समाज ने तो आदमी को अपनी ज़िद बना दिया है। हम यह कैसे मानें कि जिस ग़ालिब ने मैसूर के एक शहजादे को किताब का दाम पूछने की गलती करने पर यह लिख दिया हो कि 'सुखन वरम् न सुखन फरोशम'–शेर लिखता हूँ, शेर बेचता नहीं हूँ। यह वही ग़ालिब है, जिसने साहब की हथेली पर चिकनी डली देख कर शेर कह कर मारा था और तीसरा ग़ालिब वह है, जिसने एक ख़त में लिखा :

जो दूसरों को भीख माँगता न देख सके,
और खुद दर-ब-दर माँगे, वह मैं हूँ।

मैं लाट साहब के दरबार में शिरकत का अरमान करनेवाले, और साहब की हथेली पर चिकनी डली देख कर मचल कर शेर कहनेवाले, और बाप के मरने के बाद वही कसीदा बेटे की खिदमत में पेश कर देनेवाले ग़ालिब को इन बातों के बावजूद महान् मानता हूँ, क्योंकि उनके लिए शायरी केवल पेट पालने का एक जरिया नहीं थी, बल्कि कुछ और भी थी। ग़ालिब ने इसी 'कुछ और' के लिए ज़िंदगी भर पापड़ बेले। उन्होंने लोगों की खुशामद की और फिर जल कर खुद ही कहा :

गैर क्या, खुद मुझे नफ़रत मेरी औकात से है।

यह कह देना कोई आसान काम नहीं है, यह वही कह सकता है, जो अपनी बुराइयों को भी दुश्मनों की ही बुराइयों की तरह देखता हो। सोहराब मोदी ने जिस ग़ालिब पर फ़िल्म बनाई थी, वह ग़ालिब तो कोई और था। जिस ग़ालिब की शताब्दी मनाई जा रही है, वह तो अपनी शोखियों और मुस्कराहटों के बावजूद एक दुखी आत्मा है। ग़ालिब से मिलना हो तो उनके ख़तों की गलियों से होते हुए चलिए। वे लिखते हैं :

मियाँ क्या बातें करते हो ? किताबें कहाँ छपवाता ?
रोटी खाने को नहीं, शराब पीने को नहीं।

एक और ख़त में लिखते हैं :

क्या मालूम होली अब कब होती है।
आगे तो फागुन में हुआ करती थी।

एक और जगह लिखते हैं :

शेर काम दिलो दिमाग़ का है,
वह रुपए की फिक्र में परेशान है।

और साहब ईमान की बात यह है कि जिसे बीस आदमियों की रोटी चलानी होगी, वह फटीचर लोगों की शान में कसीदे ज़रूर लिखेगा। हम में जो दूसरे लोग होते हैं, वे हमें दबा लेते हैं कभी-कभी।

ऊपर के ख़तों से आप को अंदाज़ा हुआ होगा कि यह ग़ालिब जिसके लतीफ़े सुनाए जाते हैं और जो अपने काव्य की शोखी के लिए मशहूर है, वास्तव में कितना दुखी आदमी था। तभी तो अपनी प्रसिद्ध भूमिका में सरदार जाफ़री ने यह लिखा कि 'तंज़ो-जराफ़त की छलनी में आँसुओं को यूँ छानना कि छलनी के भीगे हुए सूराखों पर बेशुमार मुस्कराते हुए होठों का गुमान होने लगे, यह केवल ग़ालिब का काम है।'

और चूंकि यह आदमी अपने ग़मों पर मुस्कराना जानता है, इसलिए यह बड़ी बेतक़ल्लुफ़ी से हमारे ग़मों में शरीक़ हो जाता है और हमें ऐसा लगता है, जैसे हमारे ग़मों का बोझ कुछ हल्का हो गया। यह आदमी जहाँ पर खड़ा हुआ मुस्करा रहा है, वहाँ साधारण आदमी रो भी नहीं पाता।

पानी से सग गजीदा डरे जिस तरह असद,
डरता हूँ आईना से कि मरदुम गजीदा हूँ।

—जैसे कुत्ते का काटा हुआ पानी से डरता है, मैं आईने से डरता हूँ, क्योंकि मैं आदमियों का काटा हुआ हूँ।

यदि आप में इस आईने के सामने पल भर के लिए रुक जाने का हौसला हो, तो मैं उस महान् कवि की बात करूँ, जिसका नाम मिर्ज़ा असदुल्लाह खाँ और तख़ल्लुस ग़ालिब था। मैं जिसे पूजता हूँ, उसकी बात ही और है। यह तो ख़यालात के एक ऐसे तूफ़ान में घिरा हुआ है, जिसका हाल बताने में फार्मों का लिबास मसका जा रहा है। बड़ा शायर हमेशा फार्म से बड़ा होता है। तभी तो ग़ालिब खुद अपने बारे में यह कहते मिलते हैं कि :

मुश्किले-इश्क़ हूँ, मतलब नहीं आसाँ मेरा।

यहीं एक बात और कहता चलूँ कि यार लोग इसी 'इश्क़' को ले दौड़ते हैं और यह कहने लगते हैं कि उर्दू में इश्क़ आशिक़ी के सिवा रखा क्या है। अरे साहब यह लड़की-लड़की या लड़के-लड़के या अल्लाह और बंदेवाला इश्क़ नहीं है। यह इश्क़ जीने की लगन भी है और जीने के लिए मर जाने का हौसला भी। तभी तो मीर तक़ी मीर ने कहा था :

एक उठता है तो सौ मरने को आ बैठे हैं,
मुद्दतों से है ये दस्तूर हमारे हाँ का।

और यदि आदमी ज़िंदगी की बात कर रहा होगा, तो फार्म अवश्य छोटा पड़ेगा और कवि यदि साधारण होगा, तो ख़याल को छाँटेगा और बड़ा होगा, तो फार्म का दामन चाक कर देगा :

हुजूमे-फ़िक्र से दिल मिस्ले-मौज़ लरजे हैं,
कि शीशा नाजुको-सहबाय-आबगीना गुदाग।

और 'हुजूमे-फ़िक्र' से दिल 'मिस्ले-मौज़' इसलिए लरज रहा है कि :

हैं कहाँ तमन्ना का दूसरा क़दम यारब,
हम ने दश्ते-इमकाँ को एक नक़्शे-पा पाया।
क्यों न फिरदौस में दोज़ख को मिला ले यारब,
सैर के वास्ते थोड़ी-सी फज़ा और सही।

यह दुनिया बहुत छोटी है। जन्नत के कंधों पर लदे हुए आसमान और झुकी पड़ती हुई दीवारों वाली यह दुनिया बहुत तंग है। इसे बदले बिना चारा नहीं :

काँटों की जबाँ सूख गई प्यास से यारब,

एक आब्ला पा वादी-ए पुरखार में आए।

और जिस जमाने की यह बात है, उस जमाने में यह आब्ला पा ग़ालिब के सिवा और कौन हो सकता था। परंतु ज़िंदगी की यह कीमत देना आसान नहीं है और ग़ालिब ने ज़िंदगी को इन्हीं दामों पर लिया और इसीलिए वे जिस दुनिया में रह रहे थे उस दुनिया से बड़ी दुनिया बनाने में सफल हुए और यही कारण है कि ग़ालिब ने अपने को वर्तमान का कवि न कह कर भविष्य का गायक कहा है :

हूँ गर्मिए-निशाते-तसब्बुर से नगमा संज,
मैं अंदलीबे-गुलशने-नाआफ़रीदा हूँ।

यानी मैं उस बाग का बुलबुल हूँ जो अभी बना नहीं है और मैं केवल उसकी कल्पना के सहारे गा रहा हूँ। अब जिस आदमी की निगाह वर्तमान पर ठहरती ही न हो, जो टकटकी लगाए भविष्य की राह देख रहा हो, उसके वाक्य में यदि हर चीज़ चलती दिखाई दे, तो आश्चर्य की क्या बात है। ग़ालिब के यहाँ 'दरोदीवार' निगाह की रोक नहीं रह जाते, बल्कि पर बन जाते हैं :

निगाहे-शोक़ को हैं बालो-परदरो-दीवार,
गए हैं चंद क़दम पेशतर दरो-दीवार।

ग़ालिब के यहाँ बयाबाँ चलते हैं :

मैं भी माजूरे-जुनूँ हूँ, असद, ऐ खाना ख़राब,
पेशवा लेने मुझे घर से बयाबाँ निकला।

ग़ालिब के यहाँ बिस्तर की शिकन पलक बन जाती है और पलक वन कर झपकने लगती है :

खाबे जमईअते महफिल है परीशां मुझसे।
रगे-बिसतर को मिली शोखिए-मिजगां मुझसे।

और अगर तेज़ी का यह हाल होगा कि :

इस साल के शुमार को बर्क आफ़ताब है।

तो रफ़्तार की यह तेज़ी शब्दों को अवश्य दहका देगी और अवश्य यह हाल होगा कि :

अर्ज कीजे जौहरे-अंदेशा की गर्मी कहाँ,
कुछ ख़याल आया था वहशत का कि सहरा जल गया।

हाथ धो दिल से यही गर्मी गर अंदेशे में है,
आबगीना तुंदिए-सहबा से पिघला जाय है।

और इसीलिए ग़ालिब को पढ़ने में बड़े अंदेशे पैदा हो जाते हैं। क्योंकि ग़ालिब तो यह राय देकर अलग हो जाते हैं कि :

जला था जिस्म, दिल भी जल गया होगा,
कुरेदते हो जो अब राख जुस्तजू क्या है।

परंतु राख को कुरेदे बिना कुछ हाथ भी तो नहीं आता। लेकिन बात न 'चिकनी डली' पर खत्म होगी और न दुनिया की तंगी पर। बात ग़ालिब की है, इसीलिए शुरू यहाँ से होगी कि :

मैं और एक आफत का टुकड़ा, वह दिले-वहशी की है,
आफियत का दुश्मन और आवारगी का आशना।

और बीच में एक ऐसी जगह आएगी, जहाँ कहना पड़ेगा :

चिपक रहा है बदन पर लहू से पैराहन,
हमारे जब को अब हाजते-रफू क्या है ?
रहे न जान तो क़ातिल को ख़ूँ बहा दीजे,
कटे जबान तो खंजर को मरहबा कहिए।

और बात ख़त्म यहाँ होगी कि :

नफस न अंजुमने-आरजम से बाहर खैंच,
अगर शराब नहीं, इंतिज़ारे-सागर खैंच।
लिखते रहे जुनूँ की हिकायाते-खूँचकाँ,
हुर चंद इस हाथ हमारे कलम हुए।

हमें ग़ालिब से यह परंपरा मिली है कि जो बात लिखना हो, वह लिख देनी चाहिए और नतीजे में कट जानेवाले हाथ का ग़म नहीं करना चाहिए हाय ! इस बाँके शायर से जमाने ने कसीदे लिखवाए !

अनीस के मरसिये

अवध की दो कृतियों (अनीस के मरसिये और रामचरित मानस) के सामाजिक आधार का विवेचन

साहित्य राजनीतिक नहीं होता। साहित्यकार किसी विचारधारा का ढिंढोरची भी नहीं होता। परंतु हर साहित्य का एक सामाजिक आधार होता है। यदि साहित्य का राजनीतिक और सामाजिक आधार न हो, तो वह साहित्य नहीं रह जाता। यह बात मैं चौंकाने के लिए नहीं कह रहा हूँ। बल्कि इसलिए कह रहा हूँ कि राजनीति वस्त्र नहीं है कि मैला हो जाय तो बदल लिया जाय या फट जाय तो नया बना लिया जाए। वस्तुतः राजनीति भी समाज का अंग है। वह समाज से नहीं है। वह समाज में है। और चूँकि साहित्यकार समाज से बाहर नहीं जा सकता, इसलिए किसी राजनीतिक विचारधारा को न मानते हुए भी वह राजनीति से कतरा कर नहीं गुजर सकता। इसलिए साहित्य के ताने-बाने में भी राजनीति को डोर खपी हुई है। इसलिए वह साहित्य हो ही नहीं सकता, जिसका राजनीतिक आधार न हो।

साहित्य चूँकि शब्दों को प्रतीक बनाकर उनका प्रयोग करता है, इसलिए मैं वहीं से बात शुरू करना चाहता हूँ। मैं यह कहने की अनुमति चाहता हूँ कि साहित्य की भाषा तो एक तरफ़ रही, हमारी बोलचाल की भाषा पर भी वातावरण और समाज की गहरी छाप होती है। यदि हम अपने मुहावरों पर से बोलचाल की धूल झाड़ कर देखें तो हम उन पर समाज की उँगलियों के निशान देख सकते हैं। परंतु हम लोग इस प्रकार के काम करते ही नहीं। शायद हमें अपने समाज, उसकी बनावट और उसकी कहानी में कोई दिलचस्पी ही नहीं है। हमने समाज से शब्द माँगना छोड़ दिया है। हम यह समझने लगे हैं कि शब्दकोश काफ़ी है। और चूँकि शब्दकोश नागरिक है और ग्रामवासी नहीं है इसीलिए अपने समाज की पूरी हकीक़त हमारे हाथ नहीं आती और हम अधूरी हकीक़तों को इलियट के हवालों से पूरा करने की कोशिश करते रहते हैं।

हम मुहावरा एक सामाजिक दस्तावेज़ है और इस दस्तावेज़ पर हमारे पुरखों की मुहर लगी हुई है। मिसाल के तौर पर एक मुहावरा है, 'बेटी देना'। यह मुहावरा

अब भी टकसाल से बाहर नहीं हुआ है। यह मुहावरा हमारे आधुनिक समाज में नहीं बन सकता था। आज बेटियाँ जायदाद का हिस्सा नहीं ! यों ही 'शर्म से ज़मीन में गड़ जाने' को लीजिए। जिस देश में कोई सीता ज़मीन में समा गई होगी, वहीं यह मुहावरा बन सकता था। यानी इन मुहावरों में हमारे समाज का इतिहास है। यही हाल हर शब्द का है। साहित्य इन्हीं शब्दों को प्रतीक बना लेता है।

यह भूमिका एक हद तक ज़रूरी थी, क्योंकि अगर मैं प्रेमचंद या कृश्नचंदर को अपना गवाह बताऊँगा तो आप राजनीतिक चेतना और राष्ट्रीय आंदोलन वगैरह की बात कर मेरा मुँह बंद कर देंगे। इसलिए मैं आधुनिक साहित्य की बात ही नहीं करना चाहता। क्योंकि मैंने कई पढ़े-लिखे लोगों को यह कहते सुना है कि साहब शेक्सपियर किस पार्टी का सदस्य था ? इसलिए मैं अवधी के तुलसीदास, पूरबी के कबीर और उर्दू के अनीस वगैरह को अपना गवाह बनाकर पेश करना चाहता हूँ। कबीर की गवाही भी कुछ हल्की पड़ेगी। इसलिए इस वक़्त मैं तुलसीदास और मीर अनीस की बात करना चाहता हूँ। इनकी गवाही ज़्यादा महत्त्वपूर्ण इसलिए है कि इन दोनों कवियों ने एक धार्मिक कहानी सुनाई है और ये दोनों ही बड़ी हद तक धार्मिक कवि माने जाते हैं। एक के दम से कीर्तनों में उजाला है और दूसरे के दम से मुहर्रम की मज़लिसों में। इसलिए मैं यहाँ यह प्रश्न करना चाहता हूँ कि रामचरित मानस और अनीस के मरसिया का सामाजिक आधार क्या है ?

लेकिन यह बात करने से पहले मैं यह कह देना ज़रूरी समझता हूँ कि साहित्य को साहित्य समझ कर पढ़ते वक़्त हम श्रीं राम या हज़रत इमाम हुसैन नहीं कह सकते। साहित्य में वे केवल राम और हुसैन कहे जाएँगे और इनकी कहानी कहानी ही की तरह पढ़ी जाएगी और कहानी ही की कसौटी पर कसी जाएगी। यानी इन कहानियों को हम धर्म की कसौटी पर नहीं कस सकते।

और अब मैं यह प्रश्न करना चाहता हूँ कि दकन दिल्ली के शिया कवि वैसे मरसिये क्यों न लिख सके, जैसे मरसिये जमीर, खलीक, अनीस, दबीर, मुनीस, उन्स और वहीद ने लिखे ? क्या ये लखनवी कवि गोलकुंडा और बीजापुर के शियों से ज़्यादा अच्छे शिया थे ? क्या मीर तक़ी और सौदा और सिकन्द इन लखनवी कवियों से ख़राब शिया थे ? और अगर इन मरसियों की अच्छाई या बुराई का राज कवियों के अच्छे या बुरे शिया मुसलमान होने में है तो लखनऊ के नानकचंद नानक के मरसियों को कहाँ रखा जाय ? नतीजा यह निकलता है कि इन मरसियों का कवि के धर्म से उतना गहरा संबंध नहीं है, जितना गहरा संबंध आमतौर से सोचा जाता है। इस मुअम्मे का हल सामाजिक परिवेश में ढूँढ़ना चाहिए। दकन के शिया बादशाहों और लखनऊ के शिया नवाबों के सामाजिक परिवेश में बड़ा फ़र्क़ है। गोलकुंडा और बीजापुर के शिया बादशाह रणभूमि में थे। जख़्म खा रहे थे और जख़्म लगा रहे थे। इसलिए वहाँ के कवि बड़ी-बड़ी मसनवियाँ लिख रहे थे और वे अपने बादशाह

को प्रेम-कथाओं का 'हीरो' बना रहे थे। गोलकुंडा और बीजापुर का सामाजिक परिवेश क़रबला की हारी हुई लड़ाई के आधार पर लिखे जानेवाले मरसियों के लिए मुनासिब नहीं था। वहाँ तो कसीदों और मसनवियों का बाज़ार गर्म था। रही दिल्ली। तो दिल्ली खुद मरसियों की माँग कर रही थी। वहाँ हुसैन मरसियों पर कौन ध्यान देता ? दिल्ली में मरसिये लिखे गए। परंतु लखनऊ की हालत कुछ और थी। आसपास किसान बेचैन हो रहे थे, मगर लखनऊ में सुकून था। बदन कसीदे की माँग कर रहा था और आत्मा मरसिये की। इसीलिए वहाँ एक नये किस्म का मरसिया लिखा गया, जिसमें कसीदे का ठाठ भी था और ग़ज़ल का रस भी।

यह तो हुई 'फार्म' की बात। किसी खास जमाने में कोई खास 'फार्म' यों ही नहीं चल पड़ता। बल्कि हर 'फार्म' का एक सामाजिक आधार होता है।

परंतु वह सवाल अब भी अपनी जगह है कि लखनवी कवियों ने हुसैन को हीरो क्यों बनाया ? कि वे हुसैन को हीरो बना कर हमसे क्या कहना चाहते हैं ? इस सवाल का जवाब देना इसलिए ज़रूरी है कि गोलकुंडा, बीजापुर और दिल्ली के शिया कवियों ने हुसैन को मरसियों का हीरो नहीं बनाया था। उनके यहाँ हुसैन बहनों, बेटियों, छह महीने के बेटे असगर और बीमार बेटे जैनुल आबिदीन का जोर दिखाई देता है। ये सारे-के-सारे लोग लखनवी मरसियों में सहायक भूमिकाओं में दिखाई देते हैं। लखनवी मरसियों में हुसैन, अब्बास, अली अकबर, कासिम, और मुहम्मद और हुर का ज़ोर दिखाई देता है। ये सबके सब सिपाही हैं। ये तमाम लड़ते-लड़ते मारे जाते हैं। चरित्रीकरण का फ़र्क़ बिला वजह तो हो नहीं सकता। सच पूछिए तो मुझे इसी फ़र्क़ ने चौंकाया। औरतों, बच्चों और बीमारों को छोड़कर सिपाहियों का चुनाव क्यों किया गया ? लखनऊ की आत्मा आखिर कौन-सी लड़ाई लड़ रही थी कि साहित्य में फौज़ों की भर्ती शुरू हो गई ? क्योंकि जिन दिनों ये लखनवी मरसिये लिखे जा रहे थे, उन्हीं दिनों लखनऊ में दुनिया की सबसे बड़ी दास्तान 'तिलिस्मे-होशरुबा' भी लिखी जा रही थी। और उस दास्तान में कोई फौज़ लाखों से कम की है ही नहीं। 'तिलिस्मे-होशरुबा' की बातें कभी फिर करूँगा। यह दास्तान हमारी सभ्यता की एक महत्त्वपूर्ण दस्तावेज़ है, जिसे हमने अफयून की पिनक में जानेवाली एक दास्तान समझकर ठुकरा रखा है। यहाँ मैंने उसकी बात केवल इसलिए निकाली कि लखनवी मरसियों में जो तब्दीली दिखाई दे रही है, उसे सिर्फ़ इत्तिफाक कहकर न टाल दिया जाए। हमारे सामने इस समय प्रश्न है कि लखनवी मरसियों में वीर रस कहाँ से आया और क्यों आया ? इस प्रश्न का जवाब देने की अनुमति दीजिए। अठारहवीं-उन्नीसवीं सदी के लखनवी के सामने सवाल यह था कि क्या अंग्रेज़ों की छत्रछाया में रहना क़बूल कर लिया जाय ? लखनऊ को इस सवाल का जवाब देना था। इन मरसियों की पृष्ठभूमि में यही सवाल है। इस सवाल के जवाब में इन लखनवी कवियों ने लखनऊ के लोगों को हुसैन की गाथा सुनाई। क्योंकि हुसैन के सामने

भी यही सवाल था। हुसैन ने यजीद के हाथों में अपना हाथ देने से इंकार किया। नतीजे के तौर पर क़रबला की लड़ाई हुई। हुसैन अपने साथियों और बाल बच्चों समेत मारे गए। उनका घर फूँक दिया गया। उनके घराने की औरतें दर-ब-दर हुईं। परंतु हुसैन ने यजीद के हाथ में अपना हाथ नहीं दिया। लखनवी कवियों ने ये मरसिये लिखकर इसी सवाल का जवाब दिया। वे लखनऊ को क़रबला बनाने पर तैयार थे, परंतु अंग्रेजों की चौधराहट मानने को तैयार नहीं थे। लखनऊ को अपने कवियों की यह बात पसंद आई। चुनाँचे सन् सत्तावन में लखनऊ क़रबला बना। लखनऊ की ज़मीन लखनवी हुसैनों और लखनवी अली अकबरों और अब्बासों और कासिमों के ख़ून से लाल हो गई। लखनऊ ने सर कटा दिया, सर झुकाने पर तैयार न हुआ।

यही है इन मरसियों का सामाजिक आधार। ये मरसिये गोलकुंडा और बीजापुर में लिखे नहीं जा सकते थे, क्योंकि उन शहरों को इस प्रकार का कोई राजनीतिक फैसला नहीं करना था।

मैं 'रामचरित मानस' के बारे में भी कुछ कहना चाहता था। मगर मरसियों की बात लंबी खिंच गई। इसलिए तुलसीदास की बात फिर कभी··· !

नये लोग : नयी दिशा

आजकल नये और पुराने की बहस की जैसे बरसात आई है। जगह-जगह कीचड़ हो रही है, जगह-जगह पानी सड़ रहा है। जगह-जगह पुरानी और नयी दीवारें गिर रही हैं। ऐसे में साधारण पाठक आखिर क्या करे ? नये लोग, पुराने लोग···नयी कविता, पुरानी कविता···नया लेखन, पुराना लेखन···बहस अच्छी चीज़ है परंतु केवल बहस से अंधकार और भी बढ़ जाता है।

उर्दू-जगत् में इस समय बड़ी उथल-पुथल हो रही है। झूठ बोलकर तो आदमी जी सकता है परंतु सच बोलने में जान का डर है। एक साहब हैं अमीक़ हनफ़ी। उनका हाल यह है कि जब देखो तब ज़बान काटने पर तैयार दिखाई देते हैं। और अपनी जान से सबको प्यार होता है। इलाहाबाद से निकलनेवाली एक मासिक पत्रिका 'शबख़ून' में यही कहानी बड़े जोरों से कही और सुनी जा रही है। लखनऊ से निकलने वाली मासिक पत्रिका 'किताब' भी इस जिहाद में आगे-आगे है। बंबई की पत्रिका 'शायर' में भी यह बहस चल पड़ी है।···बहस हो रही है। सवाल किए जा रहे हैं। जवाब दिए जा रहे हैं। परंतु यह कोई नहीं बताता कि आखिर नयी कविता है क्या ! यानी इस बहस की कोई बुनियाद ही नहीं है।

मैं भी एक पाठक हूँ और अपने युग के साहित्य को समझना चाहता हूँ—क्योंकि साहित्य की मदद पाए बिना मैं अपने युग को नहीं समझ सकता। इसलिए मैं कविता को बड़े शौक से पढ़ता हूँ और उन लेखों को पढ़ने का हौसला भी करता हूँ जो नयी कविता के बारे में लिखे जाते हैं। परंतु एक बात मेरी समझ में नहीं आती। आखिर लोग नये साहित्य की बात क्यों नहीं करते ? नयी क्या केवल कविता ही हो सकती है ? कविता में आख़िर नयी ग़ज़ल, नयी मसनवी, नये क़सीदे, नयी रुबाई की बात भी क्यों नहीं की जाती ? क्या नया साहित्य केवल नयी नज़्म का नाम है ? नयी कहानी, नये उपन्यास और नयी आलोचना की बात आख़िर क्यों नहीं की जाती ? हिंदी में तो नयी कहानी का भी आंदोलन है, परंतु उर्दू में अभी तक नये के नाम पर केवल नयी कविता की बात की जा रही है। और जहाँ तक नयी आलोचना का प्रश्न है, हिंदी और उर्दू दोनों ही भाषाओं के साहित्य में सन्नाटा है।

आलोचना अभी तक पुरानी ही चल रही है। और इसके मानी यह हैं कि अब तक 'नये साहित्य' को परखने के लिए कोई नयी कसौटी नहीं बनाई जा सकी है। और जब तक यह नयी आलोचना जन्म नहीं लेती तब तक बरसनेवाला पानी यूँ ही रुकेगा और सड़ेगा और पाठक के लिए साँस लेना दूभर रहेगा।

हर नया साहित्य खुद अपने आलोचक पैदा करता है और आलोचना की पुरानी कसौटी को हटाकर अपनी कसौटी सामने लाता है। फिर नया आलोचक अपनी नयी कसौटी पर पिछले साहित्य को दोबारा परखता है और उसका मूल्य लगाता है। मैंने पिछले बीस वर्ष में कोई ऐसा लेख तक नहीं देखा जिसमें पिछले युगों के साहित्य को आधुनिक बनाकर पढ़ने की कोशिश की गई हो। ऐसा नहीं है कि मीर, सौदा, ग़ालिब, मीर अनीस वगैरह आज पढ़े न जाते हों। तमाम कवि आज भी लोकप्रिय हैं और अगर ये आज भी लोकप्रिय हैं तो आधुनिक हैं। परंतु आज की चेतना कल की चेतना से बिल्कुल ही अलग है। इसीलिए यह ज़रूरी है कि आज की आलोचना की कसौटी पर इन्हें परखा जाय और यह पता लगाया जाय कि पिछले युगों के ये कवि आज भी लोकप्रिय क्यों हैं। जब हम यह छानबीन शुरू करेंगे तभी आलोचना के नये आधार बन सकेंगे और तभी हम नयी कविता या नये साहित्य या नये लेखन को भी समझ सकेंगे।

नयी आलोचना का सामने न आना ही इस बात का सबूत है कि नयी कविता नयी चेतना का नाम नहीं है। तो क्या नया साहित्य नयी चेतना के बिना ही पैदा हो गया है ? यहाँ यह बात कही जा सकती है कि आलोचना साहित्य के पीछे-पीछे चलती है। अगर हम लोग तीसरी-चौथी सदी में होते तो मैं यह बात मान लेता। परंतु हम लोग बीसवीं सदी में हैं। आलोचना को साहित्य से अलग करना कोई अक़्लमंदी की बात नहीं है। आलोचना भी साहित्य ही का एक रूप है। चाहे पहले यह बात ठीक न रही हो परंतु आज यही बात ठीक है। वैसे ईमान की बात तो यह है कि पहले भी यही बात ठीक थी। जब लोग ज़मीन को चपटी मानते थे तब भी वह गोल ही थी। पहले किताबें छपती नहीं थीं। कवि मेलों-ठेलों में अपनी कविताएँ सुनाते थे। जो कविताएँ लोगों को अच्छी लगती थीं वह लोगों को याद हो जाती थीं। यही आलोचना है। ख़राब कविताएँ न याद हुईं और न हम तक आईं। पता नहीं ऐसी कितनी कविताएँ होंगी जो एक युग में याद की गई होंगी परंतु दूसरे युग की कसौटी पर पूरी न उतरी होंगी और इसीलिए भुला दी गई होंगी। आलोचक-लेखक और पाठक का एक मिला-जुला रूप है। मगर लेखक खुद भी एक पाठक होता है। अगर वह पाठक न होता तो अपने लेखन में कतरब्योंत न करता। इसीलिए यह जाल न फेंकिए कि आलोचना साहित्य के पीछे-पीछे चलती है। ज़मीन गोल है। इसीलिए आगे-पीछे का प्रश्न तो पैदा ही नहीं होता ! अब चूँकि हमारे सामने कोई नयी आलोचना नहीं है इसलिए मैं इस नयी कविता को शक की निगाह से देखता

हूँ। मेरा ख़याल यह है कि उर्दू में 'नयी कविता' के नाम पर जो कुछ लिखा जा रहा है उसे नयी कविता कहना ठीक नहीं है। परंतु उर्दू में नयी कविता अवश्य लिखी जा रही है। उर्दू-साहित्य एक जीवित साहित्य है। इसलिए उसका साहित्य भी आधुनिक युग का प्रतिनिधित्व करता है।

प्रश्न यह है कि आखिर हम नये को पुराने से किस आधार पर अलग करें ? साहित्य ज़मीन नहीं कि उसे दीवारें उठाकर बाँट लिया जाए। साहित्य कोई देश नहीं कि बलवे करके एक का दो बना लिया जाए। साहित्य एक अटूट इकाई है। जिस तरह दो नदियाँ मिलकर नहीं बनतीं बल्कि जोड़ के नियम तोड़कर बन जाती हैं उसी तरह पुराने युग के साहित्य की नदी भी नये युग के साहित्य की नदी में भी मिल जाती है। संगम से आगे एक नदी चलती है जिसमें दोनों नदियों का पानी होता है। परंतु हम बूँद को बूँद से अलग नहीं कर सकते। जो नदी मिलती है वह अपना नाम खो देती है। जमुना गंगा में मिलती है तो प्रयाग से केवल गंगा आगे चलती है। इसलिए नये-पुराने की बहस इतनी आसान नहीं है जितनी दिखाई देती है। क्या नये साहित्य में उन्हीं शब्दों का प्रयोग नहीं किया जाता जिनका प्रयोग पुराने साहित्य में किया गया था ? हर शब्द में सदियाँ जी रही हैं। वह गुज़र जानेवाली सदियाँ शब्द की आत्मा हैं। जब कोई शब्द आधुनिक होता है तो उसके साथ उसकी सदियाँ भी आधुनिक हो जाती हैं। क्या आज नया कवि यह नहीं लिखता कि हवा चल रही है, फूल मुसकरा रहे हैं, पेड़ सरगोशियाँ कर रहे हैं, आग किसी चीज़ को चाट गई ? यह तमाम बातें झूठी हैं ? इनका कोई आधार नहीं है ? हवा के पैर नहीं होते, फूल को मुसकराने से क्या मतलब, पेड़ बोलना क्या जाने, तो फिर हम ऐसा क्यों कहते हैं ! ये बातें उन दिनों से चली आ रही हैं जब हम प्रकृति की दूसरी तमाम चीज़ों को अपनी ही तरह जीवित मानते थे, बल्कि अपने आपको उनमें से किसी एक का रिश्तेदार समझते थे। यह उन दिनों की बात है जब मनुष्य अपने आपको प्रकृति का एक अंग जानता था। तब हवाएँ चलती थीं। फूल मुसकराते थे। पेड़ सरगोशी करते थे···जानवर तो बहुत दिनों बाद तक हमारी घरेलू कहानियों में बोलते रहे। परंतु आज साहित्य में फूल मुसकराते हैं ? और साहित्यकार ज़िद करता है तो पाठक उसका मज़ाक क्यों नहीं उड़ाता ? इसका कारण यह है कि गुज़र जानेवाला वक़्त भी साहित्य में बिलकुल नहीं गुज़र जाता। इसीलिए साहित्य में नये और पुराने के बीच लकीर खींचना कठिन काम है। हम किसे नया कहें, और किसे नया न कहें ? साहित्य वस्त्र नहीं कि सौ बरस पुराने कपड़े का सूट सिलवाया जाय तो उसे भी नया कहा जाय और आज के कपड़े का अँगरखा सिलवाया जाय तो उसे भी नया ही कहा जाए। साहित्य में नये-पुराने का फैसला फ़ॉर्म या नये सब्जेक्ट के आधार पर नहीं होगा बल्कि चेतना के आधार पर होगा; इसीलिए प्रश्न नये लेखन का नहीं बल्कि नयी चेतना का है। प्रश्न यह है कि लेखक किधर देख रहा है।

कुछ दिनों पहले रवींद्र भ्रमर की एक कविता सुनी थी जिसमें उनके सिर पर दो सींग निकल आए थे और उन्हें अपने सिंहत्व के खो जाने का ख़याल सता रहा था। और अभी-अभी उर्दू के एक प्रसिद्ध कवि ख़लीलुर्रहमान आज़मी की एक कविता देखी। उनका कहना है कि :

नागाह जो देखा आईना
इक आदमी मुझको आया नज़र
मुझसे ही मगर मिलता-जुलता
दो सींग हैं उसके सर पर उगे
यह देव है कोई या देवता !!

मुझे इसमें दिलचस्पी नहीं कि किस-किस के सिर पर सींग उग आये हैं। मैं केवल यह कहना चाहता हूँ कि कुहरे के काले परदों में दबा-छुपा सर सूरत पाता जाता है। यहाँ तक सब खैरियत है। परंतु फिर यह हुआ कि :

और इक बूढ़ा—
कुहरे से बाहर आता है।

इस 'आता है' को माफ़ कर दीजिए, परंतु 'कुहरे से बाहर आता है' के बाद यह कभी नहीं हो सकता कि :

कुहरे से बाहर आकर वह कुबड़ा बूढ़ा मुझसे बोला।

भाषा और भाषा के नियमों से डरना नहीं चाहिए परंतु उनसे प्यार अवश्य करना चाहिए। प्रश्न यह है कि यह नियम तोड़ने से अभीक हनफ़ी या उर्दू की नयी कविता का क्या फ़ायदा हुआ ? नये साहित्यकारों में भाषा और उसके नियमों और काव्य-क्रैफ्ट की तरफ़ से लापरवाही आम होती जा रही है। यह वह मॉडर्न चित्रकार है जो 'अब्सट्रैक्शन' की तरफ़ इसलिए नहीं गए कि कला इसकी माँग कर रही थी बल्कि इसलिए गए कि उन्हें रेखा खींचना नहीं आता। इसलिए बनावटी नयी कविता और जेनुइन नयी कविता अलग करना भी ज़रूरी है। उर्दू में नयी कविता के काफ़िले में भीड़ उन लोगों की है जो रेखा खींचना नहीं जानते। इन तमाम लोगों को हम उनके सिरों पर उग आनेवाले सींगों से पहचान सकते हैं। ये तमाम लोग व्यक्तित्व के खूँटे से बँधे हुए हैं। समाज व्यक्ति के महत्त्व से इनकार नहीं करता। परंतु व्यक्ति समाज का एक अंग भी होता है। और इसीलिए नयी कविता के नाम पर आज जो निगेटिव शायरी हो रही है मैं उसका स्वागत नहीं करता। नयी कविता के काव्य संग्रहों की भूमिकाओं में जो बातें लिखी जा रही हैं वे उन संग्रहों में नहीं मिलतीं। ये लोग आधुनिक काल को अवश्य रिजेक्ट करते हैं परंतु समाज से कटे हुए इस

व्यक्ति के पास कोई सपना नहीं है। यह ठीक है कि सपना देखना समाज के बस की बात नहीं, सपना तो केवल व्यक्ति देख सकता है। परंतु व्यक्ति समाज में रहकर ही कोई सपना देख सकता है। एक आदमी दुनिया को बदल नहीं सकता। समाज को खुद समाज ही बदल सकता है। इसलिए व्यक्ति के दुःख-दर्द को महसूस कर लेने से काम नहीं चल सकता। अगर यह समाज जस-का-तस रहा तो अभीक़ हनफ़ी का 'सिंदबाद' यूँ ही कुचला जाता रहेगा। इसीलिए मैं कहता हूँ कि 'नयी कविता' की दिशा ठीक नहीं है। हाँ मोहम्मद अलवी, बलराज कोमल, निदा फ़ाज़ली और एक हद तक कई और नये कवियों से उम्मीदें बँध चली हैं। परंतु मुझे जिस नये कवि ने सबसे ज़्यादा चौंकाया है वह है असग़र वज़ाहत। हिंदुस्तानी-उर्दू में नयी कविता का यह पहला कवि है। असग़र वज़ाहत की कविता इसलिए नयी है कि उसकी चेतना नयी है। मैं अभी आपको केवल नाम बताकर आगे बढ़ता हूँ। परंतु मैं वादा करता हूँ कि असग़र वज़ाहत से आपका परिचय अवश्य करवाऊँगा। अभी तो नये लेखन की बुनियादों की बात हो रही है।

नये लेखन की बात पूरी तरह समझ में नहीं आ सकती जब तक कि पंद्रह अगस्त सन् सैंतालीस को क्या हुआ था, इस पर विचार न किया जाए। नये लेखन का स्रोत यही तारीख है। इस तारीख को समझने के लिए उर्दू और हिंदी और हिंदुस्तान और पाकिस्तान में बहुत कुछ लिखा जा चुका है। पाकिस्तान में 'खुदा की बस्ती', 'तलाशे बहाराँ, 'उदास नस्लें' और 'आग का दरिया' जैसे उपन्यास लिखे गए। हिंदुस्तान में 'झूठा सच' 'लौटते मुसाफ़िर', 'काला जल' जैसी कहानियाँ सुनाई गईं। खुद मेरा उपन्यास 'आधा गाँव' भी इसी सिलसिले की एक कड़ी है। मैं यहाँ जान-बूझकर कविताओं और शार्ट स्टोरीज़ की बात नहीं कर रहा हूँ। इतनी बड़ी बात को समझने के लिए उपन्यास से ज़्यादा मदद मिल सकती है। ज़रूरत है कि तमाम उपन्यास एक साथ पढ़े जाएँ क्योंकि पंद्रह अगस्त की पूरी हक़ीकत इन्हें एक साथ पढ़ने ही से हमारे हाथ आ सकती है। और जब हम इस तारीख को समझ लेंगे तब हमारी समझ में वह व्यक्ति आयेगा जो इस तारीख के बाद जवान हुआ है। और तभी हम उस समाज को समझ सकेंगे जो इस तारीख से टकराकर टूटने लगा, और तभी हमें उस समाज का ज्ञान होगा जो इस तारीख की छाया में बन रहा है। मेरा ख़याल है कि उर्दू और हिंदी ही नहीं बल्कि हिंदुस्तान और पाकिस्तान की किसी भाषा के साहित्य में अब तक यह काम नहीं हुआ है। इसीलिए अब तक यह बात समझ में नहीं आ रही है कि नया कवि आशावादी क्यों नहीं है।

कवि केवल कवि तो है नहीं। वह हिंदू या मुसलमान भी है। वह पनाह गुर्जी या शरणार्थी भी है। वह जात-पाँत की जंज़ीरों में भी जकड़ा हुआ है। वह बेरोजगार भी है और उसकी ये तमाम हैसियतें उसकी रचनाओं पर अपना साया डालती हैं। हर व्यक्ति में कई व्यक्ति जी रहे हैं। इन्हें छाँटना, और इन्हें अलग-अलग समझना

आलोचक का फ़र्ज़ है। और जब तक पाठक और लेखक दोनों ही यह उलझी हुई डोर नहीं सुलझा लेते तब तक नये लेखन की परख मुश्किल है। परंतु यह बात अब भी अपनी जगह ठीक है कि नया कवि अपना फ़र्ज़ अदा नहीं कर रहा है। अपने युग में कबीर एक नये कवि थे। उन्होंने तो नाउम्मीदी का अंधकार नहीं फैलाया। अपने युग में मीर नये कवि थे। उन्होंने तो हिम्मत नहीं हारी। उन्होंने तो यह कहा :

एक उठता है तो सौ मरने को आ बैठे हैं,
मुद्दतों से है ये दस्तूर हमारे हाँ का।

यह दस्तूर आज क्यों नहीं है ? कोई नया कवि भोपाल के मुहम्मद अली ताज़ की तरह यह क्यों नहीं कहता कि :

ग़मे-जमान जिसे आप मौत कहते हैं,
हमें ये मौत न मिलती तो मर गए होते।

कोई नया कवि मज़रूह सुलतानपुरी की तरह यह क्यों नहीं कहता कि :

फ़राज़े-दार पर रखते चलो सरों के चिराग,
जहाँ तलक ये सितम की सियाह रात चले।

कोई ग़ालिब की तरह यह क्यों नहीं कहता कि :

लिखते रहे जुनूँ कि हिकायाते-खूँ चकाँ,
हर चंद इसमें हाथ हमारे क़लम हुए।

नया कवि हाथ कट जाने के दर्द में गिरफ़्तार है। नये कवि तो अपने व्यक्तित्व की परछाइयों के पीछे भाग रहे हैं। वे केवल यह देख रहे हैं कि यह समाज व्यक्तित्व को पनपने का अवसर नहीं देता। परंतु वह यह नहीं सोच पाते कि इसका इलाज यह है कि इस समाज को बदलने का प्रयत्न किया जाए। मुझे नये लेखन से यही शिकायत है। नयी कविता समाज और व्यक्तित्व का नाता तोड़ रही है। खुदा करे कि वह सफल न हो। अब शायद नया कवि खुद भी इस बात को महसूस करने लगा है। भोपाल की मासिक पत्रिका 'मिजाज़' के फरवरी अंक में मुहम्मद अली की एक कविता देखकर आस बाँध चली। कविता का शीर्षक है–'इधर न आओ'।

इधर से सूरज गुज़र चुका है
इधर न आओ !
उफ़फ़ का दरवाज़ा खटखटाओ
उधर कहीं रोशनी मिले तो

उसे पुकारो
उसे बुलाओ !
अँधेरा पीछे लगा हुआ है
ये भूल जाओ
इधर से सूरज गुज़र चुका है
इधर न आओ !

यह कविता एक महत्त्वपूर्ण परिवर्तन है। यह एक नयी खिड़की खुली है। कवि पाठकों से कुछ कह रहा है। और जो कुछ कह रहा है वह भी महत्त्वपूर्ण है। रात का मातम करने से कोई फ़ायदा नहीं। सूरज का दरवाज़ा खटखटाना चाहिए। पता नहीं बंद फाटक के उधर प्रकाश है या नहीं। परंतु कोशिश करने में क्या नुकसान है।

पुराना आदमी और नयी कहानी

मैंने धर्मयुग के 23 अगस्त अंक में उर्दू की नयी कहानी पर श्री अनवर अज़ीम का एक बार एक लेख ख़ुद पढ़ा, फिर ख़याल आया कि शायद मैं उसे पूरी तरह समझ नहीं पाया हूँ। इसलिए अपने मित्र कुँवरपाल सिंह से (जो हिंदी के लेखक हैं और नयी हिंदी और उर्दू कहानी पर अच्छी पैठ रखते हैं) पढ़वाकर सुना और समझा। पर नतीजा वही निकला कि वह लेख नयी कहानी पर नहीं है बल्कि नये कहानीकारों पर है। और इसमें कुछ लोगों की तारीफ़ करने के लिए तमाम लोगों की बुराई की गई है।

अनवर अज़ीम मेरे बड़े पुराने दोस्त हैं। हम लोगों ने साहित्य के अनेक प्रश्नों पर लंबी-लंबी गप्पें लड़ाई हैं। और मैंने जब उनका यह लेख पढ़ा तो मुझे बड़ा आश्चर्य हुआ। यह ठीक है कि इंतज़ार हुसैन और उनके गिरोहवाले दास्तान की तकनीक अपनाने की बात कर रहे हैं, मैं इसे अच्छी बात नहीं मानता, फिर भी इंतज़ार हुसैन का यह कहना गलत नहीं है कि, कहानी का फार्म बाहर से आया हुआ है और यह भी नाइंसाफ़ी की बात है, क्योंकि अनवर अज़ीम इंतज़ार हुसैन से ख़फ़ा हैं, इसलिए सारे कहानीकार बुरे हैं। मुझे तो याद आता है कि जब अनवर अज़ीम ख़ुद नये थे तो पुरानी नस्ल का बड़ी बेदर्दी से मज़ाक उड़ाया करते थे। ख़्वाजा अहमद अब्बास और कृश्नचन्दर को बड़ा अफ़साना-निगार कहनेवाले के मुँह से यह बात अच्छी नहीं लगती थी कि 'अफ़साने को पहले अफ़साना होना चाहिए।' या 'आज के कहानीकार फार्मूलेबाज हैं।' ख़ुदा का लाख-लाख शुक्र है कि मैं अफ़साना-निगार नहीं हूँ। वरना आप कहते कि मैं झल्लाकर जवाब दे रहा हूँ। लेकिन अफ़साना-निगार न होने के बावजूद मैं कृश्नचन्दर और कुर्तुल-एन-हैदर को दो नस्लों का नहीं मानता हूँ। और कुर्तुल-एन और ज़ीलानी बानो को एक नस्ल का नहीं मानता। नये और पुराने के बीच कोई लकीर खींचनी ही है तो बस इतना किया जा सकता है कि आज़ादी और गुलामी के बीच लकीर खींच दी जाए। मैं अनवर अज़ीम से यह पूछना चाहता हूँ कि—रामलाल, गायास अहमद गद्दी, ज़ीलानी बानो, ज़मील। हाशिमी, रज़िया सज्जाद ज़हीर और ख़ुद अनवर अज़ीम की कहानियों के बारे में उनकी क्या राय है ? क्योंकि मेरे विचार से जिस नस्ल को अनवर अज़ीम अब पुरानी नस्ल कह रहे हैं, वह उतनी

पुरानी नहीं हुई है कि पुरानी कही जाए।

मैं प्रेमचंद की महानता से इनकार नहीं कर रहा हूँ, लेकिन मैं इस बात को नहीं मानता कि प्रेमचंद उर्दू किस्सों को ज़िंदगी तक लाए। प्रेमचंद से पहले नज़ीर अहमद और रूसबान ने यह काम शुरू कर दिया था। प्रेमचंद का कारनामा यह है कि उन्होंने उर्दू के शहरी साहित्य पर देहाती ज़िंदगी के दरवाज़े खोल दिए। और अफ़सोस कि प्रेमचंद के बाद आनेवाले इस परंपरा को आगे नहीं बढ़ा सके, क्योंकि वे देहातों से परिचित नहीं थे। फिर भी प्रगतिशील कहानीकारों ने (जिसमें बेदी का नाम खासतौर पर लेना चाहता हूँ) बहुत कुछ अच्छी कहानियाँ लिखी हैं। उस जमाने के पुराने लोगों ने इन नये लोगों का इसी प्रकार मज़ाक उड़ाया था, जिस तरह अनवर अज़ीम ने इस लेख में अपनी नस्ल के कहानीकारों का मज़ाक उड़ाया है।

मेरा विचार यह था कि एक नये कहानीकार के नाते अनवर अज़ीम नयी कहानी की समस्याओं पर हमदर्दी से विचार करेंगे, लेकिन उनके क़लम का सारा ज़ोर तो कुछ पुराने और कुछ नयों का नाम लेने में ही सिर्फ़ हो गया।

प्रश्न यह है कि नयी कहानी में यह 'ईगो' क्यों जाग पड़ा ? नयी कहानियाँ पुरानी सीमाओं को क्यों तोड़ रही हैं ? इसके साथ यह भी प्रश्न उठता है कि आज का 'व्यक्ति' अपने आप को अकेला क्यों पा रहा है। प्रश्न यह नहीं है कि आज 'आनंदी', 'ब्रह्मपुत्र', 'गर्म कोट' और 'लंदन में एक रात' जैसी कहानियाँ क्यों नहीं लिखी जा रहीं।

नये कहानीकार ज़रूर कठ-हुज्जती करते होंगे। (क्योंकि अनवर अज़ीम ने यही बताया है) लेकिन कुल मिलाकर अनवर अज़ीम का यह लेख भी एक कठ-हुज्जती ही है। मुझे उनसे अच्छे लेख की आशा थी।

मैं कृश्नचंदर के आशिक़ों में से हूँ। लेकिन मैं उर्दू कहानी पर लिखने बैठूँगा तो मंटो, इस्मत और बेदी के साथ कृश्नचंदर का नाम नहीं लूँगा। और ख़्वाजा अहमद अब्बास का नाम तो लूँगा ही नहीं। क्योंकि साहित्य का एक विद्यार्थी होने के नाते मैं अब्बास को एक अच्छा पत्रकार तो मानता हूँ पर अच्छा कहानीकार नहीं। मुझे अनवर से भी यही आशा थी, क्योंकि जहाँ तक मुझे याद आता है, अनवर अज़ीम एक बहादुर आदमी हैं, और उनमें दूध का दूध और पानी का पानी कह देने की हिम्मत है। इसलिए इस लेख में मुँहदेखी बातें देखकर बड़ा आश्चर्य हुआ। और यही इस लेख की सबसे बड़ी ख़राबी है। क्योंकि अगर आप ख़्वाजा अहमद अब्बास को अच्छा अफ़साना-निगार मानेंगे तो काज़ी अब्दुल सत्तार जैसे मामूली लोगों की तारीफ़ करनी ही पड़ेगी। नतीजा में आपका लेख कुछ खट्टी-मिट्ठी चटनी बनकर रह जाएगा, जिसे पढ़ने में भले ही मज़ा आए, लेकिन जिसे पढ़कर आपके हाथ कुछ नहीं आने का।

मेरे विचार से आलोचक को अपनी व्यक्तिगत पसंद और नापसंद के चश्मे से साहित्य को नहीं देखना चाहिए। पता नहीं अनवर अज़ीम मुझसे सहमत होंगे या नहीं ?

तुलसी का रामचरित मानस

आलोचना कोई तीर मारने का नाम नहीं है, बल्कि साहित्य को समझने की कला है। और चूँकि हम मनुष्य की आत्मा को साहित्य की मदद के बिना नहीं समझ सकते, इसलिए आलोचना का महत्त्व बढ़ जाता है। आलोचना टिप्पणी या 'फुटनोट' नहीं है। आलोचक शब्दों की आत्मा में झाँकता है, क्योंकि साहित्य में शब्दों का प्रयोग नहीं होता, बल्कि शब्द प्रतीक बना लिए जाते हैं। इसलिए साहित्य को समझने के लिए उसकी प्रतीक-भाषा से परिचित होना ज़रूरी है।

इस भूमिका की ज़रूरत इसलिए पड़ी कि मैं इस समय जिस रास्ते पर चलने का प्रयत्न कर रहा हूँ, वह तलवार से ज़्यादा तेज़ और बाल से ज़्यादा बारीक़ है। बात यह है कि मैं अगर किसी 'मीर' या 'ग़ालिब', किसी 'ज़ायसी' या 'टैगोर' की बात करनेवाला होता, तो डर न लगता परंतु मैं बात करने जा रहा हूँ मीर, अनीस और तुलसीदास की। और इनके बारे में भी यह कह रहा हूँ कि इनके काव्य का सामाजिक आधार है। मैं यह कहने जा रहा हूँ कि अनीस के मरसियों और तुलसीदास के 'रामचरित मानस' का राजनीतिक आधार भी है। और यदि ये रचनाएँ सामाजिक व राजनीतिक आधारविहीन होतीं तो इतनी बड़ी न होतीं। डर इसलिए लग रहा है कि ये दोनों ही कवि धार्मिक समझ लिए गए हैं। परंतु कविता धार्मिक या अधार्मिक नहीं होती। केवल मज़हब कभी कला का आधार नहीं हो सकता।

अनीस के हुसैन की बात मैं पीछे कर चुका हूँ। अनीस के हुसैन लखनऊ या भारत के प्रतीक हैं। तुलसी के राम और लक्ष्मण भी प्रतीक ही हैं, क्योंकि साहित्य प्रतीक भाषा का प्रयोग करता है। तो तुलसी के राम काहे का प्रतीक हैं ? यानी मैं यह देखने का प्रयत्न कर रहा हूँ कि क्या 'रामचरित मानस' का कोई सामाजिक आधार है परंतु 'रामचरित मानस' की बातें करने से पहले कुछ बातों को साफ़ कर लिया जाए, तो अच्छा है।

'रामचरित मानस' भक्तिकाल की एक रचना है। क्या आप मेरी इस बात से सहमत हैं कि भक्तिकाल का काव्य-साहित्य बुनियादी तौर पर विरह का साहित्य है ? 'राम की बहुरिया' से रसखान तक विरह का एक बियावान फैला हुआ है।

कहीं सूर की गोपियाँ बिलख रही हैं और कहीं मीरा। कहीं जायसी की नागमती व्याकुल है और कहीं तुलसी की सीता। 'पद्मावत' का सबसे ख़ूबसूरत हिस्सा उसकी नायिका या उसके नायक के हाल में ही नहीं है, बल्कि नागमती के हाल में है। क्या यह केवल इत्तिफ़ाक है ? और क्या यह भी केवल इत्तिफ़ाक है कि अकबरी की जीवन-रेखा को पार करते ही भक्तिकाल श्रृंगार की सीमा में प्रवेश करने लगता है ? और क्या यह भी इत्तिफ़ाक है कि महाभारत का 'हीरो' कृष्ण भक्तिकाल के कवियों को नहीं भाया ? उन्हें तो कृष्ण का बालरूप पसंद आया, जब वे मक्खन चुरा रहे थे और माँ की डाँटें सुन रहे थे। इन बातों पर विचार करने की ज़रूरत है, क्योंकि साहित्य में कोई बात इत्तिफ़ाक से नहीं हो जाती।

यह भक्तिकाल की शायरी आखिर किस की तलाश में है ? कौन खो गया है, जिसके लिए यह काल बिलख रहा है ? बात शायरों की नहीं, बल्कि युगबोध की है। और फिर कौन मिल गया कि विरह की आग बुझ गई और काव्य में श्रृंगार का रस आ गया ? यह खो जानेवाली चीज़ ऐसी है, जिसके लिए हिंदू सूरदास और मुसलमान कुतुबन दोनों ही रो रहे हैं। और फिर वह क्या चीज़ है कि जिसके मिलते ही सबके सब श्रृंगार का रस पीकर झूमने लगे ?

भक्तिकाल को समझने के लिए यह देखना पड़ेगा कि हिंदुस्तानी जीवन या हिंदुस्तानी समाज में कौन-सी नयी चीज़ शामिल हुई, या कौन-सी चीज़ निकल गई।

हम देखते यह हैं कि जब हिंदुस्तान पर ताबड़तोड़ हमले हो रहे थे और लड़ाई के मैदान में हमारी हार हो रही थी, तो हमारे कवियों ने वीरगाथाएँ सुनाईं। यह लड़ाइयों का युग है। हार-जीत का फैसला नहीं हुआ है। परंतु जब रणभूमि की कहानी समाप्त हुई, तो एकदम वीरगाथाएँ लड़खड़ाने लगीं और भक्ति का संगीत उभरा। इस्लाम और मुसलमान बादशाह—हमारे जीवन में ये दो नयी चीज़ें शामिल हो गईं। मुसलमान हमलावर, मुसलमान बादशाह दो चीज़ें हैं और इन्हें गड्डमड्ड नहीं करना चाहिए। और इस्लाम एक बिल्कुल तीसरी चीज़ है और इन हमलावरों और बादशाहों से बिल्कुल अलग है। इन मुसलमान बादशाहों ने हिंदू बादशाहों की तरह पगड़ी के ताज पहने ! और उन्हीं दिनों यह आवाज़ सुनी गई कि राम कहो कि रहीम कहो····यानी भक्तिकाल हिंदुस्तानी नयी आत्मा की तलाश का युग है। अकबर तक आते-आते भक्ति-काव्य अपने उत्कर्ष पर आ जाता है। उधर दीने-इलाही शुरू होनेवाला है इधर सूर, तुलसी और जायसी की आवाज़ आ रही है। कौन यह कह सकता है कि ताज़ मीरा से घटिया कृष्ण भक्त है ? कौन कह सकता है कि रसखान की आवाज़ में भक्ति का जो रस है, वह हल्का है ?—यानी वह आत्मा मिल गई, जो ग्यारहवीं-बारहवीं सदी से ढूँढ़ी जा रही थी। बाहर से आनेवाली आत्मा देश की आत्मा में घुल गई। जैसे गंगा से जमुना घुल गई है। इस बात को जाहिर करने के लिए महाभारत के कृष्ण की ज़रूरत नहीं थी। यह बात तो नटखट माखनचोर के जरिये ही कही जा सकती

थी। क्योंकि महाभारत के कृष्ण के साथ तो भीम आते अपनी गदा सँभाले हुए। और अर्जुन आते अपनी कमान लिये हुए और फिर रण होता परंतु देश की आत्मा तो शांति की तलाश में थी, इसलिए गोकुल में बालकृष्ण आया—बंसी बजाता हुआ, गाएँ चराता हुआ, बड़े भाई की शिकायत करता हुआ, मक्खन चुराता हुआ, गोपियों को परेशान करता हुआ—इस वातावरण से शांति की सुगंध आती है। इन गीतों में गाँव बसे हुए हैं। बच्चे खेल रहे हैं। माताएँ मक्खन बिलो रही हैं। लड़ाई-वड़ाई तो ख़त्म हो चुकी है। लड़ाई ख़त्म न हो चुकी होती तो कृष्ण ताज़ के घर में मक्खन चुराने कैसे चले जाते हैं ? ये बाल कृष्ण प्रतीक हैं इस अभिलाषा के कि जिन बदनों पर लड़ाई के निशान हैं, वे तो शायद लड़ाई को भूल न पाएँ लेकिन जब आज के बच्चे जवान होंगे, तो उन्हें ये लड़ाइयाँ क्यों याद आएँगी ?

परंतु तुलसीदास की आवाज़ भक्तिकाल के तमाम कवियों की आवाज़ से अलग है। इसलिए मैं तुलसीदास की बात भी अलग से ही करना चाहता हूँ। तुलसीदास को उस नयी आत्मा की तलाश नहीं है, जिसे सारा भक्तिकाल तलाश कर रहा था, बल्कि उन्हें उसी पुरानी आत्मा की तलाश थी, जो मुसलमान हमलावरों से जूझ गई थी। और शायद यही वजह है कि सूरदास और जायसी से कमतर रसमय होते हुए भी, वे दोनों से ज़्यादा लोकप्रिय हुए ! तुलसीदास के लिए लड़ाई ख़त्म नहीं हुई थी। इसीलिए उन्होंने किसी आशिक़ को अपना कथानायक नहीं बनाया, बल्कि उन्होंने एक योद्धा को चुना। राम और रावण की लड़ाई सीता के परिचय से पहले ही उस तपोवन में शुरू हो गई थी, जहाँ अयोध्या के दो राजकुमार कन्धे से कमानें लटकाए उसकी पवित्र शांति की हिफ़ाजत कर रहे थे। यानी यह बात हमें पहले ही बता दी जाती है कि इस कहानी का नायक एक वीर सिपाही है। यह बात भी महत्त्वपूर्ण है कि तुलसीदास का नायक भी सूरदास के नायक की तरह बच्चा है। यानी तुलसीदास भी सूरदास की ही तरह नयी पीढ़ी से आशा बाँध रहे हैं। परंतु इन दोनों की आशाओं में बड़ा फ़र्क़ है। सूर शांति का ख़्वाब देख रहे हैं और तुलसी लड़ाई का। यानी 'रामचरित मानस' वास्तव में भक्ति काव्य के सिलसिले की कड़ी नहीं है, बल्कि वीरगाथा काल का एक अंग है।

महाकाव्य की परंपरा के अनुसार तुलसीदास ने राजा का कसीदा नहीं लिखा है। ऐसा क्यों है ? ऐसा इसलिए है कि तुलसीदास किसी मुसलमान को राजा मान ही नहीं सकते थे। मुझे दरअसल इसी कसीदे की कमी ने चौंकाया था। इस कसीदे का न होना एक बुनियादी इशारा है और इसी के सहारे हम तुलसीदास की प्रतीक-भाषा को समझने की कोशिश कर सकते हैं।

मेरे ख़्याल में रावण मुसलमान बादशाह है। सीता हमारी आज़ादी, हमारी सभ्यता और हमारी आत्मा है, जिसे रावण हर ले गया है। परशुराम की कमान राम के हाथ में है। यानी ब्राह्मणों से धर्म की रक्षा नहीं हो सकती। क्षत्रिय ? मगर सारे

राजा-महाराजा तो मुगल दरबार में हैं। तुलसीदास ऊँची जाति के हिंदुओं से मायूस हैं, क्योंकि ऊँची जाति के हिंदू तो मुगल से मिले बैठे हैं। मगर वे किसी अछूत को नायक नहीं बना सकते थे। इसीलिए उन्होंने एक देवता नायक बनाया। (यह बात बहुत महत्त्वपूर्ण है कि आर्यपुत्र राम ने भीलनी के जूठे बेर खाये।) यह बात भी महत्त्वपूर्ण है कि राम की सेना में लक्ष्मण के सिवा ऊँजी जाति का एक आदमी भी नहीं है। इन दोनों भाइयों के सिवा राम की सेना में केवल बंदर हैं—नीची जाति के लोग। यानी ऊँची जाति के लोगों से मायूस होकर तुलसीदास ने अछूतों या नीची जाति के हिंदुओं को धर्म की रक्षा के लिए आवाज़ दी।

लड़ाई हुई। रावण हार गया। सीता मिल गईं। परंतु नतीजा क्या हुआ ? तुलसी ने देखा कि यह सीता वह नहीं है। इसलिए तुलसी की बसाई हुई अयोध्या ने उस सीता को कुबूल नहीं किया—अग्निपरीक्षा के बाद भी कुबूल नहीं किया, परंतु उसी सीता के बच्चों ने यज्ञ के घोड़े की लगाम पर हाथ डाल दिया। बात फिर बच्चों ही तक आई।

यों हम यह देखते हैं कि धार्मिक साहित्य भी एक सामाजिक आधार होता है।

जीने की सूरत

अभी कुछ दिन हुए बंबई में एक उर्दू कान्फ्रेंस हुई थी। उसमें आनंद नारायण मुल्ला और कृश्नचंदर जैसे हिंदुओं ने शिरकत की और मेरे जैसे मुसलमान उसमें शरीक हुए। मैं 'हिंदू-मुसलमान' लफ़्ज़ों का इस्तेमाल जान-बूझकर कर रहा हूँ। क्योंकि कृश्नचंदर, फ़िराक़ गोरखपुरी, आनंद नारायण मुल्ला, राजेंद्र सिंह बेदी, राम लाल, विमल कृष्ण, कुमार पाशी, मनमोहन कृष्ण, सतीश बत्तरा, महेंद्र नाथ, जोगेंद्रपाल, जगन्नाथ आज़ाद, अर्श मलसियानी, वगैरा के उर्दू में लिखने से यह तो साबित हो गया कि उर्दू मुसलमानों की जायदाद नहीं है। सच पूछिए तो मुझे यह साबित करते हुए शर्म आती है। क्योंकि भाषा और धर्म का क्या जोड़ ? धर्म भाषा से बहुत छोटा होता है। मैं 'मात्र-धर्म' जब चाहूँ तब छोड़ दूँ, परंतु मात्र भाषा छोड़ने या पकड़ने की चीज़ नहीं होती। बाप तलाक दे दे, तब भी माँ माँ ही रहती है। माँ मर जाए, तब भी वह माँ ही रहती है, इसीलिए जब लोग भाषा और धर्म का नाम एक ही साँस में लेते हैं, तब मुझे बड़ी घिन आती है। परंतु यह बात अपनी जगह अटल है कि उर्दू के सिर धर्म का भूत सवार है। उर्दू की उपन्यासकार कुमारी कुर्रतुल ऐन हैदर ने 'इलस्ट्रेटेड वीकली' में हिंदुस्तानी मुसलमानों की मीरास के बारे में जो लेख लिखा है, उसमें उर्दू का जिक्र बड़े जोर-शोर से किया गया है और किसी कृश्नचंदर, या बेदी या मुल्ला या फ़िराक़ या रामलाल ने उस लेख के बारे में एक लफ़्ज़ नहीं कहा है। कुमारी हैदर ने एक कदम और आगे बढ़ा कर हिंदू-मुस्लिम कल्चर की बात भी की है। वह लिखती हैं :

लेकिन कम-से-कम स्कूलों में हिंदू-मुस्लिम कल्चर की तवारिख (इतिहास) और रूहानी कदरों (स्प्रिचुअल वेल्यूज) की पढ़ाई शुरू की जा सकती है और सभी बच्चों को पढ़ाया जा सकता है कि अपने सब काले और उजले पहलुओं के बावजूद गुजरा हुआ जमाना हमारी एक साझी विरासत (कामन हैरिटेज) है····

समझ में नहीं आता कि यदि यह सत्य है कि हिंदू कल्चर कोई और चीज़ है और मुसलमान कल्चर कोई और चीज़ तो फिर 'कॉमन हेरिटेज' किस चिड़िया का नाम है। कहने का मतलब है कि 'उर्दू' और 'मुस्लिम कल्चर' का नाम एक

ही साँस में लेना बड़ी ख़तरनाक बात है। क्योंकि ये दो कल्चर, दो क़ौम और दो भाषाओं का नारा है। और यदि उर्दू का कोई हक़ है तो उस हक को पाने के लिए धर्म की आड़ लेना बड़ी घटिया बात है। मजे की बात यह है कि उर्दू का विरोध भी इसी आधार पर किया जा रहा है। कृश्नचंदर और डॉक्टर फरीदी को एक मंच पर देख कर बड़ा अफसोस होता है। लगता है कि प्रगतिशील लेखक अब तक वही लड़ाई लड़ रहे हैं जो कम्युनिस्ट पार्टी ने पैंतालीस में शुरू की थी कि मुसलमानों को पाकिस्तान बनाने का हक़ है। पाकिस्तान बन गया, तो अब मुसलमानों को हक़ है कि वे अपनी ज़बान और अपने कल्चर को जीवित रखें। मैं नहीं मानता कि मुसलमानों की कोई अलग कल्चर या अलग भाषा है। इसलिए यदि कोई उर्दू के मुक़दमे की मिसिल में केवल मुसलमानों का बयाने-हलफ़ी लगा हुआ है, तो मैं एक मुसलमान होने के नाते इस मुक़दमे को खारिज करता हूँ। परंतु मैं ये अवश्य कहता हूँ कि धर्म के चक्कर में उर्दू का हक़ मारा जा रहा है।

उर्दूवालों का कहना यह है कि उर्दू एक भाषा है इसलिए उसे एक इलाका मिलना चाहिए। पूछा जाय कि एक भाषा क्यों है तो जवाब मिलता है कि संविधान ने उसे एक भाषा स्वीकारा है। राजनीति के मंच से तो यह बात चल जाएगी, परंतु पढ़े-लिखे लोगों में इससे ज़्यादा ठोस बात कहनी पड़ेगी। फर्ज़ किया जाय कि संविधान से उर्दू का नाम निकाल दिया गया, तो क्या इस तरमीम के बाद उर्दू भाषा नहीं रह जाएगी। (उर्दू को भाषा न माननेवाले संविधान में यह तरमीम क्यों नहीं पेश करते, इसका जवाब मेरे पास नहीं है।) संविधान न गीता है और न क़ुरआन कि उसमें जो कुछ है वह अटल है। संविधान-सभावाले भी उर्दू को मुसलमानों की भाषा मानते थे और मुसलमानों को बद-दिली से बचाने के लिए उन्होंने उर्दू का नाम ले लिया। संविधान एक सियासी दस्तावेज़ है भाषा-विज्ञान की कोई किताब नहीं है। यदि ऐसा नहीं है तो बताया जाय कि कश्मीर और उर्दू का क्या तअल्लुक है ? मुसलमान बहुमत के क्षेत्र में उर्दू सरकारी भाषा बनी हुई है। पंजाब के उर्दू लिपि बहुमत क्षेत्रों में उर्दू को कोई जगह न मिली, क्योंकि वहाँ हिंदुओं और सिखों का बहुमत है। और यहाँ यह सवाल उठेगा कि हिंदी-उर्दू क्षेत्र में अपढ़ लोगों की भाषा का फैसला किस आधार पर किया जाय ? नाम अब्दुल्लाह, भाषा उर्दू। नाम रामचरण, भाषा हिंदी। नाम गोपाल दास नीरज, गीत हिंदी। नाम साहिर, गीत उर्दू। (लेकिन फिर प्रेमचंद और 'अश्क' जैसों को किस खाते में रखा जाय और खुद मेरा क्या हश्र होगा ?) यह बात लोग सुनेंगे तो हँसेंगे कि हम भाषा का फैसला भाषा-भाषी का नाम पूछ कर करते हैं।

और इसीलिए उर्दूवालों से मेरा कहना यह है कि हक़ माँगने से पहले यह साबित करो कि उर्दू एक भाषा है और हिंदीवालों से मेरा यह कहना है कि यदि आप ईमानदारी से उर्दू को हिंदी की एक शैली मानते हैं तो उसके साथ आप वही

बर्ताव क्यों नहीं करते जो अवधी, ब्रज या राजस्थानी के साथ किया जाता है ? हिंदी साहित्य और भाषा के विभाग मीर, ग़ालिब, नज़ीर, अनीस, इक़बाल, जोश और फ़ैज़ को जायसी, सूर और तुलसी ही की तरह क्यों नहीं अपनाते ? ग़ालिब ने भी जायसी ही की लिपि में लिखा है। तो फिर हम ग़ालिब और जायसी में फ़र्क़ क्यों करें ? हम मुसलमान रहीमन, कुतबन और ताज़ को कुबूल करके हिंदू चकबस्त और सरशार, और नसीम और कृश्नचंदर और फ़िराक़, रामलाल को टाट बाहर क्यों करें ? देवनागरी लिपि हिंदीवालों के पास इस सवाल का कोई जवाब नहीं है, और इसलिए ऐसा लगने लगता है कि हम उर्दू को हिंदी की शैली केवल इसलिए मान रहे हैं कि हम उसे भाषा मान कर कोई जगह देना नहीं चाहते। वैसे दिल में हम भी यह मानते हैं कि उर्दू एक भाषा है। हमें इस कड़वी सच्चाई का सामना करने के लिए तैयार हो जाना चाहिए। यह कहने से काम नहीं चलेगा कि हिंदी-प्रकाशकों ने उर्दूवालों की किताबें छापी हैं। जो ये किताबें बिकनेवाली न होतीं तो वे इन्हें कभी न छापते। क्या हिंदी में उर्दू-साहित्य का कोई इतिहास छपा है ? क्या आलोचना के क्षेत्र में उर्दू-साहित्य के बारे में कुछ लिखा गया ? क्या उर्दू-साहित्य का कोई शब्दकोश बना ? क्या किसी हिंदी-विभाग ने ग़ालिब या मीर या नज़ीर अहमद या हाली या सरशार पर किसी को डॉक्ट्रेट दी ?—दूर-दूर तक सन्नाटा है और यह कोई अच्छी बात नहीं है।

मैं यह सोच कर काँप उठता हूँ कि हम लोग धार्मिक नफ़रत और शक और डर की लड़ाई भाषा के मैदान में लड़ रहे हैं। यह कलंक उर्दूवालों के माथे पर भी है और हिंदीवालों के माथे पर भी। और मेरे सामने प्रश्न यह है कि मेरे पिता देवनागरी नहीं जानते और मेरी छोटी बहन उर्दू लिपि नहीं जानती। देवनागरी को हिंदू कहूँ तो अपनी बहन को किस खाने में रखूँ। उर्दू लिपि को बिल्कुल छोड़ दूँ तो अपने बूढ़े बाप को अपनी खैरियत का पत्र किस लिपि में लिखूँ ? कोई मुझे इस प्रश्न का जवाब दे दे। बंबई में होनेवाले सम्मेलन में इस प्रश्न पर सोचा ही नहीं गया। मुझे अपनी बहन उर्दू लिपि से ज़्यादा प्यारी है। यह सवाल मैं कृश्नचंदर और मुल्ला से कर रहा हूँ। और मैं अपने बूढ़े बाप को छोड़ नहीं सकता। यह बात मैं हरिगोविंद दास साहब को बता रहा हूँ। तो मेरे जीने की क्या सूरत है ?

आग का दरिया (पुस्तक समीक्षा)

मैं लिपि के महत्त्व का कायल नहीं हूँ परंतु कुर्रतुलऐन हैदर का यह उपन्यास 'आग का दरिया' (प्रकाशक : किताब महल, इलाहाबाद; मूल्य : अठारह रुपये) देखकर मैं डावाँडोल हो रहा हूँ। शायद लिपि का भी एक महत्त्व होता है। यदि ऐसा न होता तो देवनागरी लिपि में छप जाने के कारण उर्दू का यह बहुचर्चित उपन्यास एक बहुत मामूली उपन्यास न दिखाई देने लगता।

सबसे पहले तो मैं यह जानना चाहता हूँ कि यह अनुवाद है या नहीं है ? यदि यह अनुवाद है तो मुझे बताया जाय कि यह किस प्रकार का अनुवाद है। उर्दू लिपि में यह उपन्यास यूँ शुरू हुआ था–"गौतम ने चलते-चलते ठिठक कर पीछे देखा। रास्ते की गर्द बारिश की वजह से कम हो चुकी थी। गो उसके पाँव मिट्टी से अटे थे। बरसात की वजह से घास और दरख्त जमुरूद के रंग के दिखलाई पड़ रहे थे। अशोक के नारंगी और सुर्ख फूल छहरी हरियाली में तेजी से झिलमिलाते थे और हीरे की ऐसी जगमगाती लड़ियाँ घास पर टूट कर बिखर गई थीं····"

अब इसका अनुवाद देखिए–"नदी पर अभी हल्की-हल्की बूँदें पड़ रही थीं। किनारे पर नारंगी और लाल फूल गहरी हरियाली में कुमकुमों जैसे झिलमिलाते थे। हीरे की ऐसी जगमगाती पानी की लड़ियाँ टूट-टूट कर घास पर बिखर गई थीं।"

उर्दू का वह गौतम कहाँ गया, जिसने चलते-चलते ठिठक कर पीछे देखा था ? रास्ते की वह धूल कहाँ गई जो बारिश की वजह से कम हो चुकी थी ? और गौतम के वे पाँव कहाँ गए जो मिट्टी से अटे हुए थे ? वह बरसात कहाँ गई जिसकी वजह से घास और दरख्त जमुरूद के रंग के दिखाई पड़ते थे ? वह अशोक कहाँ गया, जिनके नारंगी सुर्ख फूल दिखाई दे रहे थे ? नदी पर पड़नेवाली हल्की-हल्की बूँदें कहाँ से आ गईं। उर्दू उपन्यास में से यह नहीं है (और ये हल्की-हल्की बूँदें केवल नदी पर क्यों पड़ रही हैं ?)

उर्दू उपन्यास के शुरू के जुमले महत्त्वपूर्ण हैं, क्योंकि उन्हीं पर इस उपन्यास का खात्मा भी होता है और उन्हीं में इस उपन्यास की सारी प्रतीकात्मकता भी है। मज़े की बात है कि इस उपन्यास को मुगनी अब्बासी ने हिंदी में रूप दिया और

अब्बासी की तैयार की हुई इस पांडुलिपि को शमशेर बहादुर सिंह ने दुहराया और ठीक किया है—ये दोनों ही हिंदी और उर्दू के अच्छे जानकार हैं। लगता है, अनुवादकों ने भी इस उपन्यास की खासी रेढ़ मारी है।

इस उपन्यास ने उर्दू में काफ़ी ले-दे मचाई थी। हम तमाम लोगों ने इसे बहुत जी लगा कर और बड़े आदर के साथ पढ़ा था कि लाहौर से छपनेवाले एक उर्दू उपन्यास में यह लिखा है कि पाकिस्तान बन जाने से सभ्यता का वह सिलसिला नहीं टूटता···अब आप ही बताइए कि इस धूमधाम में यह कौन देखता है कि जब सावन की झड़ी लगी हुई हो तो ढाक (पलाश) नहीं फूलता !

- नदी पर अभी हल्की-हल्की बूँदें पड़ रही थीं।
- बरगद के नीचे छोटी-सी झील में सिघाड़े की बेल फैली थी।
- गौतम नीलांबर ढाक के लाल सुर्ख जंगल से प्रकट हुआ।

(आग का दरिया-1)

(चलिए, यह नहीं पूछता कि यह लाल सुर्ख जंगल क्या होता है !)

उर्दू शहरों में रहने के कारण यह नहीं जानती कि सावन और ढाक के फूल इकट्ठा नहीं हो सकते ! और सच पूछिए तो उर्दू में यह उपन्यास इस तरह से पढ़ा भी नहीं गया।

परंतु कुर्रतुलऐन न पाकिस्तान में हैं और न लंदन में, और यह उपन्यास भी उर्दू लिपि में नहीं है इसलिए ऐसे कई सवाल उठ सकते हैं जो उर्दू में नहीं उठाए गए। देवनागरी लिपि उस दर्द से नावाक़िफ़ है जो पंजाबी, सिंधी, बँगला और असमी लिपियों की तकदीर बन गया है। देवनागरी क्या जाने कि जोश आज भी मलीहाबादी है। यह समस्या देवनागरी की समस्या ही नहीं, इसीलिए यह बात फौरन खटकती है कि आखिर यह मौसम कौन-सा है जिसमें हल्की-हल्की बूँदें भी पड़ रही हैं, और ढाक भी फूला हुआ है। सच पूछिए तो 'आग का दरिया' इसी अनजानपन का एक बहुत बड़ा दस्तावेज़ है, क्योंकि यदि कुर्रतुलऐन हैदर अनजान न होतीं, तो उन्हें हमारी सभ्यता का शानदार इतिहास भूत-मंडली न दिखाई देता :

मैं भरत मुनि हूँ
मैं तक्षशिला का विष्णु गुप्त हूँ
मैं राजा भोज हूँ
मैं केवल गंगवा तेली हूँ
···मैं कालिदास हूँ
मैं कन्नौज का राजशेखर हूँ
मुझे भवभूति कहते हैं···
सबने मिल कर एक टाँग पर नाचना-कूदना शुरू कर दिया···
यह अबुल मंसूर कमालुद्दीन के भूत हैं।

"अपने भूतों को भूल जाओ, अपने भूतों को भूल जाओ।" गुलशन ने कहा।

यह चंपा बेगम, शंकर, भरूया साहब, अप्पी और गौतम के भूत हैं।

सामने गौतम खड़ा था···

"अंदर आ जाओ" जरीना ने कहा।

"मेरे साथ बहुत से लोग खड़े हैं।"

"उनको भी बुला लो अंदर।"

"कैसे बुला लूँ, इस रोशनी में तुभ उनकी शक्लें न देख सकोगी।"

"वह कौन लोग हैं ?"

"बहुत से भूत····"

यह वह भूत हैं, जो लंदन तक गौतम के साथ गए।

मुझे कुर्रतुलऐन से यही शिकायत है कि जिस सभ्यता को उन्होंने अटूट माना है, वह उन्हें मुर्दा भी दिखाई दी है ! यही कारण है कि कुर्रतुलऐन की कला परछाइयों और यादों की कला है ? और साहब, ईमान की बात यह है कि यादें झूठी होती हैं और सच्ची भी।

हिंदुस्तानी इतिहास और विचारधाराओं से उनकी जानकारी कच्ची और अधूरी है और यही कारण है कि यह उपन्यास भूतों से आबाद है, इसमें एक भी जीता-जागता आदमी नहीं है।

देख लिया आपने ! एक लिपि बदल जाने से ये झगड़े-टंटे खड़े हो गए। जो यह उपन्यास देवनागरी में न छपा होता तो देवनागरीवालों पर इस तरह धौंस जमी रहती और 'झूठा-सच' से इसकी तुलना की जाती रहती।

प्रश्न तो यह है न कि यह उपन्यास श्रावस्ती गुरुकुल के अंतिम वर्ष के विद्यार्थी गौतम नीलांबर की यात्रा क्यों है। क्या हिंदुस्तानी सभ्यता की उम्र इतनी छोटी है ? यदि यह कहानी सिंधु घाटी से शुरू की गई होती तो एक बात साफ हो गई होती कि अबुल मंसूर कमालुद्दीन की ही तरह गौतम नीलांबर भी कहीं बाहर से आया था। यह उपन्यास गौतम को यहीं का मानता है, और अबुल मंसूर को विदेशी बताता है, जो बाहर से आकर यहाँ का हो गया ! दूसरी गड़बड़ी यह है कि कुर्रतुलऐन ईराक से आनेवाले कमालुद्दीन अबुल मंसूर को ईराकी नहीं मानतीं, बल्कि मुसलमान कहती हैं और उसे अरबों, तुर्कों, मंगोलों और ईरानियों वगैरह से अलग करके देखने की कोशिश नहीं करतीं जभी तो लिखती हैं—"आर्यों और दूसरी विदेशी जातियों की तरह जब मुसलमान भारत में आए तो उन्होंने इसे अपना घर जाना, माना, समझा। यों (यूँ) तो वे अपने साथ अपनी परिष्कृत संस्कृति और अपना निखरा हुआ बुद्धिवैभव भी लाए, परंतु उसको ही सब कुछ न समझ कर उन्होंने अनूठी, समृद्ध हिंदू सभ्यता से भी बहुत ग्रहण किया;····यही कारण है कि जहाँ एक ओर लड़ाइयाँ हुईं····बेशुमार बरबादी हुई, वहीं अनूठी भारत इस्लामी संस्कृति का भी विकास हुआ।"

यह 'भारत इस्लामी संस्कृति' क्या चीज़ है ? आखिर भारतीयों से अलग यदि मुसलमान एक अलग इकाई है, जिसने हिंदू सभ्यता से भी बहुत ग्रहण किया है, तो पाकिस्तान ठीक ही बना और 'आग का दरिया' फ़िज़ूल लिखा गया। 'भारत इस्लामी संस्कृति' की बात केवल वे करते हैं, जो न भारत को जानते हैं न इस्लाम को और न संस्कृति को ! सच्ची बात तो यह है कि गौतम और कमालुद्दीन अबुल मंसूर दोनों ही बाहर से आए और दोनों ही भारतीय संस्कृति में घुल गये। उन्होंने हिंदू संस्कृति से बहुत कुछ केवल ग्रहण नहीं किया, बल्कि हिंदू संस्कृति ने उन दोनों को अपने आप में लीन कर लिया। क्योंकि यदि हम यह कहें कि उन्होंने केवल 'बहुत कुछ ग्रहण' किया तो यह कह कर हम उनके अलग वुजूद की बात मानते हैं, और इसी पर पाकिस्तान बन गया। 'आग का दरिया' में कुर्रतुलऐन अपने विचार की बात नहीं कर रही हैं, बल्कि अपनी वकालत कर रही हैं—"भई हम भी हिंदुस्तानी हैं। देखो ना जब हम आए थे तो हमारे नाम अबुल मंसूर हुआ करते थे। हमने उसे बिगाड़-बिगाड़ कर अबुलमोंशोर कर लिया है।" यदि मुसलमानों को अपनी हिंदुस्तानियत साबित करने के लिए वकीलों की ज़रूरत है तो पाकिस्तान ठीक बना और तमाम मुसलमानों को पाकिस्तान चला जाना चाहिए। मैं यह बात नहीं मानता। और इसीलिए यह उपन्यास मेरी निगाह से गिर गया, क्योंकि यह भी 'हिंदू-मुस्लिम भाई-भाई' तरह की एक चीज़ है। मुझे इस नारे से नफ़रत है, क्योंकि मैं हर रोज़ सवेरे की चाय पीने से पहले अपने भाइयों को यह याद नहीं दिलाता कि हम भाई-भाई हैं। यह बात हम चारों भाइयों को मालूम है।

और इसीलिए मैं फिर यह कहना चाहता हूँ कि देवनागरी में छप कर इस उपन्यास का महत्त्व ख़त्म हो गया है। मैं आपको पढ़ने से तो नहीं रोक सकता, परंतु यह ज़रूर कहूँगा कि इस किताब का सच झूठा है—चार-पाँच साल पहले मैं भी धोखा खा गया था इस उपन्यास से।

प्यास की आग : सरदार जाफ़री की कविताएँ देवनागरी में

सरदार जाफ़री उर्दू के उन कवियों में से हैं जो राजनीति की जमीन पर उगे हैं, और यदि उनकी शायरी से राजनीति निकाल दी जाय तो वह एकदम से बहुत छोटी हो जाएगी। मैं राजनीतिक चेतना की नहीं, बल्कि राजनीति की बात कर रहा हूँ। कोई यदि उनकी राजनीति से सहमत न हो, तो उसके लिए उनके पास कोई बड़ी सौगात नहीं रह जाएगी। जाफ़री की शायरी यह शर्त लगाती है कि पाठक कम्युनिस्ट हो ! वैसे कम्युनिस्ट होना कोई बुरी बात नहीं है, परंतु पाठक केवल जाफ़री की शायरी का मज़ा लेने के लिए कम्युनिस्ट होने से इंकार भी कर सकता है। वह तो खैरियत की बात यह है कि कम्युनिज़्म के पास जाफ़री की शायरी के सिवा भी बहुत कुछ है। इस संग्रह (प्यास की आग; प्रकाशक : राजकमल प्रकाशन, दिल्ली; मूल्य : सात रुपये) में जो कविताएँ हैं वे मेरी पढ़ी हुई हैं। यह उनकी मामूली कविताओं का संग्रह है। परंतु मैं वास्तव में 'भूमिका' की बात करना चाहता हूँ, और उसके लिए इस संग्रह की आखिरी कविता का सहारा लेता हूँ :

गुफ्तगू बंद न हो,
बात से बात चले
मैं भी बात ही से बात चलाने के मूड में हूँ।

भूमिका यूँ आरम्भ होती है—"मैंने अपनी शायरी को उर्दू शायरी के उस प्रचलित त्रिकोण में सीमित नहीं किया है जो सूफीवाद, रिंदी एवं आशिक़ी के विषयों से बना है और जिसके पास विशिष्ट उपमाओं और संकेतों का एक कोश है...."

यह पढ़ कर ऐसा लगता है कि जैसे उर्दू में यह काम सबसे पहले जाफ़री साहब ने ही किया हो। यह बात जाफ़री साहब भी जानते हैं कि मीर, नज़ीर, ग़ालिब, हाली, इक़बाल, अकबर इलाहाबादी, जोश मलीहाबादी और तमाम प्रगतिशील कवियों ने यही काम किया है। अच्छी शायरी कभी और किसी त्रिकोण में सीमित नहीं हो सकती। और उनका यह दावा कि उन्होंने वर्तमान बोलचाल की भाषा का प्रयोग किया है, सिरे से गलत है क्योंकि उनके काव्य में वर्तमान बोलचाल

का दूर-दूर तक पता नहीं है। तैयार किए हुए भाषण वर्तमान बोलचाल की भाषा में नहीं दिए जाते !

मैं यह भूमिका पढ़ते समय हैरान था कि जाफ़री साहब को क्या हो गया है ? वे एक गंभीर आदमी हैं, और उनके मुँह से ये बातें अच्छी नहीं लगतीं कि "मेरा खयाल है कि हर गंभीर शायर के लिए यह ज़रूरी है कि वह अपने भूतकाल को स्वयं खोजे····" यह बात जाफ़री साहब भी जानते हैं कि यह ख़याल उनका नहीं है, बल्कि वे इस ख़याल से सहमत हैं ! वे कहना यह चाहते हैं कि वे गंभीर शायर हैं, यदि वे यह न भी कहते, तो भी मैं यह बात मान लेता। लेकिन लगता है कि हिंदी के पाठकों पर वे अपनी गंभीरता साबित करने का फैसला कर चुके हैं, और उन्हें इसका तो खैर यकीन ही है कि आम हिंदी भाषी उर्दू काव्य की परंपरा से पूरी तरह परिचित नहीं है। इसीलिए वे बेधड़क लिखते हैं, "मैं अपनी उपमाएँ, बिंब और शब्द नज़्म के चारों ओर बिखरे हुए वातावरण से लेता हूँ। स्पष्ट है कि इस प्रकार कोई शब्द मेरी शायरी से बाहर नहीं है, और बहुत से अप्रचलित शब्दों का बिना हिचकिचाहट के प्रयोग किया है।" दिक्कत यह है कि यह काम भी जाफ़री साहब से पहले नजीर, इंशा, अनीस, मीर, सौदा, ग़ालिब, हाली, इक़बाल और जोश आदि कर चुके हैं, क्योंकि हर गंभीर शायर को यह भी करना पड़ता है।

इंशा और अकबर इलाहाबादी तो अंग्रेज़ी शब्दों के प्रयोग से भी नहीं हिचकिचाए। मीर अनीस जैसे कट्टर उर्दूभाषी के यहाँ भी अंग्रेज़ी का एक शब्द मिल जाता है। इसलिए इन लोगों का जिक्र किए बिना जाफ़री साहब को इस सिलसिले में अपना नाम नहीं लेना चाहिए था।

मगर सबसे दिलचस्प 'समय-कल्पना' की बात है। जो बातें उन्होंने देवनागरी लिपि में समय के बारे में लिखी हैं, वे बातें उन्होंने आज तक उर्दू लिपि में नहीं लिखी थीं ! उनका कहना है, "हमारे पास हिंदू समय-कल्पना, जो वास्तव में भारतीय समय-कल्पना है, का शानदार और प्रभावशाली कोश है····विधाता विष्णु कंवल के साथ-साथ ब्रह्मा को भी बाहर निकालता है। इस प्रकार एक संसार जागता है और अपने जागृति-चक्र को समाप्त कर स्वयं भी समाप्त हो जाता है, और दूसरा संसार जाग उठता है। एक ब्रह्मा के बाद दूसरा ब्रह्मा, एक आदम के बाद दूसरा आदम पैदा हो जाता है। यही विष्णु का सपना है यही माया है। यही समय है और समस्त मानव-जाति इसी वृत्त की बंदी है····मेरी शायरी में यह सपने और इनका टूटना नव-स्वप्न का रूप धारण करता है।" यह पूरा बयान इसलिए गलत है कि हिंदू समय-कल्पना में एक ब्रह्मा के बाद दूसरा ब्रह्मा नहीं आता, बल्कि वही ब्रह्मा आता है ! और यह समय-कल्पना उनकी शायरी में कोई रूप धारण नहीं करती ! फिर उन्होंने जो मिसालें दी हैं, वे भी इस समय-कल्पना से मेल नहीं खातीं :

हवा में उड़ते हैं लमहात जुगनुओं की तरह
दिल पे जब होती है यादों की सुनहरी बारिश,
सारे बीते हुए लमहों के कंवल खिलते हैं
गुजराती बरसात, आते जाड़ों के नये लमहे,
हवाओं में तितलियों की मानिंद उड़ रहे हैं।

इनमें कोई समय-कल्पना कहाँ है ? यह तो सीधी-सादी उपमाएँ हैं और यदि इनमें कोई समय-कल्पना है तो कोई बताए कि इस कल्पना में 'विष्णु का सपना' कहाँ है ? उन्होंने एक मिसाल ऐसी दी है जो खेंच-तान कर हिंदू समय-कल्पना पर उतारी जा सकती है :

एक-एक कर के पलट आए गुरेजों लमहे,
एक-एक कर के हुए सारे सितारे रोशन

लेकिन यहाँ एक ब्रह्मा के बाद दूसरा ब्रह्मा या एक क्षण के बाद दूसरा क्षण नहीं आ रहा है वही क्षण लौट आए हैं। और यदि उनकी समय-कल्पना यही है, तो उन्हें अपने आपको मार्क्सवादी नहीं कहना चाहिए। पता नहीं, जाफ़री साहब अपने आप को वैष्णव कहलाना पसंद करेंगे या मार्क्सवादी ! पाठक को देख कर विचारों की चादर ओढ़ी जाएगी तो यही होगा। यह भूमिका हिंदू पाठकों को सामने रख कर लिखी गई है और यदि कोई कवि यूँ रंग की तरह विचार बदलता हो, तो भूमिकाओं की ज़रूरत क्या रह जाती है ? सवाल तो यह है कि वे पाठक क्या करें जो उर्दू लिपि में भी जाफ़री साहब की भूमिकाएँ पढ़ चुके हों ? वास्तव में जो ये जुगनुओं की तरह उड़नेवाले और कंवल की तरह खिलनेवाले और चिरागों की तरह जलनेवाले क्षण हैं, महाकवि ग़ालिब की परछाइयाँ हैं।

जाफ़री साहब ने इस संग्रह को इस समय-कल्पना की खूँटी पर नाहक टाँगा है, क्योंकि हिंदू पाठक है तो उसमें विष्णु का सपना तलाश नहीं करता, और उसे यह भी मालूम है कि हिंदू समय-कल्पना के सिवा भी समय-कल्पनाएँ मौजूद हैं।

जाफ़री साहब ने अपनी भाषा पर जो ज़ोर दिया है, वह भी कुछ ज़्यादा मुनासिब नहीं है। भूमिका में तो उन्होंने कह दिया कि उन्हें उर्दू काव्य की विशिष्ट उपमाओं और संकेतों के कोश से कोई खास प्यार नहीं। परंतु जब 'सियाह जुल्फ़ों से लिपटे हुए हैं मारे-सियाह', तो सियाह फनों के सियाह फूल तक 'मुस्कराए हुए' दिखाई दे रहे हैं। मुझे इन फूलों के लिए 'मुस्कराये हुए' का प्रयोग अच्छा नहीं लगता, परंतु मैं कहना यह चाहता हूँ कि यह तो वह 'पुराना कोश' है ! हर शब्द की एक अपनी कैफ़ियत होती है। चुनांचे सियाही की भयानक भीड़ में भी यदि फनों के फूल मुस्कराते और सियाह खेत लहराते ही नज़र आएँ तो इसके सिवा क्या कहा जा सकता है

कि चाहे कवि किसी 'त्रिकोण' में सीमित न हो, परंतु वह परंपरावादी भाषा की रस्सियों में अवश्य जकड़ा हुआ है। और फिर यह पता नहीं चलता कि सियाह रंग फरेरों, सियाह जुल्फ़, सियाह फ़न, सियाह फूल, सियाह घोड़े, सियाह उकाब, सियाह आसमान, सियाह सीनों को ताने हुए सियाह पहाड़, सियाह वादी-ओ-सहरा, सियाह दरिया, सियाह चिराग, सियाह रोशनी, सियाह घर····और सियाह कीड़ों की मानिंद रेंगती मखलूक के घने जंगल में सफेद रोशनी कहाँ से आ गई :

सियाह रंग के साहिर सियाह लबादों में,
सियाह हिसार सियाह त्यौरियाँ चढ़ाए हुए।
जमीरे-अहदे-गुलामी की तीरगी है यह रात,
जो फिर रही है उजाले में मुँह छुपाए हुए।

क्या यह पूँजीवाद की हर देन का इंकार नहीं है ?

पुराने प्रगतिशील कवियों की तरह जाफ़री साहब को कविताओं की लंबाई बढ़ाने का शौक भी है। नतीजा यह होता कि जो कविताएँ बहुत अच्छी हो सकती थीं, वे साधारण होकर रह जाती हैं। 'गर्भवती की भावनाएँ' को ही लीजिए :

मेरी साँस में दिल धड़कता है जैसे,
रगों-पै में कोई समाया हुआ है,
तसव्वुर मेरा घुटनियों चल रहा है,
लहू नाचता है, रगें टूटती हैं,
मेरे जिस्म से कोंपलें फूटती हैं।

यदि यह कविता केवल इतनी ही होती तो मैं इसे दुनिया की ख़ूबसूरत कविताओं में गिनता। परंतु भरती के मिसरों ने इसे साधारण बना दिया है पर यह शायद प्रगतिशील आंदोलन की ही कमज़ोरी थी।

जाफ़री का कहना यह भी है कि वे सूफ़ीवाद को नहीं मानते और उनकी भाषा किसी त्रिकोण में सीमित नहीं है। यदि यह सत्य है तो यह क्या है :

इस सफीने के मल्लाह रोजे-अजल से बदलते हैं,
और बदलते रहेंगे।

बात ठीक है भी और नहीं भी क्योंकि वे यदि 'रोजे-अजल' को मानते हैं तो 'समय' कहाँ रह जाता है। 'रोजे-अजल' तो बाइबिल के लॉर्ड का एक इशारा है—'एंड गॉड सेड, लेट देयर बी लाइट ऐंड देयर वाज लाइट'। 'रोजे-अजल' तो कुरान के अल्लाह के मुँह से निकले हुए एक शब्द की गूँज है ! 'कुन, फयकून' 'अजल' के साथ यह ख़याल बँधा हुआ है कि दुनिया एक दिन अल्लाह के हुक्म से बन गई। यदि यह

दुनिया किसी के हुक्म से एकाएक बन गई है तो जाफ़री साहब या किसी और को बावेला मचाने का क्या हक है ? भूमिका में यदि 'समय-कल्पना' की बात न छेड़ी गई होती, तो मैं यह सवाल न उठाता।

जाफ़री जैसे राजनीतिक चेतना रखनेवाले कवि से यह आशा न थी कि वह 'इंक्लाब' और 'बगावत' का प्रयोग एक ही साँस में कर जाएगा—"इंक्लाब और बगावत के दिलकश तराने मेरे होठों पर आए हुए हैं।"

इस संग्रह की सबसे नुकसानदेह कविता 'मैं कि सदियों की सरगोशियाँ सुन चुका हूँ' में यह कहना कहाँ तक ठीक है कि :

अब न वह बाबुलो-नैनवा के शहंशाह हैं,
और न वह मिस्र के सरफिरे और मगरूर
फिरऔन हैं,
और न वह रोमो-यूनान के बरदाफ़रोश···
सिर्फ़ उनके मज़ालिम की एक ख़ूँ-भरी दास्ताँ
रह गई है।

क्या पिछली सदियों ने ख़ूनभरी दास्तानों के सिवा कुछ नहीं दिया है ? और यदि भूतकाल केवल ख़ूनभरी दास्तान है तो दिल्ली के माजी की शान में यह कसीदा क्यों :

आज दिल्ली की खोई हुई अजमतें
उसको फिर मिल रही हैं।

बाक़ियों के पास 'ख़ूँ-भरी दास्तानें' हैं और दिल्ली के पास 'खोई हुई अजमतें' यह फ़र्क़ क्या केवल इसलिए है कि दिल्ली जाफ़री के देश की राजधानी है, बाबुल, नैनवा, रोम···इनके पास कुछ न था। परंतु दिल्ली एक ऐसा शहर है कि :

कितनी तहज़ीबें, कितने तमद्दन,
उसकी आगोश में सो रहे हैं,
कितने टूटे हुए आफ़ताब और महताब
उसके खँडहरों में बिखरे हुए हैं।

अब चूँकि हम लोग दिल्ली में हैं इसलिए एक और सवाल चाहता हूँ। जाफ़री नारा लगाते हैं :

देवियाँ माँग में अपने सिंदूर भरें,
बीवियाँ अपने माथों पर अफशाँ लगाएँ।

यह सवाल मैं नहीं करना चाहता कि क्या देवियाँ बीवियाँ और बीवियाँ देवियाँ नहीं

होतीं ? हिंदू-मुसलमान औरतों को आवाज़ देने के और तरीके भी हो सकते हैं। पूछना मैं यह चाहता हूँ कि सिख, ईसाई और पारसी औरतें क्या करें ?

यह एक घटिया 'नेशनलिज़्म' है। दुनिया और समय को एक समझने का दावा नकली है। यदि दुनिया एक है तो एशिया ही क्यों जागे ? जाफ़री साहब तो गलतबयानी से भी बाज नहीं आते। 'बंबई' में लिखते हैं :

मेरी मिट्टी यहाँ से बहुत दूर गंगा के
पानी से गूँधी गयी है।

गंगा न उस आगरे में बहती है, जहाँ के जाफ़री साहब हैं और न उस बलरामपुर में बहती है, जहाँ के वे हो गए हैं, और न उस लखनऊ में बहती है, जहाँ इन्होंने पढ़ा फिर आप यह क्यों कह रहे हैं कि आपकी मिट्टी गंगा के पानी से गूँधी गई है ?

इस संग्रह के भाग दो के आखिर तक आते-जाते जाफ़री फ़ैज़ बन जाते हैं और यह कोई अच्छी बात नहीं। अनुवादक ने और सितम ढाए हैं पैराहन को लिबास, अदा को स्वर, शिकस्ते-जिदाँ का टूटी हुई जेल···कहना ठीक नहीं है।

परंतु इस संग्रह में 'पत्थर की दीवार', 'तुम्हारी आँखें', 'एक खाब और', 'कौन दुश्मन है' और 'गुफ्तुगू' जैसी ख़ूबसूरत कविताएँ भी हैं, जाफ़री हमारे एक महत्त्वपूर्ण कवि हैं। उन्होंने एक पूरी पीढ़ी को प्रभावित किया है, इसलिए यह संग्रह आदर के साथ पढ़ा जाना चाहिए—परंतु 'भूमिका' पढ़ने की राय मैं किसी को न दूँगा।

मेरा दोज़ख तेरी जन्नत से अच्छा है

पिछले दिनों 'खुदा की बस्ती' पाकिस्तान में बड़ा जश्न था। महाजिर जन्नती बड़ी धूमधाम से मारे गए। वैसे यह बात साफ करता चलूँ कि पाकिस्तान को 'खुदा की बस्ती' जैसा नया नाम मैंने नहीं दिया है। पाकिस्तान को यह नाम दिया था—आमदनी अवार्ड विजेता, एक पाकिस्तानी उपन्यासकार शौक़त सिद्दीकी ने। उनके उपन्यास का नाम ही 'खुदा की बस्ती' था और जहाँ तक याद आता है उपन्यास भी अच्छा-ख़ासा था।

भारतीय मुसलमानों की एक अच्छी-खासी तादाद ने खुदा की इस बस्ती पाकिस्तान के शहर कराची को जन्नत मान कर घर बना लिया था कि वह कुफ़्फर के, यानी हिंदुओं के जुल्मों से सुरक्षित रहेगी। पर वतन से इस नयी जन्नत के लिए कूच करते समय उन साहिले ईमान मुसलमानों ने यह न सोचा कि जन्नत का रास्ता क़ब्रों से गुज़र कर जाता है। यहाँ के कुफ़्फर ऋणियों ने तो मरे बिना ही स्वर्ग जाने का रास्ता बना लिया था और उनका वहाँ बराबर आना-जाना लगा रहता था। परंतु साधारण मुसलमान तो दूर इस्लाम ने बुजुर्गाने-दीन तक को जन्नत की तरफ़ जाने वाली जीती-जागती सड़क निकालने का अधिकार नहीं दिया। क्योंकि जो ऐसा होता तो मैं जेड.आर.अंसारी, बनातवाला, सुलैमान सेठ, सैयद शहाबुद्दीन जैसे मुसलमानों को कब का जन्नत भिजवा चुका होता क्योंकि यह लोग इस्लाम के पैगंबर और पहली खेप के बुजुर्गाने-दीन से भी ज़्यादा अच्छे मुसलमान हैं। क़ुरान भी शायद उनसे ज़्यादा समझते हैं। क्योंकि पैगंबरे इस्लाम और बुजुर्गाने-दीन तो अब्दह थे। अल्लाह के बंदे साधारण आदमी जिन्हें क़ुरान की तहज़ीब ने असाधारण बना दिया था। यह लोग अल्लाह से डरते थे। विरोधियों का आदर करते थे। रूखा-सूखा खाते थे—वह भी बाँट के। मोटा-झोटा पहनते थे। यहूदियों के बागों में मालीगिरी का काम करते थे। सड़क पर बैठकर जूते टाँकते थे और शायद इसीलिए अच्छे मुसलमान, अच्छे नागरिक और अच्छे आदमी थे। मुसलमान होने की पहली शर्त यह है कि उसे अच्छा आदमी होना चाहिए और अच्छा आदमी होने की शर्त यह है कि उसे अच्छा नागरिक होना चाहिए और अच्छे नागरिक की पहचान यह है कि वह क़ानून और दूसरों के

अधिकारों का आदर करे····

अब इन शहाबुद्दीनों को देखिए। तलाक पा जानेवाली औरत भी हमारे समाज का हिस्सा है। इन लोगों को उसकी फिक्र नहीं। वह मरती है तो इनकी बला से। यह तो शौहर के उन अधिकारों की सुरक्षा के लिए भी लड़ रहे हैं जो क़ुरान और हदीस ने उन्हें दिए भी नहीं हैं। यह इसी पर टिके हुए हैं कि हमें 'दो-दो, तीन-तीन, चार-चार' शादियाँ करने का और अपनी बीवियों को तलाक देने का अधिकार है ! अरे भाई पूरा क़ुरान पढ़िए और यह भी तो देखिए कि किन हालात में 'दो-दो, तीन-तीन, चार-चार' शादियाँ करने और तलाक देने का हक़ दिया गया है !

मैंने आम तौर से मुसलमानों को यह कहते सुना है कि वह हिसाब में कमज़ोर होते हैं····पर शादियों की गिनती में तो वह बड़े पक्के हैं !····

यह जो मुसलमानों के अंदर की लड़ाई है वह ज़्यादा ख़तरनाक और ज़्यादा मुसलमान दुश्मन है। मिसाल के तौर पर शहाबानो केस के हंगामे ने हिंदुस्तानी मुसलमानों को आज वहाँ ला खड़ा किया है जहाँ वह 15 अगस्त, 47 को खड़े थे। अकेले घबराए हुए। डरे हुए····

मैं और मुझ जैसे लोग आर.एस.एस. से नहीं डरते क्योंकि आर.एस.एस. से लड़ने के लिए तो भारत का पूरा सेकुलर समुदाय हमारे साथ है। मैं शिवसेना से नहीं डरता क्योंकि पूरा सेकुलर मराठी समुदाय मेरे साथ है····पर इन शहाबुद्दीनों, जेड.आर.अंसारियों, मौलाना बुखारियों से तो हमें अकेले ही लड़ना है। इस लड़ाई में राजनीति हमारे साथ नहीं है क्योंकि वोट तो बुखारियों और शहाबुद्दीनों के पास है और इसीलिए मुझ जैसे सौ-पचास मुसलमानों के वोट पाने के लिए किसी हालत 16-17 करोड़ मुसलमान के वोट नहीं छोड़ सकती। यही तो लोकतंत्र का दुर्भाग्य है कि यहाँ इंसाँ को गिना करते हैं तोला नहीं करते ! शायद हिंदुस्तान जैसे बेपढ़े-लिखे, धर्मों, जातियों और क्षेत्रों में जकड़े हुए मजबूर देश के लिए क्लासिकल लोकतंत्र का रास्ता नहीं है। क्योंकि हम निरपेक्षता की बातें चाहे कितने ही जोर-जोर से क्यों न करें, चुनाव के दिनों में हम पाकिस्तान, खालिस्तान, हरिजनिस्तान, ब्राह्मणिस्तान, बंगालिस्तान, तिमिलिस्तान वगैरह-वगैरह में बँट ही जाते हैं क्योंकि हिंदुस्तान में हिंदुस्तानी के पास तो एक वोट भी नहीं है। वोटों का सारा खजाना तो धर्मों और जातियों और क्षेत्रों के साँपों की केंचुल में भरा हुआ है····और इसीलिए शहाबुद्दीनों और जेड.आर.अंसारियों के ख़िलाफ़ लड़ी जानेवाली लड़ाई में कोई पार्टी उन मुसलमानों का साथ नहीं देगी जो भारतीय मुसलमानों से यह कहना चाहते हैं कि शहाबुद्दीनों की जन्नत का रास्ता कराची की जन्नत की तरफ़ तो जाता है पर अल्लाह की जन्नत की तरफ़ नहीं जाता। मुझे शहीद होने का शौक नहीं। लेकिन लगता है कि शहादत की तरफ़ जानेवाले रास्ते की मरम्मत शुरू हो गई है लेकिन साहब चुप रहने की भी कोई हद होती है।

ख़तरनाक बात यह है कि हमारा सेकुलरिज़्म भी धर्मवाद और क्षेत्रवाद से आज़ाद नहीं है। जैसे ज्योति बसु एक बंगाली सेकुलर आदमी हैं। सरदार जाफ़री एक उर्दू-सेकुलर आदमी हैं। शेख अब्दुल्लाह एक सेकुलर कश्मीरी थे....हमारी सरकार सेकुलर होते हुए भी हिंदू है। वह भूमिपूजा करती है और किसी कार्य को आरंभ करने से पहले नारियल तोड़ती है। आकाशवाणी की उर्दू मजलिस मुसलमान सेकुलर है। प्रोग्राम के खात्मे पर 'खुदा हाफ़िज' कहती है। गोया कि उर्दू का भगवान से कोई नाता ही नहीं है।

यह सारे चक्कर देख रहे हैं न आप। कोई धर्म कभी सेकुलर नहीं हो सकता। वह अपने को सही और दूसरे तमाम धर्मों को गलत कहने पर मज़बूर है। इसलिए यदि हम भारत की तरक्की वाकई चाहते हैं तो हमें धर्मों को घरों, मंदिरों, मस्जिदों, चर्चों और गुरुद्वारों में नज़रबंद करना पड़ेगा।

यदि आप किसी धर्म को मानते हैं और उसका कोई त्योहार है तो सरकार उस दिन क्यों बंद हो। आप छुट्टी लीजिए उस दिन। सारे देश में छुट्टी सिर्फ़ एक होनी चाहिए स्वतंत्रता दिवस की। सड़कों पर बरातों और जनाजों के सिवा कोई जुलूस नहीं निकलना चाहिए क्योंकि सड़कों के बनने में उन लोगों के टैक्स का पैसा भी लगा है जो किसी धर्म को नहीं मानते।

या फिर मुसलमानों का जुलूस उस इलाके के हिंदुओं की इजाज़त से और हिंदुओं का जुलूस उस इलाके के मुसलमानों या ईसाइयों या सिखों और नास्तिकों की इजाज़त से निकले और यदि जुलूस निकालना ज़रूरी है तो नास्तिकों को भी जुलूस निकालने का और माइक्रोफ़ोन लगा कर अपने 'धर्म' के प्रचार का अधिकार मिलना चाहिए और जब वह ऐसा करें तो पुलिस को उनकी रक्षा करनी चाहिए।

मुझे धीरे-धीरे धर्म से नफ़रत होती जा रही है। क्या सरकार मेरी रक्षा की जिम्मेदारी लेगी। मैं एक झल्लाया हुआ आदमी हूँ। क्योंकि मुझे अपना पता नहीं मिल रहा है। सर्वश्री बाल ठाकरे कहते हैं कि मैं महाराष्ट्रियन नहीं हूँ क्योंकि मराठी मेरी मातृभाषा नहीं है। वोटरों की सरकारी लिस्ट कहती है कि मैं महाराष्ट्रियन हूँ क्योंकि महाराष्ट्र की वोटरों की लिस्ट में मेरा नाम है। आर.एस.एस. कहती है कि मैं हिंदुस्तानी ही नहीं हूँ। मुझे भारतीय बनाना पड़ेगा। अरब देश मुझे हिंदू कहते हैं।

फिर आखिर मेरा डाक का पता क्या है ?

मुसलमान मुझे मुसलमान नहीं मानते हैं और यदि हिंदू-मुसलमान दंगों में फँस जाऊँ तो मारा जाऊँगा ! लेकिन शहाबुद्दीन और जेड.आर.अंसारी और बनातवाला और मौलाना बुखारी शाही इमाम जैसे मुसलमानों के साथ कत्ल होने को मैं अपना अपमान समझता हूँ। लेकिन यदि मेरी तकदीर यही है कि मैं दंगों में मारा जाऊँ

तो तमिल-हिंदी, मराठी-अमराठी, हिंदू-मुसलमान दंगों में मारा जाना क़बूल है पर मुझे खुदा की बस्ती पाकिस्तान के शहर कराची में महाजिर कहलाकर मुसलमान अफ़गानी स्मगलरों के हाथों मारा जाना क़बूल नहीं है।

यह पाकिस्तान कैसा इस्लामी मुल्क है जो मुसलमानों तक की रक्षा नहीं कर पाता ? जहाँ सुना है कि उस इस्लाम का राज जो रंग, जात, मुल्क और ज़बान के फ़र्क़ को नहीं मानता…जो दुनिया के मुसलमानों को एक मानता है…

इन दंगों में मरनेवाले मुसलमानों की रूहों ने वहाँ अगर कायदे-आजम मुहम्मद अली जिन्नाह, लियाकत अली खान, चौधरी ख़लीकुज्जमा, सरदार अब्दुर्रब नश्तर वगैरह की रूहों को घेर कर यह पूछना शुरू किया हो कि जनाब क्या आप लोगों ने हमसे इसी जन्नत का वादा किया था तो वह रूहें क्या जवाब देंगी ?

मुहर्रम एक ठेठ भारतीय त्यौहार

होली, दीवाली और दशहरा की तरह मुहर्रम भी एक ठेठ हिंदुस्तानी त्यौहार है। मैं जानता हूँ कि बहुत से लोग मेरे इस विचार से सहमत नहीं होंगे, परंतु मैंने यह बात चौंकाने के लिए नहीं कही है। त्यौहार व्यापार नहीं होता कि उसका निर्यात या आयात किया जा सके। त्यौहार का संबंध समाज की आत्मा से होता है इसलिए हर त्यौहार का एक सामाजिक आधार होना ज़रूरी है। यदि ऐसा है, तो हमें इस प्रश्न का उत्तर देना होगा कि जिस देश में हिंदुओं का बहुमत है, उसमें दुनिया का सबसे अधिक शानदार मुहर्रम कैसे मनाया जाता है ? यही नहीं, हमें इस सवाल का जवाब भी देना होगा कि मुहर्रम मनाने में हिंदू मुसलमानों से भी आगे क्यों हैं ?

इस देश में बहुत-से लोग यह देखने में लगे हुए हैं कि साल में कितने हिंदू-मुसलमान दंगे हुए। मैं लाशों के आँकड़े जमा नहीं करता। मैं यह देखता हूँ कि मुसलमानों के पैगंबर के नवासे के मारे जाने का शोक मनाने में भारतीय हिंदू अरब, यमन, ईराक, श्याम-देश, मिस्र और सीरिया के मुसलमानों से आगे हैं। अभी कुछ दिनों पहले तक ग्वालियर राज्य का मुहर्रम देखकर लखनऊ के शिया मुसलमान भी दाँतों तले उँगलियाँ दबा लिया करते थे। ग्वालियर, भरतपुर, अलवर—ये मुसलमान रियासतें नहीं थीं, परंतु इनके मुहर्रम की धूम से शिया मुसलमानों के केंद्र लखनऊ की आँखें झुक जाया करती थीं। वाराणसी में कुछ दिनों पहले तक एक हिंदू हलवाई मुहर्रम की नवीं तारीख को हुसैन के नाम पर अपनी पूरी दुकान लुटा दिया करता था, और फिर मुहर्रम के बाद नये सिरे से अपना कारोबार शुरू किया करता था। कस्बाती शहरों और देहातों में आज भी हिंदू ताजियों पर चढ़ावे चढ़ाते हैं, दुलदुल को मलीदा खिलाते हैं, ताजियों का सजदा करते हैं, घरों में मन्नत के कागजी ताजिए रखते हैं, हुसैन के नाम पर शर्बत पिलाते हैं, लकड़ी के अखाड़ों में 'या हुसैन' का नारा लगाकर गतके, बनेठी, बाँक और तलवार के हाथ दिखाते हैं। वे आज भी बच्चों को 'इमाम साहब' का पैक बनाते और बीमार बच्चों को दुलदुल और ताजियों के नीचे से निकालते देखे जा सकते हैं। मैं अक्सर सोचता हूँ कि पाकिस्तान सच्चाई है या यह मुहर्रम। मैंने हिंदू नौजवानों को ज़ंज़ीरों और छुरों से मातम करते और

अपने ही ख़ून में नहाते देखा है। इसीलिए पाकिस्तान की हक़ीकत मेरी समझ में नहीं आती।

हारे सिपाही की यादगार में धर्म से बड़ा त्यौहार

मुहर्रम अकेला ऐसा त्यौहार है, जो धर्म से ऊँचा उठ गया है। ईद मुसलमान मनाते हैं। होली हिंदू। परंतु मुहर्रम हिंदुस्तानियों का त्यौहार है। मुहर्रम मुहम्मद अली जिन्ना के इस सिद्धांत को झुठलाता है कि धर्म क़ौम से बड़ा होता है। मुहर्रम का कहना है कि क़ौम धर्म से बड़ी होती है। धर्म बदलता रहता है, क़ौम नहीं बदलती। धर्म वस्त्र है, आत्मा नहीं है। मुहर्रम का संबंध वस्त्र से नहीं, आत्मा से है। इसीलिए मुहर्रम पर ज़्यादा ध्यान देने की ज़रूरत है।

मुहर्रम केवल मुसलमानों के पैगंबर मुहम्मद के नवासे हुसैन की कुरबानी की यादगार का नाम नहीं है। कहाँ मनाई जाती है किसी हारनेवाले सिपाही की याद ? 'इलियड' बहादुर हैक्टर की कहानी है। महाभारत वीर कर्ण की ही गाथा नहीं है। परंतु मुहर्रम जीतनेवाले यजीद का प्रतीक नहीं, हारनेवाले हुसैन का चिन्ह है। इसीलिए मुहर्रम हारनेवाले ईरान और हिंदुस्तान में धूमधाम से मनाया जाता है। मिस्र की भाषा अरबी न हो गई होती तो शायद वहाँ भी हारनेवाले सिपाही का यह त्यौहार इसी धूमधाम और जोश-खरोश से मनाया जाता। अगर ऐसा नहीं, तो इसकी वजह आखिर क्या है, कि तुलसीदास और अनीस दोनों ही अवध के हिस्से में आए ? राम की गाथा अवधी में कही गई और हुसैन की गाथा अवधी-उर्दू में।

हिंदुस्तान के मुसलमान अरब से नहीं आए, क्योंकि यदि ऐसा होता तो वह मुहर्रम न मना रहे होते। यहीं के लोग मुसलमान हुए, परंतु मुसलमान होकर अपने इतिहास से उनका नाता तो टूट नहीं गया। उनकी आत्मा, संगीत और नृत्य के लिए तरस रही थी। उनकी आत्मा दशहरे के लिए परेशान थी। वे मुसलमान हो जाने के बाद भी पैगंबरों के परिवार के नहीं हो गए। वे थे राम ही के परिवार के। इस सच्चाई को सामने न रखा जाए, तो मुहर्रम की सच्चाई और बड़ाई समझ में नहीं आ सकती। मुहर्रम केवल हुसैन की यादगार मनाने का नाम नहीं है। मुहर्रम नाम है मंदिरों की तरह ख़ूबसूरत ताजिए बनाने का। ताजिए जो शीशम की सख़्त लकड़ी के होते हैं। ताजिए जो जौ, गेहूँ, अभ्रक, घास और मोम के होते हैं। ताजिए जो पतंग के काग़ज़ के होते हैं। ये ख़ूबसूरत ताजिए अरब या ईरान के नहीं हैं। मज़े की बात तो यह है कि इन ताजियों पर फूल चढ़ाए जाते हैं। क्या यह भी बताना होगा कि फूल चढ़ाना एक हिंदू परंपरा है। बस, फूल चढ़ते ही बेजान ताजियों में जान पड़ जाती है, और ये देवता बन जाते हैं और लोग–हिंदू और हिंदू आत्मावाले हिंदुस्तानी मुसलमान इन ताजियों से सवाल करने लगते हैं। मुहर्रम नाम है उन फूलों का जो ताजियों पर चढ़ाए जाते हैं और मुहर्रम नाम है दुलदुल या जुलजनाह का।

कहने को तो यह हुसैन के घोड़े का रूप हैं, परंतु यह उस कोतल घोड़े का भी एक रूप है, जिसके पीछे लक्ष्मण की सेना चल रही थी। यह घोड़ा भी जिस दरवाज़े से गुजरता है, उस घर को जीत कर आगे बढ़ता है। दूध, मलीद का खिराज लेता है। मुहर्रम नाम है रोगों के ठाठ पर बँधी हुई सोजखानी का और तबले की जगह लेनेवाले मातम का और कत्थक से आँख मिलानेवाली मरसियेखानी का। कहते हैं कि इस्लाम संगीत को हराम कहता है। क़ुरान यह नहीं कहता, परंतु मौलवी यही कहता है और मुसलमान क़ुरान से ज़्यादा मौलवी की बात मानता है, किंतु भारतीय मुसलमान की हिंदू आत्मा तो संगीत के बिना नहीं रह सकती। इसीलिए, हम देखते हैं कि दिल्ली में सूफ़ियों ने बगावत की। दरगाहों में कव्वालियाँ होने लगीं। परंतु मौलवी ही जीता। मौलवी की हार तो लखनऊ में हुई, जब नृत्य ने मरसियेखानी का रूप धर लिया। कत्थक नाचनेवाला नृत्य की मुद्राओं की भाषा में कृष्ण की कहानी सुनाता है। लखनऊ के अनांस, दबीर, वहीद, मुनीस, वगैरह मदरावों की भाषा में हुसैन की कहानी सुनाते हैं। अंतर केवल इतना है कि वहाँ एक गायक नृत्यकार की संगत करता है, यहाँ मरसियेखाँ नृत्य भी करता है और कथा भी सुनाता है। मौलवी कुछ नहीं कह सकता क्योंकि नट हुसैन की कहानी सुना रहा है, और हमारी आत्मा की प्यास बुझ रही है। सोज पढ़नेवाले भैरवी, जोगिया, झंझोरी, विहाग, जीनपुरी, यमन और दरबारी में मरसिये गा रहे हैं और नौहे सुना रहे हैं और मातम पर तबले के टुकड़े निकाल रहे हैं। मुहर्रम नाम है, इस नृत्य और संगीत की दुनिया का। मुहर्रम नाम है लकड़ी के उन अखाड़ों का जो इसके जुलूस के आगे-आगे बाँक, तलवार, बाने, बनैठी के हाथ दिखाते हैं, और मुहर्रम नाम है दस दिनों के त्यौहार का। इन दस दिनों की बात मैंने जानबूझकर आखिर में निकाली है। इसका जवाब किसी के पास नहीं कि सात दिनों का यह त्यौहार हिंदुस्तान आने के बाद दस दिनों का कैसे हो गया।

सात दिनों का मुहर्रम दस दिनों का कैसे हो गया ?

सीरिया में इस्लाम के पहले सात दिनों का एक ऐसा ही त्यौहार मनाया जाता था। लोग जब मुसलमान हुए, तो सात दिनों का मुहर्रम मनाने लगे, परंतु भारत के मुसलमान तो पहले दस दिनों का एक त्यौहार मनाया करते थे। इसलिए सात दिनों के मुहर्रम में तीन दिन जोड़कर दशहरे की कमी पूरी कर ली गई और चूँकि यह एक लड़ाई का किस्सा है, इसलिए भारतीय मुसलमानों को एक 'महाभारत' भी मिल गया। महाभारत के सारे चरित्र कर्बला की कहानी में मौजूद हैं। मुहर्रम महाभारत भी है और रामायण भी।

मुहर्रम ने आत्मा की प्यास बुझाई है, इसीलिए भारत के शिया मुसलमानों का यह ईमान है कि इन दस दिनों के लिए इमाम हुसैन कर्बला से भारत आ जाते हैं। यह तब की बात है, जब पाकिस्तान नहीं बना था। पता नहीं पाकिस्तान के शिया

मुसलमान मुहर्रम के दिनों में अपने आपको कितना अकेला पाते होंगे। दोस्तो, हुसैन से मिलना हो तो हिंदुस्तान आओ, क्योंकि हुसैन पाकिस्तान नहीं जाते। कहते हैं कि जब यजीद की फौज़ ने कर्बला में हुसैन को घेर लिया, तो हुसैन ने तीन बातें कहीं। उन्होंने कहा, "मुझे मदीना लौट जाने दो।" घेरनेवाले इस पर तैयार नहीं हुए। तब उन्होंने कहा, "मुझे यजीद के पास ले चलो।" लोग इस पर भी तैयार नहीं हुए। तब उन्होंने कहा, "मुझे हिंदुस्तान चला जाने दो।" लोग इस पर भी तैयार नहीं हुए। पता नहीं हुसैन ने हिंदुस्तान आने की बात की थी या नहीं लेकिन हम यही मानते हैं और शायद यही वजह है कि हिंदू भी हुसैन को हाथों हाथ लेते हैं। मुझे नहीं मालूम कि कश्मीरी पंडितों में हुसैनी पंडितों का कोई सिलसिला है या नहीं, मगर गाज़ीपुर में एक डॉक्टर त्रिलोकनाथ हुआ करते थे। वे अपने को 'हुसैनी पंडित' कहा करते थे। हुसैन के साथ कोई कश्मीरी पंडित रहा हो या न रहा हो, लेकिन हुसैन की हिंदुस्तानी कहानी की रगों में एक हिंदू का ख़ून भी बह रहा है। हम लोग यह देखने का कष्ट ही नहीं उठाते। 'भावात्मक एकता' नारे लगाने से नहीं होती, मुहर्रम को देखिए, 'भावात्मक एकता' हो चुकी है।

गर्दिश के दिन

मैं अक्सर सोचता हूँ कि 'व्यक्ति' की परिभाषा क्या है। मैं क्या चीज़ होता है ? मैं तो अपनी एक भीड़ में हूँ। मैं केवल एक लेखक नहीं। मैं किसी का बेटा, किसी का भाई, किसी का पति और किसी का पिता भी हूँ। किसी का दोस्त और किसी का दुश्मन भी हूँ। मैं वह आदमी भी हूँ जो किसी के लिए काम करता है। मैं वह आदमी भी हूँ जिसके लिए कुछ लोग काम करते हैं···मुझमें और बहुत से लोग भी होंगे। मैं वह हिपोक्राइट भी हूँ जो अपने बॉस के बेजान लतीफे सुन सिर्फ़ हँसता ही नहीं, बल्कि जी लगा कर हँसता है। जो घंटों अपने बोरिंग पड़ोसियों को बरदाश्त करता है। जो ख़राब शेरों की तारीफ़ करता है···जो इसी प्रकार के और भी बहुत से घटिया काम करता रहता है···यह मैं व्यक्ति तो हरगिज नहीं। यह तो अच्छा-खासा मोहल्ला है !

तो प्रश्न यह उठता है कि यह मेरी भीड़ है, इसमें बात चलनी चाहिए क्योंकि घर में उसी के पसीने का चिराग जलता है। पर ऐसा होता नहीं लगभग हमेशा लेखक को अपना जी मारना पड़ता है।

सामने जो आदमी बैठा चाय पी रहा है, वह लेखक के पास नहीं आया है। वह तो मालिक-मकान है। किराएदार से किराया बढ़ाने की बात करने आया है। और जो आदमी उसके सामने बैठा उसे फुसलाने की कोशिश कर रहा है, और दिल-ही-दिल में उसे गालियाँ भी देता जा रहा है, वह भी लेखक नहीं, क्योंकि लेखक बेचारा तो अलग-थलग बैठा एक कहानी लिख रहा था कि मालिक-मकान के आने की ख़बर मिली। किराएदार उठा तो उसके साथ लेखक को भी सिटिंग रूम में आना पड़ा···यूँ ही मुझ पर और बहुत कुछ भी गुजरती रहती है। पर इन बातों पर न पाठक सोचता है, न आलोचक। पाठक के पास पसंद-नापसंद की तलवार है। वह यह तलवार भाँजता रहता है। और आलोचक बड़े-बड़े शब्दों के पत्थर लुढ़काता रहता है। रुक कर मेरी खैरियत कोई नहीं पूछता।

कोई लेखक शौक से बुरा नहीं लिखता। मैं उन लेखकों की बात नहीं कर रहा हूँ जो केवल बुरा ही लिखते हैं और केवल अपने लिखे को महत्त्वपूर्ण साहित्य मानते हैं। मैं उन साहित्यकारों की बात कर रहा हूँ जो अच्छे और बुरे साहित्य में

फ़र्क़ कर सकते हैं। फिर भी सदा अच्छा ही नहीं लिखते। यह साहित्यकार बड़ी मुश्किल से कोई घटिया चीज़ लिखने पर तैयार हो पाता है। जानते-बूझते बुरा लिखना बड़ा मुश्किल काम है। पर इसे वही लोग समझते हैं, जो लिखने का काम करते हैं। वह लिखना पड़ता है जो लिखने को जी नहीं चाहता। पर लिखता हूँ क्योंकि मैं केवल लेखक ही नहीं हूँ। मैं वह दूसरा आदमी भी हूँ।

सत्ताईस साल से लिख रहा हूँ। ज़िंदगी का खाता देखता हूँ तो पता चलता है कि बिका ज़्यादा, खरीदा कम। पाया कुछ नहीं। आत्मा का बजट डेफिसिट पर चल रहा है।

बीस-बाईस बरस तक लिखना पेशा नहीं था, शौक था। शोहरत पाकर खुश हो लिया करता था। काफ़ी मशहूर हुआ। बड़े ऑटोग्राफ बाँटे। पर उन दिनों भी दिल दुखता ही रहता था। उन दिनों की एक कविता याद आई। शीर्षक था 'सालगिरह' :

आज मैं अपने घर में तन्हा
तीस और तीन चिराग जलाए
सोच रहा हूँ
आखिर मैंने क्या खोया है
आखिर मैंने क्या पाया है...

यह शायद सन् साठ की कविता है। घाटे का यह ख़याल मुझे उन्हीं दिनों से परेशान कर रहा है :

कोई मुझे इक काग़ज़ दे दे
ऐ जख़्मों से चूर उँगलियो
मेरे क़लम की खुश्क रगों को
आखिरी बार अब ख़ून क़र्ज दो
तीस और तीन चिरागों की इस खौफ़जदा-सी रोशनी में आज
इस काग़ज़ के एक तरफ़ तो खेसारा लिख लूँ
और इक तरफ़ मुनाफा लिख लूँ
क्योंकि हमारी इस दुनिया में
ज़िंदगी चाहे जैसी भी हो
दस्तावेज़ें ठीक लिखी हों...
क्योंकि हमारी इस दुनिया में आदमी तो दो-चार बरस
दस-बीस बरस में मर जाता है
लेकिन यह दस्तावेज़ें ज़िंदा रहती हैं।

यह है मेरे दिल का दर्द। और दर्द में कोई शरीक नहीं होता। वह दूसरा आदमी भी यह दर्द नहीं समझता तो किसी और से क्या शिकायत करूँ ?

मेरी पत्नी मुझे बहुत चाहती है, क्योंकि उसने मुझे बड़े महँगे दामों में लिया है। तो मैं उसे इस दर्द का राज बता कर क्यों उदास करूँ ? दर्द की ये सलीब उठाए-उठाए घूमता हूँ :

मेरा प्यार अब एक सलीब है
जिसको मैं कंधों पर उठाए
बस्ती-बस्ती घूम रहा हूँ
यह कंधा जब दुख जाता है
इस कंधे पर रख लेता हूँ !

लेकिन जब दोनों कंधे दुख जायेंगे, तब क्या करूँगा ? अपने आप से यह पूछते डर लगता है। शायद इसीलिए अपनी कविता 'यादों के काले जंगल में' में मुझे लिखना पड़ा :

यादों के काले जंगल में
मैं अपने को ढूँढ़ रहा हूँ
शायद मुझको खा डाला हो
आदमखोर दरख़्तों ने !
मैं जो कभी एक नन्हा-सा चंचल बच्चा था
वह नन्हा-सा चंचल बच्चा
इस जंगल की तारीकी में डूब गया है

फिर मैंने 'प्यास और पानी' में लिखा :

धूप के इस काले सहरा में
सब तन्हा हैं
इक अंगारा है कि ज़मीं है
साये का इक हलका-धब्बा भी नहीं है
जिसकी गोद में बैठ के कोई घास की उँगली से शबनम के कतरे चाटे !

और फिर मैंने अपनी वसीयत लिखी :

मैं इस दुनिया से क्या माँगूँ
मुझे बेचा है इस दुनिया ने बरसों
और न जाने कब तलक यूँ ही

हँसी जिल्दों की ज़ंज़ीरें पिन्हा कर
यह गुलामों की तरह मुझको
हर इक आबाद चौराहे पे ले जाएगी और मजमा लगाएगी
....मैं इस दुनिया से क्या माँगूँ
मेरी नज़्मों की क़ीमत ज़िंदगी में इसने कब दी थी
जो अब देगी !

यह सन् बासठ की बातें हैं। तब तक लिखना मेरा पेशा नहीं बना था। फिर मेरी आवाज़ इतनी कड़वी क्यों है ? क्या इसलिए कि मैं एक बैंक में क्लर्की कर चुका था ? क्या इसलिए कि अपने एक दोस्त के नफे के लिए नाम बदल-बदल कर कहानियाँ गढ़ रहा था ? एक बड़ी कड़वी बात याद आई। मेरी जेब खाली थी। अब्बा नाराज़ थे। एक प्रकाशक ने शायद दो सौ रुपए एडवांस दिए कि 'गुनाह की रातें' जैसी कोई कहानी लिख दूँ। पैसों की ज़रूरत थी। ले लिये। तय यह हुआ था कि मैं चूँकि प्रगतिशील लेखक हूँ, इसलिए अपने नाम से कोई अश्लील कहानी नहीं लिख सकता। सौ-सवा सौ पन्ने लिख डाले। फिर ख़याल आया कि मैं दुनिया से तो यह बात छिपा लूँगा, पर अपने आप से कैसे छिपाऊँगा ? मैंने वो सौ-सवा सौ पन्ने फाड़ दिए। पर यह तब की बात है, जब मैं न पति था, न पिता। यदि होता तो क्या करता ? थोड़े दिनों पहले तक यह बात याद करके मैं शरमा जाया करता था अब सिर्फ़ उदास होकर रह जाता हूँ, क्योंकि अब मैंने उस दूसरे आदमी से सुलह कर ली है। यही एक बात और बड़ी सफ़ाई से कहना चाहता हूँ। अब्बास हुसैनी, उस बेनाम प्रकाशक, ही की तरह मैंने कम्यूनिस्ट पार्टी के लिए भी जान-बूझ कर बुरा लिखा है। पहले और आखिरी के लिए शर्मिंदा नहीं हूँ, पर यह बात फिर भी सही है कि मैंने लेखक को अपने घर में दूसरे दर्जे का शहरी ज़रूर बनाया है।

पर जब तक मैं अलीगढ़ में रहा, तब तक उस बेनाम प्रकाशक के सिवा किसी ने मुझे जलील नहीं किया। मैंने जान-बूझ कर जो बुरी कविताएँ और कहानियाँ लिखीं, उन पर मैं शर्मिंदा नहीं हूँ। दोस्ती और राजनीतिक वफ़ादारी के सामने मैं अब भी सर कटाने को तैयार रहता हूँ।

मेरे मुँह का मज़ा वास्तव में अलीगढ़ के आखिरी दिनों में ख़राब हुआ। और वह कड़वाहट अब तक मेरे मुँह में भरी हुई है। मेरे उपन्यास 'टोपी शुक्ला' में मेरे अलीगढ़ की कुछ झलकियाँ हैं।

वहाँ के उर्दू विभाग में पहली बार मुझें पता चला कि सच बोलना घाटे का काम है। ईमानदारी से काम करना घाटे का काम है। मैंने यह जाना कि तरक्की करनी है तो अपने आसपास के आले अहमद सुरूरों और डॉक्टर नूरूल हसनों को मक्खन लगाना चाहिए। मुझे इस बात पर फ़ख्र है कि मैंने इन दामों पर तरक्की

करना स्वीकार नहीं किया—यह शेर मेरे हैं :

ये ठीक है कि अँधेरा नहीं है महफिल में,
मगर चिराग पे क्या क्या गुज़र गई होगी।
ज़ंज़ीरों में जान पड़ी ख़ूं दौड़ा,
मौसमे-गुल में इतनी देर लगाई।
ऐसा लगता है कि अँधेरा जीता,
परवानों ने नाहक जान गँवाई।
हम जिसके पीछे भागे हैं इतना,
शायद परछाईं थी, हाथ न आई।

लेकिन मैंने हिम्मत न हारी। मैं यही गुनगुनाता रहा :

हम भी जुगनू की तरह सहरा में,
शाम होती है तो जल जाते हैं।

मेरा काम जल कर रोशनी करना है अपनी तकदीर का मातम करना मेरा काम नहीं। दीवानगी के इन्हीं दिनों में मैंने अपना उपन्यास 'आधा गाँव' लिखा। 'आधा गाँव' का जिक्र मैं खासतौर पर कर रहा हूँ। इस उपन्यास की गिनती हिंदी के अच्छे उपन्यासों में हुई। अब उसका हिसाब देखिए। तीन बरस में बिका। यानी सात साल का फेर है। मूल्य था दस रुपए। छपा था दो हजार। यानी पूरे एडीशन का दाम हुआ बीस हजार। मेरी रॉयल्टी हुई तीन हजार। (यदि पूरी मिल जाय तो !) यानी चार सौ अट्ठाईस रुपये पच्चीस पैसे साल। लगभग पैंतीस रुपए उनहत्तर पैसे माहवार। यह देते हैं आप एक अच्छा उपन्यास लिखने की क़ीमत ! साढ़े पैंतीस रुपये माहवार। प्रकाशक इसमें से भी काफ़ी मार लेता है। आप किस मुँह से यह माँग करते हैं कि मैं अच्छा लिखता रहूँ ? अरे साहब, अच्छा लिखता रहूँ तो जीऊँ कैसे ! हर शाम वह दूसरा आदमी घर का हिसाब लेकर···सीधा हिसाब यह हुआ कि आमदनी साढ़े पैंतीस रुपये माहवार और खर्च दो हजार रुपये माहवार। लगभग 1965 रुपये माहवार का घाटा है।

अच्छा लिख कर जीने की कोई सूरत निकालिए न !

बंबई में छह बरस रहने के बाद दूसरों के बारे में सच बोलने की हिम्मत नहीं रह गई है। पर अपने बारे में सच बोलने की आदत अभी तक नहीं छूटी है। ख़ुदा ने चाहा और हालात यही रहे तो चंद बरसों में सुधरकर लेखक से आदमी बन जाऊँगा।

जिसने 'आधा गाँव', 'टोपी शुक्ला', 'हिम्मत जौनपुरी' और 'ओस की बूँद' जैसे उपन्यास लिखे हैं वह बड़ा बहादुर आदमी था। पहले तीन उपन्यास उन दिनों की यादगार है जब लिखना पेशा नहीं बना था। परंतु जब अलीगढ़ छूटा और मैं

अपने परिवार के साथ बंबई आया तो मेरे पास एक हज़ार रुपये थे और एक अजनबी भविष्य था। और बेटी मरियम पैदा होनेवाली थी···पर अभी तक टूटने पर तैयार नहीं था। मैं इसी में मगन था कि लेखक हूँ···लेखक। उल्लू का पट्ठा। भारती और कमलेश्वर ने साथ न दिया होता तो अस्पताल का बिल अदा करके मैं अपनी पत्नी और बेटी को अस्पताल से घर भी नहीं ला सकता था। तस्वीर का यह वह रुख है, जिस पर न पाठक की निगाह पड़ती है और न आलोचक की। परंतु मैं जो यह ज़िंदगी जी रहा हूँ इस वास्तविकता से आँखें नहीं चुरा सकता। मैं 'आधा गाँव' लिख कर ज़िंदा नहीं रह सकता। और 'आधा गाँव' लिखूँगा कैसे यदि ज़िंदा ही नहीं रहूँगा ? दो बरस से एक उपन्यास 'चुटकी भर धूप' लिख रहा हूँ। 70 पन्ने लिख पाया हूँ ! यह रफ़्तार तब है, जब लिखना पेशा बन चुका है। मेरे लेखक को वह दूसरा आदमी छाप कर बैठ गया है। मैं लेखक से डायलॉग राइटर बन गया हूँ ! डायलॉग राइटर होना कोई बुरी बात नहीं। फिल्म एक बहुत बड़ा माध्यम है। घपला यह है कि इसमें मुझे लिखने की आज़ादी नहीं है। मैं डायलॉग राइटर हूँ पर लोगों का ख़्याल है कि डायलॉग के बारे में मैं ही कुछ नहीं जानता। मेरे अलावा हर आदमी को यह अधिकार है कि वह कलम उठाए और मेरे लिखे हुए सीन को ठीक कर दे ! मैं (और मेरी ही तरह के दूसरे तमाम लोग) इस जिल्लत को बरदाश्त करता हूँ। क्योंकि मुझे 'चुटकी भर धूप' लिखना है !

जब सारा घर सो जाता है, तो मैं सोचता हूँ कि वह राही मासूम रज़ा क्या हुआ जो मेरे साथ बंबई आया था। मुझे अपने आप से नफ़रत होने लगती है और तब मेरी चार साल की बेटी करवट ले कर मुझ पर अपना पाँव रख देती है। मैं उसके पैर को चूम लेता हूँ और अपने आप से मेरी नफ़रत कुछ कम हो जाती है।

क्या मैं अपनी बेटी को ज़िंदा और खुश रखने के लिए एक लेखक को नहीं मार सकता हूँ और यदि आप मुझे ज़िंदा रखना चाहते हैं तो मेरी तनख़्वाह कुछ बढ़ाइए। साढ़े पैंतीस रुपये माहवार में जिंदा रहना मेरे बस की बात नहीं है !

●●●